추천도서
전국컴퓨터
교육협의회

자동채점 프로그램과 무료 동영상 강의 제공

ITQ 한글 2022

한정수, IT연구회 지음

IT연구회

해당 분야의 IT 전문 컴퓨터학원과 전문가 선생님들이 최선의 책을 출간하고자 만든 집필/감수 전문연구회로서, 수년간의 강의 경험과 노하우를 수험생 여러분에게 전달하고자 최선을 다하고 있습니다. IT연구회에 참여를 원하시는 선생님이나 교육기관은 ccd770@hanmail.net으로 언제든지 연락주십시오. 좋은 교재를 만들기 위해 많은 선생님들의 참여를 부탁드립니다.

권경철_IT 전문강사
김수현_IT 전문강사
김현숙_IT 전문강사
류은순_IT 전문강사
박봉기_IT 전문강사
문현철_IT 전문강사
송기웅_IT 및 SW전문강사
신영진_신영진컴퓨터학원장
이은미_IT 및 SW전문강사
장명희_IT 전문강사
전미정_IT 전문강사
조정례_IT 전문강사
최은영_IT 전문강사
김미애_강릉컴퓨터교육학원장
엄영숙_권선구청 IT 전문강사
조은숙_동안여성회관 IT 전문강사

김경화_IT 전문강사
김 숙_IT 전문강사
남궁명주_IT 전문강사
민지희_IT 전문강사
박상휘_IT 전문강사
백천식_IT 전문강사
송희원_IT 전문강사
윤정아_IT 전문강사
이천직_IT 전문강사
장은경_ITQ 전문강사
조영식_IT 전문강사
차영란_IT 전문강사
황선애_IT 전문강사
은일신_충주열린학교 IT 전문강사
옥향미_인천여성의광장 IT 전문강사
최윤석_용인직업전문교육원상

김선숙_IT 전문강사
김시령_IT 전문강사
노란주_IT 전문강사
문경순_IT 전문강사
박은주_IT 전문강사
변진숙_IT 전문강사
신동수_IT 전문강사
이강용_IT 전문강사
임선자_IT 전문강사
장은주_IT 전문강사
조완희_IT 전문강사
최갑인_IT 전문강사
김건석_교육공학박사
양은숙_경남도립남해대학 IT 전문강사
이은직_인천대학교 IT 전문강사
홍효미_다산직업전문학교

BM (주)도서출판 성안당

■ 도서 A/S 안내

다운로드 | 학습 자료 내려받기

1. 성안당 사이트(www.cyber.co.kr)에서 로그인한 후 [자료실]을 클릭합니다.

2. 검색란에 『ITQ』를 입력하고, 『백발백중 ITQ 한글 2022』를 클릭합니다.

3. 『315-8664.zip』을 클릭하여 자료를 다운로드한 후 반드시 압축 파일을 해제하고 사용합니다.

4. 자료파일 구조

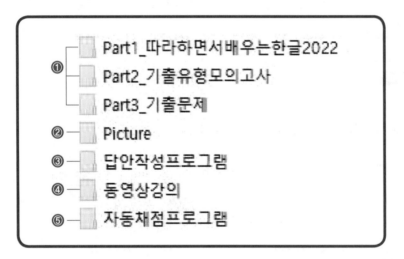

① 소스/정답 파일 : Part1~3까지의 소스/정답 파일을 제공합니다.

② [picture] 폴더 : 답안 작성에 필요한 이미지를 제공합니다.

③ [답안작성프로그램] 폴더 : 답안작성 프로그램 설치파일이 있습니다.

④ [동영상 강의] 폴더 : 무료 동영상 강의 파일을 제공합니다.

⑤ [자동채점프로그램] 폴더 : 자동채점 프로그램 설치파일이 있습니다.

※ ③번과 ⑤번 프로그램은 마우스 오른쪽 버튼을 클릭하신 후 [관리자 권한 실행]을 클릭하여 설치하시기 바랍니다.

1 자동채점 프로그램 설치

1 성안당ITQ한글2022채점프로그램.exe 파일을 마우스 오른쪽 버튼을 클릭한 후 [관리자 권한으로 실행]을 클릭하여 설치합니다.

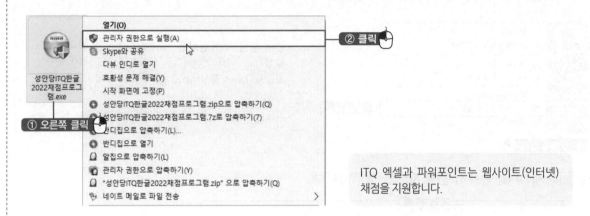

> ITQ 엑셀과 파워포인트는 웹사이트(인터넷) 채점을 지원합니다.

2 [성안당 ITQ 한글 2022 채점 프로그램 설치] 대화상자에서 프로그램을 설치할 폴더를 확인한 후 [설치] 단추를 클릭합니다.

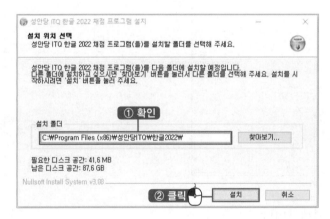

3 설치가 완료되면 [닫음] 단추를 클릭하여 설치를 완료합니다.

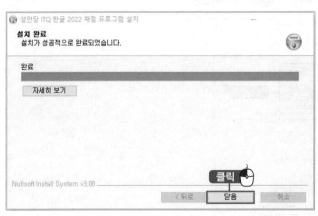

2 자동채점 프로그램 사용법

1 바탕화면의 [성안당 ITQ 한글 2022 채점] 아이콘을 마우스 오른쪽 버튼을 클릭한 후 [관리자 권한으로 실행] 메뉴를 클릭하여 실행합니다.

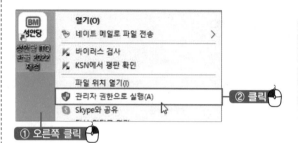

- 한글 채점 시 확장자를 '.hwp'로 저장한 후 채점해 주십시오. 이를 위해 [다른 이름으로 저장] 메뉴에서 확장자 '.hwpx'를 '.hwp'로 변환합니다(실제 시험에서는 .hwpx로 저장합니다).
- 차트는 채점되지 않으므로 육안으로 확인해 주십시오.

2 [문제 선택] 란에서 문제 횟수를 선택합니다.

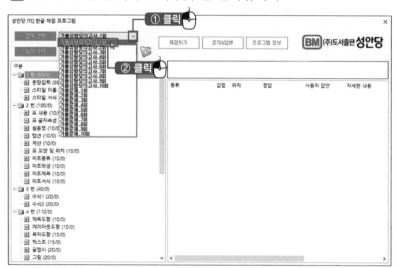

3 [답안 선택] 란에서 작성한 정답 파일을 선택합니다.

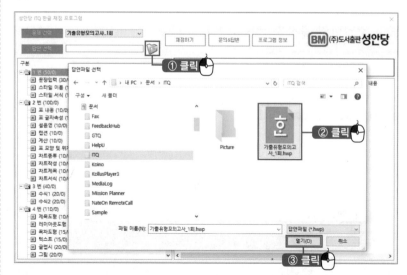

4 [채점하기] 단추를 누르면 채점이 진행됩니다. 왼쪽 화면에는 문제 카테고리가 표시되고, 오른쪽 화면에는 감점 내용이 표시됩니다.

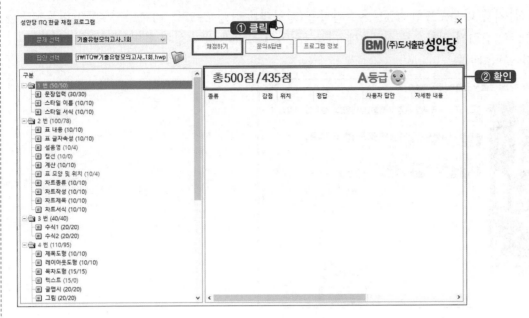

5 왼쪽 화면에서 틀린 부분은 빨간 색으로 표시되며, 해당 카테고리를 클릭하면 오른쪽 화면에 감점 내용이 표시됩니다.

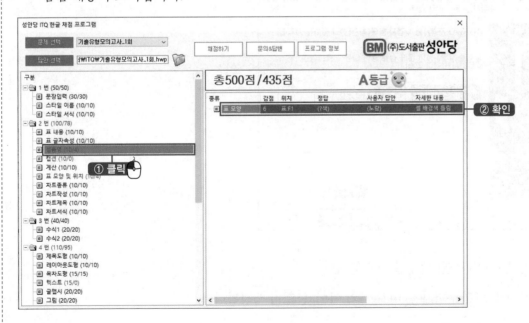

단계 1 **답안작성 프로그램 설치**

1 [자료실]에서 다운로드한 'KOAS수험자용(성안당)' 실행 파일을 마우스 오른쪽 버튼을 클릭한 후 [관리자 권한으로 실행] 메뉴를 클릭하여 그림과 같이 설치 화면이 나오면 [다음] 단추를 클릭합니다.

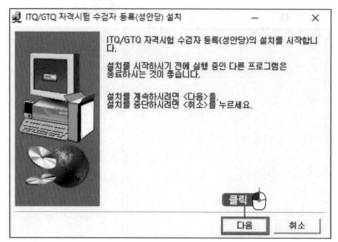

2 프로그램 설치 폴더를 확인한 후 [설치시작] 단추를 클릭합니다.

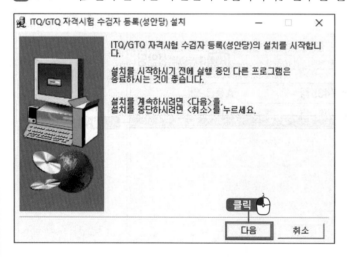

3 설치가 끝나면 [확인] 단추를 클릭합니다.

4 바탕화면에 'ITQ 수험자용' 바로 가기 아이콘 이 생성됩니다.

※ 기존 답안작성 프로그램을 삭제하지 않고 ITQ의 다른 과목(엑셀, 파워포인트)에 수록된 답안 작성 프로그램을 중복설치해 사용해도 됩니다.

※ 'KOAS수험자용(성안당)' 실행 파일을 더블 클릭하여 설치하지 말고, 마우스 오른쪽 버튼을 클릭한 후 [관리자 권한으로 실행] 메뉴를 클릭하여 설치합니다.

단계 2 **답안작성 프로그램 사용**

1 바탕화면의 'KOAS 수험자용' 바로 가기 아이콘 을 더블클릭하여 실행합니다.

2 [수험자 등록] 대화상자에 수험번호를 입력하고 [확인] 단추를 클릭합니다(문제지의 수험 번호를 입력합니다).

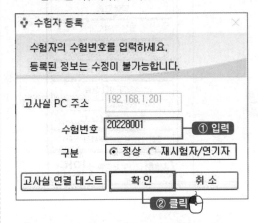

3 시험 버전을 선택하고 [확인] 단추를 클릭합니다.

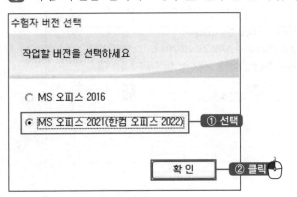

4 [수험자 정보] 창에서 수험번호, 성명, 수험과목, 좌석번호, 답안폴더를 확인하고 [확인] 단추를 클릭합니다.

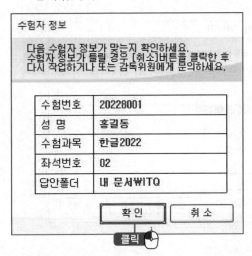

5 감독관의 지시하에 시험이 시작되면 키보드의 아무 키나 클릭하여 시험을 시작합니다.
바탕화면의 오른쪽 상단에 답안작성 프로그램이 나타납니다.

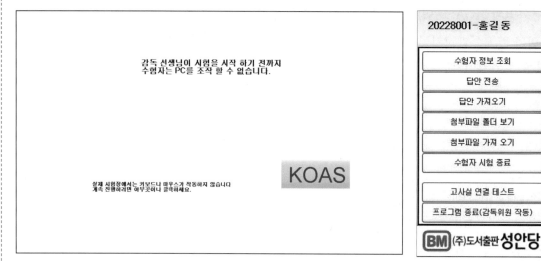

Check **P**oint

답안작성 프로그램의 각 단추 설명

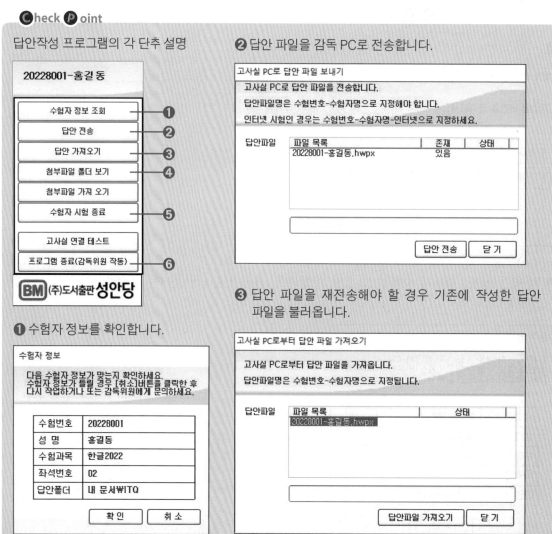

❶ 수험자 정보를 확인합니다.

❷ 답안 파일을 감독 PC로 전송합니다.

❸ 답안 파일을 재전송해야 할 경우 기존에 작성한 답안
파일을 불러옵니다.

6 답안 작성은 한글을 실행한 후 답안을 작성하며, '내 PC₩문서₩ITQ' 폴더에 저장합니다 (수험번호 −성명.확장자).

7 답안 작성이 끝났으면 답안작성 프로그램의 [답안 전송] 단추를 클릭한 후 파일을 확인하고 [답안 전송] 단추를 클릭합니다.

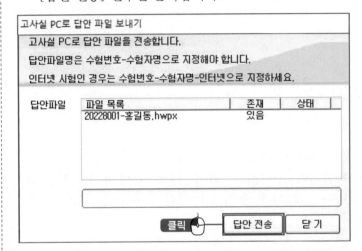

고사실 PC로 답안 파일 보내기

고사실 PC로 답안 파일을 전송합니다.
답안파일명은 수험번호-수험자명으로 지정해야 합니다.
인터넷 시험인 경우는 수험번호-수험자명-인터넷으로 지정하세요.

답안파일	파일 목록	존재	상태
	20228001-홍길동.hwpx	있음	

클릭 　[답안 전송]　[닫 기]

8 정답 파일이 정상적으로 감독 PC로 전송되면 상태에 '성공'이라고 표시됩니다. [닫기] 단추를 클릭합니다.

고사실 PC로 답안 파일 보내기

고사실 PC로 답안 파일을 전송합니다.
답안파일명은 수험번호-수험자명으로 지정해야 합니다.
인터넷 시험인 경우는 수험번호-수험자명-인터넷으로 지정하세요.

답안파일	파일 목록	존재	상태
	20228001-홍길동.hwpx	있음	성공

[답안 전송]　[닫 기]　클릭

9 답안 전송이 끝났으면 [수험자 수험 종료] 단추를 클릭한 후 [ITQ 종료]와 [예]를 클릭하여 시험을 종료합니다.

[공통사항]

1. KOAS 전송시 주의사항

※ 온라인 답안 작성 절차

수험자 등록 ▶ 시험 시작 ▶ 수시로 답안 파일 저장 ▶ 답안 전송 ▶ 시험 종료

2. 모든 작업을 완성했는데 0점 처리되는 경우

① 아래한글 과목의 경우, 최종작업에서 블록씌운 부분만 저장된 블록저장이 원인일 수 있습니다. 반드시 블록저장이 되지 않도록 주의하세요.

② 대부분 최종 작업에서 저장하지 않고 KOAS로 전송했을 경우에 해당됩니다. 반드시 저장한 후 전송하세요.

[ITQ 한글 Q&A]

Q1 답안 작성 시 문제 번호를 작성하지 않았을 경우

A1 문제 번호를 입력하지 않아도 정상 채점합니다.

Q2 스타일에서 점수를 잘 받으려면 어떻게 해야 하나요?

A2 우선, 스타일에선 영문 입력이 중요합니다. 입력이 안 되어 있는 상태에서 스타일을 적용하여도 해당 항목은 0점 처리됩니다. 반드시 오타 없이 입력한 후 스타일 기능을 이용하여 글자 모양/문단 모양을 지정해야 합니다.

Q3 스타일 기능이 0점일 경우

A3 영문 텍스트를 작성하지 않을 시, 0점 처리됩니다. 스타일 적용 문제에서 한글과 영문은 따로 채점되지 않고 텍스트 입력 기능으로 일괄 채점되며, 한글, 영문 각각 일정 분량 이상 작성하셔야 부분 점수를 받으실 수 있습니다.

Q4 기능평가I의 표를 모두 작성하였는데 감점되었다고 합니다. 어디서 자주 틀리나요?

A4 수험자 파일 채점 시 블록 계산식을 작성 안 하거나 캡션의 글꼴 속성을 바꾸지 않은 경우가 많이 있습니다. 또한 블록 계산식은 반드시 빈 셀에만 작성하며 결괏값은 숫자이므로 오른쪽 정렬을 해야 합니다. 이 모든 부분이 감점대상이니 주의해야 합니다.

Q5 기능평가I의 차트를 모두 작성하였는데 감점되었다고 합니다. 어디서 자주 틀리나요?

A5 차트에서는 주어진 조건 외에도 출력형태를 참고하여 세부사항(특히 눈금 및 범례 등)을 맞춰야 하며, 글꼴 또한 항목 축, 값 축, 범례 등에 모두 적용해야 좋은 점수를 받을 수 있습니다.

Q6 수식 배점 및 부분 점수는 어떻게 되나요?

A6 수식은 각각 20점씩이며, 수식의 문제 특성상 부분점수는 없습니다(오타 및 기호가 출력형태와 다를 경우 0점). 반드시 출력형태와 동일하게 작성하시기 바랍니다.

Q7 하이퍼링크를 제대로 한 것 같은데 어디서 감점되었을까요?

A7 하이퍼링크는 책갈피를 그림 또는 글맵시에 연결하도록 출제됩니다. 문제의 지시사항을 읽어보지 않고 무조건 그림에만 연결하는 경우가 종종 발생합니다. 반드시 지시사항을 확인하고 연결된 개체에 하이퍼링크를 적용해야 합니다.

Q8 문서작성 능력평가 두 번째 문단에서 들여쓰기는 어떻게 해야 하나요?

A8 들여쓰기는 문단 모양에서 첫 줄 들여쓰기 10pt를 지정하거나 한 글자(2칸) 띄어쓰기를 해도 모두 정답 처리됩니다.

Q9 문서작성 능력평가 본문 작성 시 시험지의 출력형태와 다를 경우

A9 본문 오른쪽의 출력형태의 글자는 같은 글꼴, 같은 크기로 작성하여도 컴퓨터 환경 등에 의해 다를 수 있습니다. 이는 채점 대상이 아니며, 감점되지 않습니다.

Q10 문서작성능력평가의 쪽 번호 입력 시, 앞 페이지(1,2페이지)의 쪽번호 삭제 여부

A10 앞 페이지의 쪽 번호는 채점 대상이 아니므로 삭제하지 않아도 됩니다.

Q11 각주의 글꼴 및 크기

A11 각주 작성 시 문제상에 지시사항이 없음으로 기본값으로 작성하시면 됩니다.
각주는 각주의 존재 여부, 오타, 각주 구분선만 채점합니다.

Q12 작성 페이지 오류는 무엇인가요?

A12 아래한글에서 작성 페이지는 매우 중요합니다. 기능평가 I 1,2번은 1페이지, 기능평가 II의 3,4번은 2페이지, 문서작성 능력평가는 3페이지에 반드시 작성해야 합니다. 페이지가 뒤바뀌었을 경우 해당 문자는 모두 0점 처리됩니다.

Q13 기본적으로 갖춰야 할 공통 사항이 있나요?

A13 글꼴에 대한 기본 설정은 함초롬바탕, 10포인트, 검정, 줄간격 160%, 양쪽정렬로 해야 하며, 각주 구분선은 기본값인 5cm, 색상은 조건의 색을 적용하고 색의 구분이 안될 경우에는 RGB 값을 적용합니다(빨강 255.0.0 / 파랑 0.0.255 / 노랑 255.255.0).

Q14 문서작성능력평가의 문단번호 기능은 어떤 기능을 사용해야 하나요?

A14 문단번호는 왼쪽여백 기능을 사용하지 말고, 교재 82쪽~85쪽의 설명과 같이 작성해야 합니다.

Q15 노란색 채점은 어떻게 하나요?

A15 RGB 255,255,0과 255,215,0 모두 선택 시 '노랑'으로 나타나므로 '노랑' 색상 채점 시 두 RGB 값 모두 정답 처리됩니다.

Q16 차트 축 눈금(보조 눈금) 채점은 어떻게 하나요?

A16 ITQ 시험은 출력 형태와 동일하게 작성해야 감점되지 않으나, 차트 축 눈금(보조 눈금)의 경우 채점하지 않습니다.

[ITQ 한글 2022 문제별 사용하는 단축키]

※ 한글에서 사용되는 단축키들의 기능은 보통 영문자 앞문자를 이용하여 단축키로 활용합니다.

예를 들어 복사의 단축키인 Ctrl + C 의 C자는 COPY의 앞글자를 이용한 것입니다. 위와 같이 영어단어와 연관지어서 단축키를 사용하면 쉽게 암기가 가능합니다.

문제	용도	단축키
기본 설정	편집 용지 설정	F7
	구역 나누기	Alt + Shift + Enter
	페이지 나누기	Ctrl + Enter
	저장	Alt +[S]ave
1번 문제 스타일(50점)	스타일 지정	F6
	스타일 바탕글 지정	Ctrl +[1]
2번 문제 표/차트(100점)	표 만들기	Ctrl +[N]ew, [T]able
	표 전체 블록 선택	F5 3번 클릭
	셀 병합	표 범위 지정+[M]erge
	선 모양	표 범위 지정+[L]ile
	셀 채우기	표 범위 지정+[C]olor
	블록 합계 계산	Ctrl + Shift +[S]um
	블록 평균 계산	Ctrl + Shift +[A]verage
	캡션달기	Ctrl +[N]ew, [C]aption
	캡션위치	Ctrl +[N]ew, [K]
3번 문제 수식(40점)	수식편집기 실행	Ctrl +[N]ew, [M]ath
	수식편집기 종료	Shift + Esc
4번 문제 그림/그리기(110점)	그림 넣기	Ctrl +[N]ew, [I]mage
	그림 글 뒤로	도형선택+ Shift + End
5번 문제 문서작성 능력평가 (200점)	책갈피	Ctrl +[K],[B]ookmark
	문단 첫 글자 장식	Alt + J , D
	문단 모양	Alt + T
	글자 모양	Alt + L
	주석	Ctrl +[N]ew, [N]ote
	쪽 번호 넣기	Ctrl +[N]ew, [P]age

1. ITQ시험 과목

자격종목(과목)		프로그램 및 버전		등급	시험방식	시험시간
		S/W	공식버전			
ITQ정보 기술자격	아래한글	한컴오피스	2022/2020	A등급 B등급 C등급	PBT	60분
	한셀	한컴오피스	2022			
	한쇼					
	MS워드	MS오피스	2021 2016			
	한글엑셀					
	한글액세스					
	한글파워포인트					
	인터넷	익스플로러				

※ PBT(Paper Based Testing) : 시험지를 통해 문제를 해결하는 시험방식

2. 시험 검정기준

ITQ 시험은 500점 만점을 기준으로 A등급부터 C등급까지 등급별 자격을 부여하며, 낮은 등급을 받은 수험생이 차기 시험에 재응시 하여 높은 등급을 받으면 등급을 업그레이드 해주는 방법으로 평가를 한다(500점 만점이며, 200점 미만은 불합격임).

A등급	B등급	C등급
500점 ~ 400점	399점 ~ 300점	299점 ~ 200점

3. 시험 출제기준

검정과목	문항	배점	출제기준
아래한글	1. 스타일	50점	※한글/영문 텍스트 작성 능력과 스타일 기능 사용 능력을 평가 • 한글/영문 텍스트 작성 • 스타일 이름/문단 모양/글자 모양
	2. 표와 차트	100점	※표를 작성하고 이를 이용하여 간단한 차트를 작성할 수 있는 능력을 평가 • 표 내용 작성/정렬/셀 배경색 • 표 계산 기능/캡션 기능/차트 기능
	3. 수식 편집기	40점	※수식 편집기 사용 능력 평가 • 수식 편집기를 이용한 수식 작성
	4. 그림/그리기	110점	※다양한 기능을 통합한 문제로 도형, 그림, 글맵시, 하이퍼링크 등 문서작성 시의 응용능력을 평가 • 도형 삽입 및 편집, 하이퍼링크 • 그림/글맵시(워드아트) 삽입 및 편집, 개체 배치 • 도형에 문자열 입력하기
	5. 문서작성능력	200점	※다문서 작성을 위한 다양한 능력 평가 • 문서작성 입력 및 편집(글자 모양/문단 모양), 한자 변환, 들여쓰기 • 책갈피, 덧말, 문단 첫 글자 장식, 문자표, 머리말, 쪽번호, 각주 • 표작성 및 편집, 그림 삽입 및 편집(자르기 등)

목 차

Part 01 (무료 동영상) 따라하면서 배우는 한글

Part 02 (무료 동영상) 기출유형 모의고사

Part 03 (무료 동영상) 기출문제

[자료 파일]
- 소스 및 정답 파일
- 무료 동영상 강의
- 자동채점 프로그램 및 답안작성 프로그램

※[자료실]에서 다운로드하여 사용하세요(1-3쪽 참조).

PART 1

따라하면서 배우는
한글 2022

기출문제를 따라해 보면서 시험의 시작부터 마무리까지
진행 절차와 필요 기능을 학습합니다.
※실전 연습문제의 정답 파일과 해설은 [자료실]에서 다운로드합니다.

수험자 유의사항 및 답안 작성 요령

무료 동영상

수험자는 문제지를 받는 즉시 수험표상의 시험과목(프로그램)이 동일한지 반드시 확인하여야 합니다.

수험자 유의사항

파일명은 본인의 "수험번호-성명"으로 입력하여 답안폴더(내 PC\문서\ITQ)에 하나의 파일로 저장해야 하며, 답안문서 파일명이 "수험번호-성명"과 일치하지 않거나, 답안파일을 전송하지 않아 미제출로 처리될 경우 실격처리합니다(예 : 12345678-홍길동.hwpx).

답안 작성 요령

● **공통 부문**
 – 글꼴에 대한 기본설정은 **함초롬바탕, 10포인트, 검정, 줄간격 160%, 양쪽정렬**로 합니다.
 – 색상은 조건의 색을 적용하고 색의 구분이 안 될 경우에는 RGB 값을 적용하십시오.
  (빨강 255,0,0 / 파랑 0,0,255 / 노랑 255,255,0).
 – 각 문항에 주어진 ≪조건≫에 따라 작성하고 언급하지 않은 조건은 ≪출력형태≫와 같이 작성합니다.
 – **용지여백은 왼쪽·오른쪽 11㎜, 위쪽·아래쪽·머리말·꼬리말 10㎜, 제본 0㎜**로 합니다.
 – 그림 삽입 문제의 경우「내 PC\문서\ITQ\Picture」폴더에서 지정된 파일을 선택하여 삽입하십시오.
 – **삽입한 그림은 반드시 문서에 포함**하여 저장해야 합니다(미포함 시 감점 처리).
 – **각 항목은 지정된 페이지**에 출력형태와 같이 정확히 작성하시기 바라며, 그렇지 않을 경우에 해당 항목은 0점처리됩니다.
   ※ 페이지 구분 : 1페이지 – 기능평가 Ⅰ(문제번호 표시 : 1. 2.)
                 2페이지 – 기능평가 Ⅱ(문제번호 표시 : 3. 4.)
                 3페이지 – 문서작성 능력평가

● **기능 평가**
 – 문제와 ≪조건≫은 입력하지 않으며 문제번호와 답(≪출력형태≫)만 작성합니다.
 – **4번 문제는 묶기를 했을 경우 0점** 처리됩니다.

● **문서작성 능력평가**
 – **A4 용지(210㎜×297㎜) 1매 크기, 세로 서식 문서로 작성**합니다.
 – ⬚ 표시는 문서작성에 대한 지시사항이므로 작성하지 않습니다.

핵심 체크

① 용지 설정 F7 키 : 종류(A4), 방향(세로), 여백(왼쪽·오른쪽 11㎜, 위쪽·아래쪽·머리말·꼬리말 10㎜, 제본 0㎜) 지정
② 서식 설정 [모양]–[글자 모양] : 글꼴(함초롬바탕), 글자 크기(10pt), 글자 색(검정), 양쪽 정렬, 줄 간격(160%)
③ 파일 저장 [파일]–[저장] : '내 PC\문서\ITQ' 폴더 안에 "수험번호-성명.hwpx"로 저장

 ※ 작성 순서
 한글 2022 프로그램 열기 → 용지 설정 → 서식 설정 → 파일 저장

1 [시작 ⊞] 단추를 클릭하여 [한글 호]을 클릭하거나 바탕화면에서 한글 2022( ) 아이콘을 더블 클릭하여 프로그램을 실행합니다.

2 [새 문서 서식] 창이 열리면 [새 문서]를 클릭합니다.

3 [쪽] 탭의 [목록 단추 ∨]를 클릭한 후 [편집 용지] 메뉴를 클릭하거나 F7 키를 클릭하여 [편집 용지] 대화상자를 엽니다.

4 [기본] 탭에서 용지 종류, 용지 방향, 용지 여백을 그림과 같이 설정하고 [설정] 단추를 클릭합니다.

　– 용지 종류 : A4, 용지 방향 : 세로, 제본 : 한쪽
　– 용지 여백 : 왼쪽 · 오른쪽 11mm, 위쪽 · 아래쪽 · 머리말 · 꼬리말 10mm, 제본 0mm

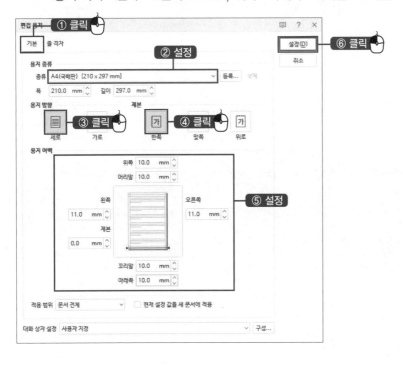

5 [서식] 도구상자에서 '글꼴 : 함초롬바탕', '글자 크기 : 10pt', '글자색 : 검정', '양쪽 정렬', '줄 간격 : 160%'로 지정합니다.

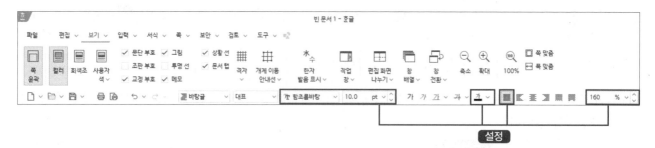

설정

3페이지로 구역 나누기

1 1페이지에서 그림과 같이 문제번호 '1.'과 '2.'를 입력한 후 [Alt] + [Shift] + [Enter] 키를 눌러 구역을 나눕니다.

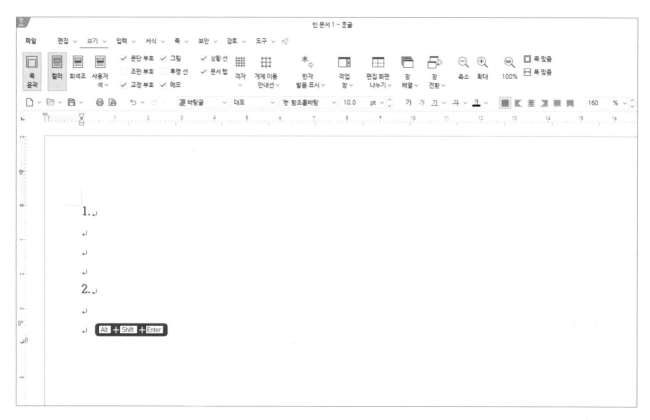

───Check Point───

• ITQ 한글 2022 시험은 총 3페이지로 나누어 답안을 작성해야 하므로 미리 구역을 나누는 작업을 해두는 것이 시간을 단축할 수 있습니다.

• 문제 번호를 입력한 후 [Enter] 키를 이용하여 행 간격을 벌리지 않으면 스타일 작업 후 바탕글 스타일을 재지정해야 하는 번거로움이 있습니다.

• 반드시 1~4번까지의 문제 번호를 표시하고 답안을 작성해야 합니다.

2 2페이지에서 그림과 같이 문제번호 '3.'과 '4.'를 입력한 후 Alt + Shift + Enter 키를 눌러 구역을 나눕니다.

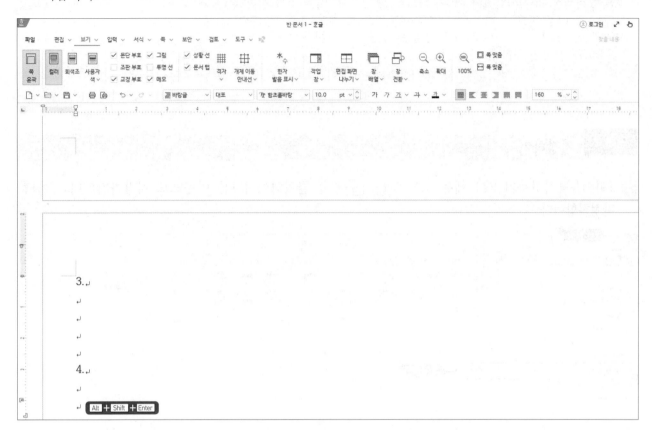

3 3페이지에 커서가 이동된 것을 확인합니다.

Check Point

쪽 나누기와 구역 나누기
- Ctrl + Enter 키를 이용하여 쪽 나누기를 하면 문서 작성(3페이지) 작업에서 페이지 번호 삽입 시 1, 2페이지 하단에 페이지 번호가 나타납니다.
- Alt + Shift + Enter 키를 이용하여 구역 나누기를 하면 문서 작성(3페이지) 작업에서 페이지 번호 삽입 시 1, 2페이지 하단에 페이지 번호가 나타나지 않습니다. 즉, 작업 후 별도로 1, 2페이지 번호를 숨길 필요가 없습니다.
- 다만, 앞 페이지의 쪽 번호는 채점 대상이 아니므로 삭제하지 않아도 됩니다.

단계 2 저장하기

1 [파일]-[저장하기 💾] 메뉴 또는 Alt + S 키를 클릭하여 [다른 이름으로 저장하기] 대화상자를 활성화합니다.

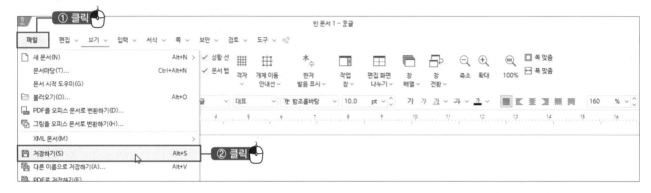

2 [다른 이름으로 저장하기] 대화상자의 왼쪽에 [내 PC]-[문서]-[ITQ] 폴더를 클릭한 후 파일 이름에 '수험번호-성명' 형식으로 입력하고, 파일 형식에 '한글 문서 (*.hwpx)'로 지정한 후 [저장] 단추를 클릭합니다.

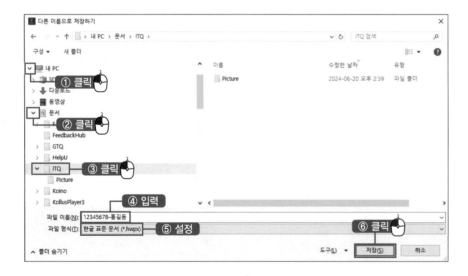

3 제목 표시줄에 파일명(수험번호-성명)이 [ITQ] 폴더 위치에 저장되었는지 확인합니다.

실력 향상을 위한 실전 연습문제

● 연습을 위해 문제 번호를 표시하고 3페이지로 구성하세요.
● 정답파일 및 해설은 [자료실]에서 다운로드 받으세요.

01 다음 조건에 따라 한글문서를 만든 후 저장하시오.

조건
(1) 아래와 같이 용지를 설정하시오.
  – 용지 종류 : A4, 용지 방향 : 세로
  – 용지 여백 : 왼쪽 · 오른쪽 11mm, 위쪽 · 아래쪽 · 머리말 · 꼬리말 : 10mm, 제본 : 0mm

(2) [내 PCW문서WITQ] 폴더에 '20220001−성안당'으로 저장하시오.

02 다음 조건에 따라 한글문서를 만든 후 저장하시오.

조건
(1) 아래와 같이 용지를 설정하시오.
  – 용지 종류 : A4, 용지 방향 : 세로
  – 용지 여백 : 왼쪽 · 오른쪽 11mm, 위쪽 · 아래쪽 · 머리말 · 꼬리말 : 10mm, 제본 : 0mm

(2) [내 PCW문서WITQ] 폴더에 '20220002−김대한'으로 저장하시오.

03 다음 조건에 따라 한글문서를 만든 후 저장하시오.

조건
(1) 아래와 같이 용지를 설정하시오.
  – 용지 종류 : A4, 용지 방향 : 세로
  – 용지 여백 : 왼쪽 · 오른쪽 11mm, 위쪽 · 아래쪽 · 머리말 · 꼬리말 : 10mm, 제본 : 0mm

(2) [내 PCW문서WITQ] 폴더에 '20220003−강민국'으로 저장하시오.

04 다음 조건에 따라 한글 문서를 만든 후 저장하시오.

조건
(1) 아래와 같이 용지를 설정하시오.
  – 용지 종류 : A4, 용지 방향 : 세로
  – 용지 여백 : 왼쪽 · 오른쪽 11mm, 위쪽 · 아래쪽 · 머리말 · 꼬리말 : 10mm, 제본 : 0mm

(2) [내 PCW문서WITQ] 폴더에 '20220004−최만세'로 저장하시오.

배점 **50** 점

[기능평가 I-1] 스타일

무료 동영상

스타일 기능을 적용하는 문제로 ①영어/한글 문장 입력, ②스타일 설정 및 적용하는 과정을 진행하며, 스타일 작성에 필요한 세부 기능인 문단 모양과 글자 모양에 대해 자세히 학습합니다.

● **소스 파일** : Section01_예제.hwpx
● **정답 파일** : Section01_정답.hwpx

1. 다음의 ≪조건≫에 따라 스타일 기능을 적용하여 ≪출력형태≫와 같이 작성하시오. (50점)

조건　(1) 스타일 이름 – expo
　　　　(2) 문단 모양 – 왼쪽 여백 : 15pt, 문단 아래 간격 : 10pt
　　　　(3) 글자 모양 – 글꼴 : 한글(돋움)/영문(굴림), 크기 : 10pt, 장평 : 95%, 자간 : −5%

출력형태

1.

World Tea EXPO 2023 Hadong, Korea is held with the slogan 'The Scent of Nature, Healthy Future, Tea!' with the main venue Hadong Wild Tea Culture Festival Area of Hwagae-myeon.

하동세계차엑스포는 차 산업을 새로운 성장동력으로 키워가는 계기를 만들기 위해 '자연의 향기, 건강한 미래, 차!'를 주제로 하동스포츠파크와 화개면에 있는 하동야생차문화축제장을 중심으로 개최된다.

핵심 체크

① 제시된 문장을 오탈자 없이 정확히 입력하기
② 스타일 만들기
　– [서식] 탭–[스타일 █] 도구를 선택하거나 F6 키 이용
　– 문단 모양과 글자 모양 설정
※ 영문과 한글 문장 사이에 Enter 키를 한 번만 클릭하여 강제 개행하고 [문단 모양]에서 설정합니다.

※ 작성 순서
문장 입력 → 스타일 설정 및 적용

1 문제 번호 '1.' 다음 줄에 커서를 위치시킨 후 《출력형태》와 같이 문장을 입력합니다. 문장 입력 시 강제로 줄을 변경하는 경우는 영문자의 마지막 "Hwagae-myeon."을 입력한 후 Enter 키를 누릅니다.

1.↵
World Tea EXPO 2023 Hadong, Korea is held with the slogan 'The Scent of Nature, Healthy Future, Tea!' with the main venue Hadong Wild Tea Culture Festival Area of Hwagae-myeon. Enter
하동세계차엑스포는 차 산업을 새로운 성장동력으로 키워가는 계기를 만들기 위해 '자연의 향기, 건강한 미래, 차!'를 주제로 하동스포츠파크와 화개면에 있는 하동야생차문화축제장을 중심으로 개최된다.↵

ⓒheck ⓟoint

한영 전환 : 한/영 키를 클릭하거나 Shift + Space Bar 키를 누릅니다.

1 입력한 문장을 드래그하여 범위 지정한 후 [서식] 탭에서 [스타일 추가하기 [A≡+]] 도구를 클릭합니다.

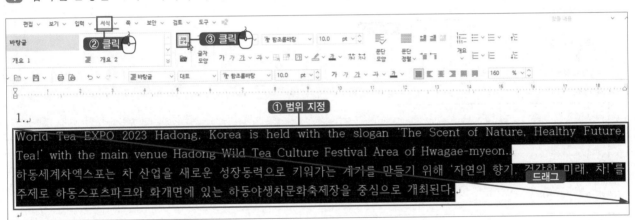

ⓒheck ⓟoint

F6 키를 클릭한 후 [스타일] 대화상자에서 [스타일 추가하기 +] 단추를 클릭해도 됩니다.

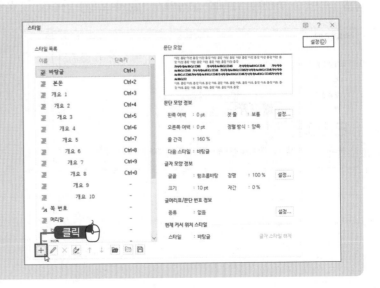

2 [스타일 추가하기] 대화상자에서 스타일 이름에 "expo"를 입력한 후 [문단 모양] 단추를 클릭합니다.

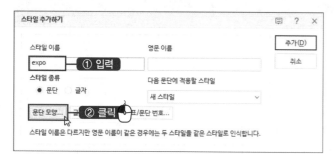

3 [문단 모양] 대화상자에서 '왼쪽 여백 : 15pt', '문단 아래 간격 : 10pt'를 설정한 후 [설정] 단추를 클릭합니다.

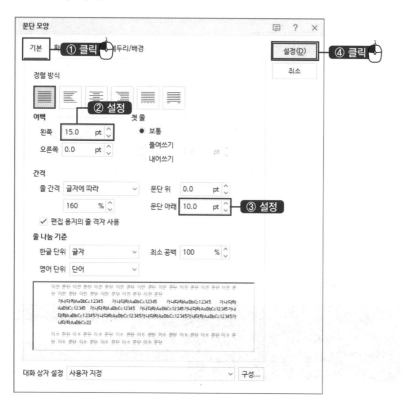

4 [스타일 추가하기] 대화상자에서 [글자 모양] 단추를 클릭합니다.

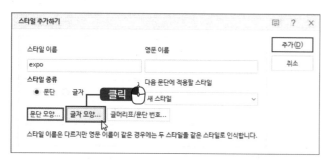

5 [글자 모양] 대화상자에서 '기준 크기 : 10pt', '장평 : 95%', '자간 : -5%'를 설정한 후 언어별 설정의 언어에서 '한글 : 돋움', '영문 : 굴림'을 지정하고 [설정] 단추를 클릭합니다.

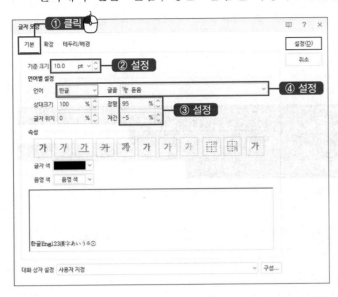

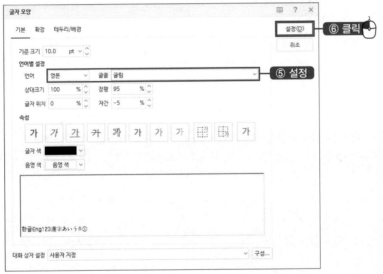

Check Point

한글과 영문의 서식을 각각 설정하는 방법보다 공통된 서식(장평, 자간 등)을 먼저 설정한 후 한글과 영문의 글꼴을 지정하는 방법이 시간을 단축할 수 있습니다.

6 [스타일 추가하기] 대화상자에서 [추가] 단추를 클릭합니다.

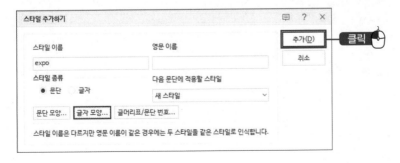

7 [서식] 탭에서 추가된 'expo' 스타일을 클릭하여 범위 지정한 문장에 스타일을 적용합니다.

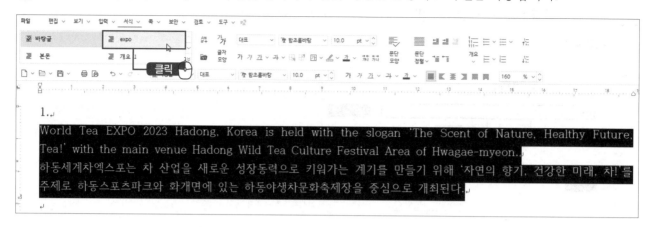

8 Esc 키를 눌러 범위를 해제한 후 스타일이 적용됐는지 확인하고, [파일]−[저장하기 💾] 메뉴(또는 Alt + S)를 클릭하여 저장합니다.

World Tea EXPO 2023 Hadong, Korea is held with the slogan 'The Scent of Nature, Healthy Future, Tea!' with the main venue Hadong Wild Tea Culture Festival Area of Hwagae-myeon.

하동세계차엑스포는 차 산업을 새로운 성장동력으로 키워가는 계기를 만들기 위해 '자연의 향기, 건강한 미래, 차!'를 주제로 하동스포츠파크와 화개면에 있는 하동야생차문화축제장을 중심으로 개최된다.

Ⓒheck Ⓟoint

• 스타일 작업을 마친 후 반드시 [바탕글] 스타일을 지정하여 다음 문제의 글자와 문단 모양에 영향을 미치지 않도록 합니다. 즉, 2번 문제를 작성하기 전에는 반드시 스타일이 바탕글 인지 확인해 주어야 합니다.
• 바탕글 스타일로 변환 단축키 : Ctrl + 1
• 최근 스타일 기능 문제에서 문단 모양은 왼쪽 여백이 주로 출제되며, 문단 아래 간격은 '10pt'가 고정적입니다. 글자 모양은 굴림, 돋움, 궁서 글꼴이 주로 출제됩니다.
• 작업 도중 불의의 사고로 작성한 답안 파일에 문제가 발생할 수도 있으므로 각 문제를 완성할 때마다 저장하는 습관을 길러야 합니다.

Ⓒheck Ⓟoint

• 영문 텍스트를 작성하지 않을 시, 0점 처리됩니다.
• 스타일 적용 문제에서 한글과 영문은 따로 채점되지 않고 텍스트 입력 기능으로 일괄 채점되며, 한글, 영문 각각 일정 분량 이상 작성해야 부분 점수를 받을 수 있습니다.

실력 향상을 위한 실전 연습문제

● 소스 파일 : Section01_예제01.hwpx   ● 정답 파일 : Section01_정답01.hwpx

01 다음의 《조건》에 따라 스타일 기능을 적용하여 《출력형태》와 같이 작성하시오.

조건
(1) 스타일 이름 – danjong
(2) 문단 모양 – 왼쪽 여백 : 15pt, 문단 아래 간격 : 10pt
(3) 글자 모양 – 글꼴 : 한글(굴림)/영문(궁서), 크기 : 10pt, 장평 : 105%, 자간 : 5%

출력형태

A figure of young Danjong is enshrined here. Every April 15, citizens gather and hold a memorial service.

단종문화제는 장릉사적 제196호이자 세계문화유산의 하나로 조선의 6대 임금인 단종의 고혼과 충신들의 넋을 축제로 승화시킨 영월의 대표적인 향토문화제이다.

● 소스 파일 : Section01_예제02.hwpx   ● 정답 파일 : Section01_정답02.hwpx

02 다음의 《조건》에 따라 스타일 기능을 적용하여 《출력형태》와 같이 작성하시오.

조건
(1) 스타일 이름 – skiing
(2) 문단 모양 – 왼쪽 여백 : 10pt, 문단 아래 간격 : 15pt
(3) 글자 모양 – 글꼴 : 한글(궁서)/영문(돋움), 크기 : 10pt, 장평 : 95%, 자간 : 5%

출력형태

New ski and binding designs, coupled with the introduction of ski lifts and snow cars to carry skiers up mountains, enabled the development of alpine skis.

역사 기록을 기준으로 보면 노르웨이의 레디 바위에 새겨진 스키 타는 사람의 모습은 4,500년 전의 것이라고 추정되며, 스웨덴의 중부 호팅 지방에서 발견된 4,500년 전의 스키가 가장 오래된 것으로 알려져 있다.

● 소스 파일 : Section01_예제03.hwpx ● 정답 파일 : Section01_정답03.hwpx

03 다음의 《조건》에 따라 스타일 기능을 적용하여 《출력형태》와 같이 작성하시오.

조건
(1) 스타일 이름 – dmz
(2) 문단 모양 – 왼쪽 여백 : 15pt, 문단 아래 간격 : 10pt
(3) 글자 모양 – 글꼴 : 한글(돋움)/영문(궁서), 크기 : 10pt, 장평 : 95%, 자간 : −5%

출력형태

The Korean government is of a firm belief that all issues and conflicts should be resolved peacefully through dialogue.

비무장지대는 국제조약이나 협약에 의하여 무장이 금지된 완충 지역을 말하며 한국의 비무장지대는 한국전 정전협정에 의하여 1953년에 설정되었다.

● 소스 파일 : Section01_예제04.hwpx ● 정답 파일 : Section01_정답04.hwpx

04 다음의 《조건》에 따라 스타일 기능을 적용하여 《출력형태》와 같이 작성하시오.

조건
(1) 스타일 이름 – car
(2) 문단 모양 – 왼쪽 여백 : 10pt, 문단 아래 간격 : 10pt
(3) 글자 모양 – 글꼴 : 한글(굴림)/영문(돋움), 크기 : 10pt, 장평 : 105%, 자간 : −5%

출력형태

It is our great pleasure to extend our heartfelt greeting to all those from around the world who are in the field of automobile industry.

오늘날 가장 널리 사용되는 내연기관 자동차는 19세기 말에 증기 자동차의 뒤를 이어 실용화되었으며 가솔린 자동차, 디젤기관 자동차, LPG 자동차가 이에 속한다.

● 소스 파일 : Section01_예제05.hwpx   ● 정답 파일 : Section01_정답05.hwpx

05 다음의 《조건》에 따라 스타일 기능을 적용하여 《출력형태》와 같이 작성하시오.

조건

(1) 스타일 이름 – volunteering
(2) 문단 모양 – 왼쪽 여백 : 15pt, 문단 아래 간격 : 10pt
(3) 글자 모양 – 글꼴 : 한글(굴림)/영문(돋움), 크기 : 10pt, 장평 : 95%, 자간 : 5%

출력형태

Volunteering is generally considered and altruistic activity where an individual or group provides services for no financial gain "to benefit another person, group or organization."

자원봉사는 일반적으로 개인이나 단체가 다른 사람 또는 조직을 위해 금전적 보상 없이 서비스를 제공하는 이타적인 행동으로 간주된다 .

● 소스 파일 : Section01_예제06.hwpx   ● 정답 파일 : Section01_정답06.hwpx

06 다음의 《조건》에 따라 스타일 기능을 적용하여 《출력형태》와 같이 작성하시오.

조건

(1) 스타일 이름 – noise
(2) 문단 모양 – 왼쪽 여백 : 10pt, 문단 아래 간격 : 15pt
(3) 글자 모양 – 글꼴 : 한글(굴림)/영문(돋움), 크기 : 10pt, 장평 : 95%, 자간 : -5%

출력형태

The presence of unwanted sound is a called noise pollution. This unwanted sound can seriously damage and effect physiological and psychological health.

산업 현장, 운송 체계, 음향 체계, 기타 수단에 의해 발생하는 소리가 기준을 초과하는 경우에는 영구적 청력 상실, 이상 증후군 발생, 심리적 불안을 유발할 수 있다.

배점 **100** 점

| 무료 동영상 |

Section 2 [기능평가 Ⅰ-2] 표

표를 만들어 작성하는 문제로 ①표 작성, ②글자 모양과 문단 모양, ③셀 테두리/배경 기능, ④계산 기능 및 캡션 기능에 대하여 학습합니다.

● **소스 파일** : Section02_예제.hwpx
● **정답 파일** : Section02_정답.hwpx

1. 다음의 《조건》에 따라 《출력형태》와 같이 표를 작성하시오. (100점)

조건 (1) 표 전체(표, 캡션) – 돋움, 10pt

(2) 정렬 – 문자 : 가운데 정렬, 숫자 : 오른쪽 정렬

(3) 셀 배경(면색) : 노랑

(4) 한글의 계산 기능을 이용하여 빈칸에 합계를 구하고, 캡션 기능 사용할 것

(5) 선 모양은 《출력형태》와 동일하게 처리할 것

출력형태

주요 지역별 차 생산량의 변화(단위 : 백 톤)

구분	2019년	2020년	2021년	2022년	합계
전라남도	14	15	18	19	
경상남도	22	19	12	14	
제주특별자치도	3	7	8	16	
전라북도	1	3	2	2	

핵심 체크

① 표 만들기 : [입력]–[표 ▦] 메뉴 또는 Ctrl + N , T 이용

② 표 서식 : 글자 모양, 문자 정렬, 셀 배경색, 셀 테두리, 캡션 달기 설정

③ 표 계산 : 계산 범위를 지정한 후 [표 레이아웃 ▦]–[계산식 ⊞⋅]–[블록 합계] 메뉴를 이용하여 자동 계산 수행하기

※ 작성 순서
표 작성 → 데이터 입력 및 정렬 → 블록 계산식 → 셀 편집(테두리, 배경색 등) → 캡션 달기

표 메뉴

기능	메뉴	단축키	도구
표 만들기	[입력]-[표]	Ctrl + N , T	⊞
셀 합치기	[표 레이아웃]-[셀 합치기]	범위 지정 후 M	⊞
셀 나누기	[표 레이아웃]-[셀 나누기]	범위 지정 후 S	⊞
선 모양	[표 디자인]-[테두리]	범위 지정 후 L	⊞
셀 배경색	[표 디자인]-[표 채우기]	범위 지정 후 C	⬛
블록 합계	[표 레이아웃]-[계산식]-[블록 합계]	Ctrl + Shift + S	
블록 평균	[표 레이아웃]-[계산식]-[블록 평균]	Ctrl + Shift + A	
캡션 달기	[표 레이아웃]-[캡션]	Ctrl + N , C	🗆

단계 1 표 작성하기

1 [입력] 탭에서 [표 ⊞] 도구를 클릭하거나 Ctrl + N , T 단축키를 눌러 [표 만들기] 대화상자를 활성화합니다.

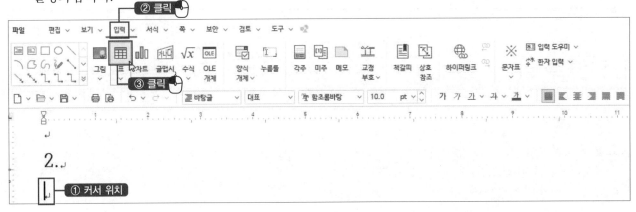

2 [표 만들기] 대화상자에서 '줄 개수 : 5', '칸 개수 : 6', '글자처럼 취급'에 체크한 후 [만들기] 단추를 클릭하여 표를 생성합니다.

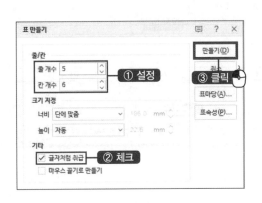

[입력] 탭-[표 ⊞]의 [목록 단추 ▾]를 클릭한 후 줄 개수와 칸 개수만큼 드래그하여 표를 작성할 수도 있습니다.

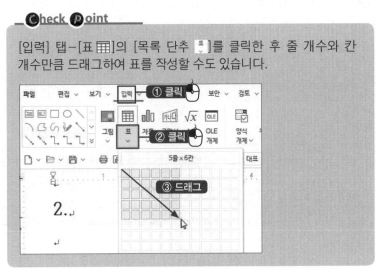

③ ≪출력형태≫와 동일하게 내용을 입력합니다.

2.

구분	2019년	2020년	2021년	2022년	합계
전라남도	14.	15.	18.	19.	
경상남도	22.	19.	12.	14.	
제주특별자치도	3.	7.	8.	16.	
전라북도	1.	3.	2.	2.	

단계 2 **모양 서식 설정하기**

① 글자 모양 서식을 설정하기 위해 표 전체를 범위 지정한 후 [서식] 도구 상자에서 '글꼴 : 돋움', '크기 : 10pt'로 설정하고, [가운데 정렬 ≣] 도구를 클릭합니다.

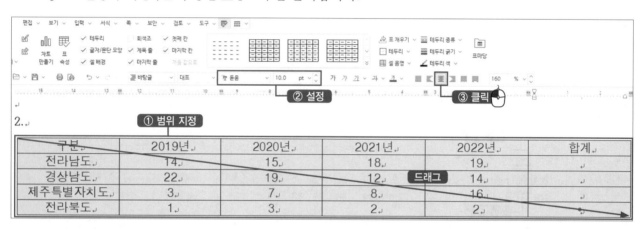

Check Point

표 범위 지정

① 한 셀 지정 : 해당 셀을 클릭한 후 F5 를 누름

② 두 셀 이상 범위 지정 : 해당 범위만큼 마우스로 드래그

③ 표 전체 범위 지정 : 해당 범위만큼 마우스로 드래그하거나 F5 를 세 번 누름

② 숫자 데이터 부분만 범위 지정한 후 [서식] 도구상자에서 [오른쪽 정렬 ≣] 도구를 클릭합니다.

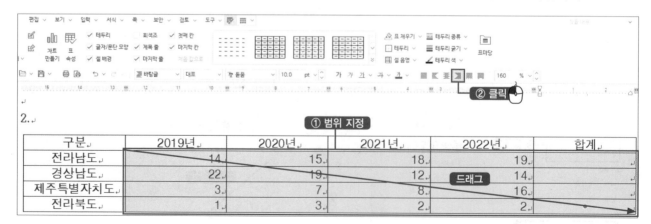

단계 3 블록 계산

1 계산될 숫자가 있는 셀과 계산된 결과가 표시될 셀이 포함되도록 그림과 같이 범위를 지정한 후 [표 레이아웃 ▦] 탭-[계산식 ➕ ▾]의 [블록 합계]를 클릭합니다.

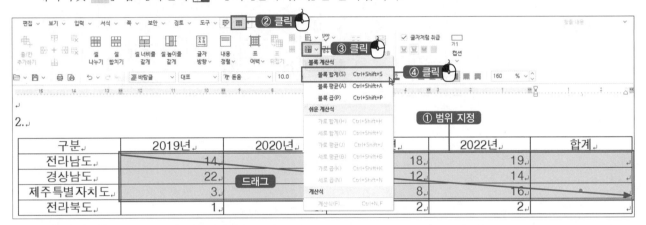

2 빈 셀에 합계가 계산되어 표시되면 Esc 키를 눌러 범위 지정을 해제합니다.

단계 4 셀 테두리 및 배경색

1 표 바깥쪽 테두리 선 모양을 지정하기 위하여 표 전체를 범위 지정한 후 L 키를 눌러 [셀 테두리/배경] 대화상자를 엽니다.

2.

범위 지정 + L

구분	2019년	2020년	2021년	2022년	합계
전라남도	14	15	18	19	66
경상남도	22	19	12	14	67
제주특별자치도	3	7	8	16	34
전라북도	1	3	2	2	

드래그

2 [테두리] 탭의 테두리 종류에서 '이중 실선 ━━━━━'을 선택하고 [바깥쪽 □] 단추를 선택한 후 [설정] 단추를 클릭합니다.

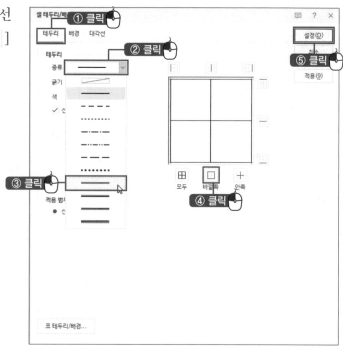

3 1행만 범위 지정한 후 ㄴ키를 눌러 [셀 테두리/배경] 대화상자의 [테두리] 탭에서 '이중 실선 ━━━━━'을 선택한 후 [아래쪽 테두리 ▦] 단추를 누르고 [설정] 단추를 클릭합니다.

구분	2019년	2020년	2021년	2022년	합계
전라남도	14.	15.	18.	19.	66.

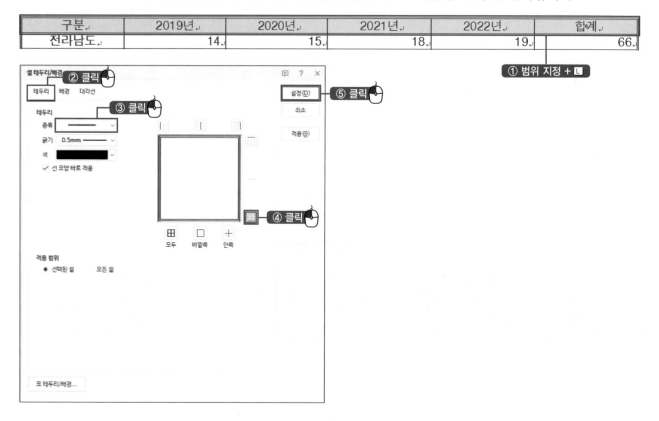

4 1열만 범위 지정한 후 [L]키를 눌러 [셀 테두리/배경] 대화상자의 [테두리] 탭에서 '이중 실선 ═════'을 선택한 후 [오른쪽 테두리 ⊞] 단추를 누르고 [설정] 단추를 클릭합니다.

구분	2019년	2020년	2021년	2022년	합계
전라남도	14	15	18	19	66
경상남도	① 범위 지정 + L	19	12	14	67
제주특별자치도	3	7	8	16	34
전라북도	1	3	2	2	

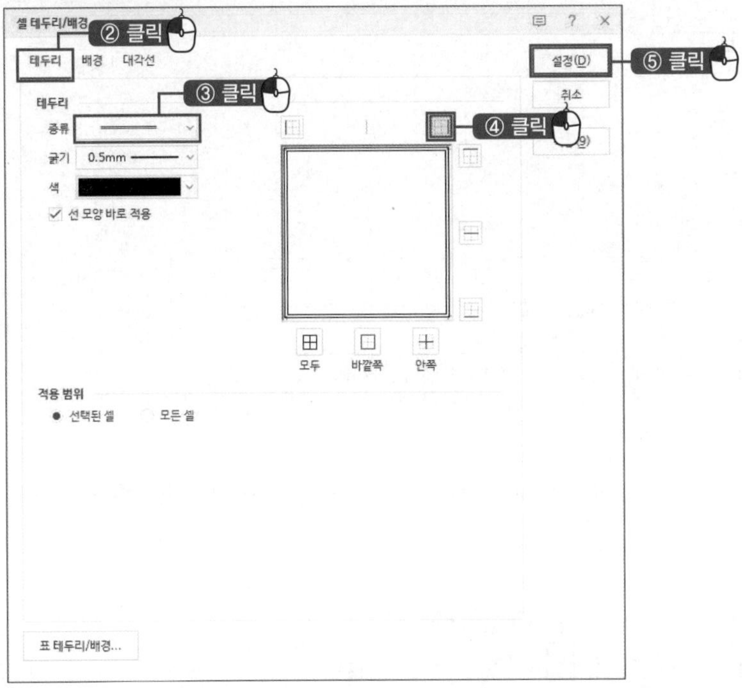

5 마지막 셀을 클릭한 후 [F5] 키를 눌러 하나의 셀만 범위 지정하고 [L] 키를 누른 후, [셀 테두리/배경] 대화상자의 [대각선] 탭에서 [대각선(1)⧅], [대각선(A)⧄] 단추를 각각 클릭하고 [설정] 단추를 클릭합니다.

2022년	합계
19	66
14	67
16	34
2	

① 범위 지정

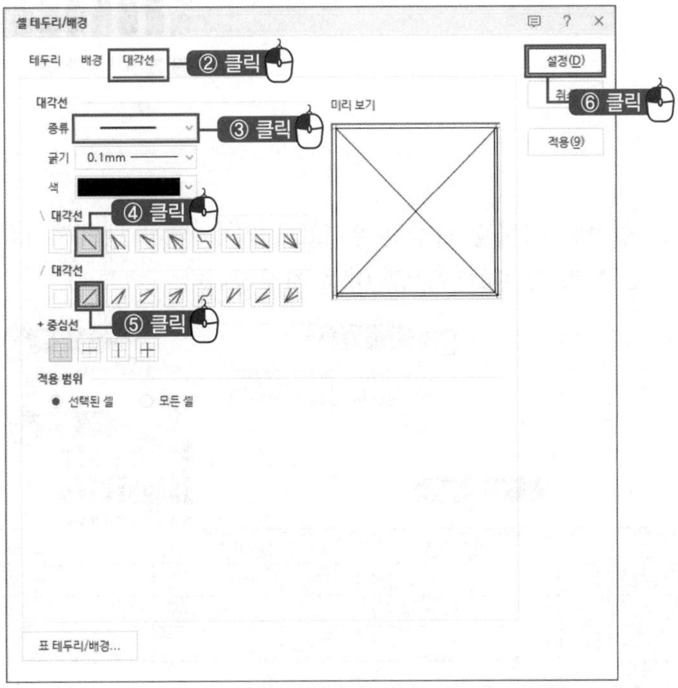

• 범위를 지정한 후 [표 레이아웃 🏢] 탭의 [목록 단추 ☑]를 클릭하고 [셀 테두리/배경]−[각 셀마다 적용]을 선택하여 셀 테두리를 설정할 수도 있습니다.

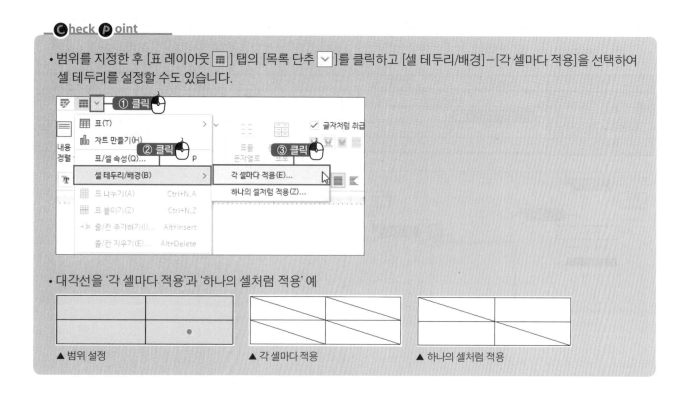

▲ 범위 설정　　　　　▲ 각 셀마다 적용　　　　　▲ 하나의 셀처럼 적용

6 셀에 배경색을 설정하기 전에 [표 디자인 🗒] 탭에서 [표 채우기 🖢] 도구의 [목록 단추 ☑]를 클릭하고, [테마 색상표 ▷] 단추를 클릭한 후 '오피스' 테마를 클릭합니다.

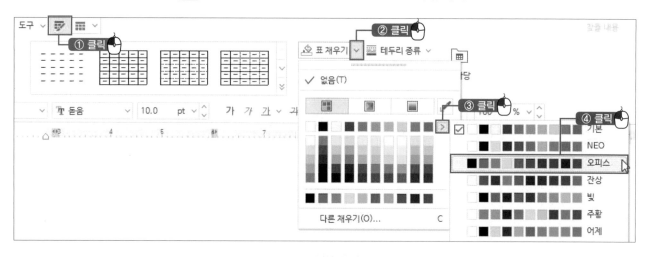

7 색상을 설정할 범위를 지정한 후 [표 디자인 🗒] 탭에서 [표 채우기 🖢] 도구의 [목록 단추 ☑]를 클릭하고 '노랑(RGB: 255,255,0)'을 지정합니다.

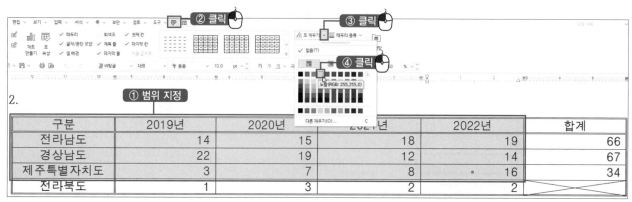

구분	2019년	2020년	2021년	2022년	합계
전라남도	14	15	18	19	66
경상남도	22	19	12	14	67
제주특별자치도	3	7	8	16	34
전라북도	1	3	2	2	

- 시험에서 지시하는 색상 중 검정, 빨강, 노랑, 파랑은 '오피스' 테마이고, 하양은 '기본' 테마이므로 상황에 맞게 테마를 변경하여 지정합니다.

- 셀 범위를 지정하고 C 키를 눌러 [셀 테두리/배경] 대화상자의 [배경] 탭에서 '면 색'을 노랑으로 선택하여 설정할 수도 있습니다.

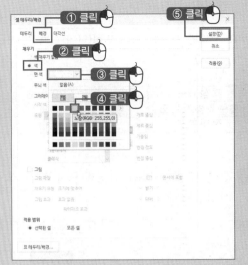

- [셀 테두리/배경] 대화상자의 [배경] 탭에서 [면 색]-[스펙트럼 ▨]을 선택한 후 빨강(R), 녹색(G), 파랑(B)의 값을 직접 입력하여 설정(R 255, G 255, B 0)할 수도 있습니다.

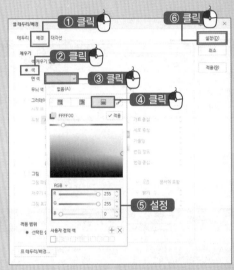

단계 5 캡션

1 [표 레이아웃 ▦] 탭에서 [캡션 ⬚]의 [목록 단추 ⬚]를 클릭한 후 '위'를 선택합니다.

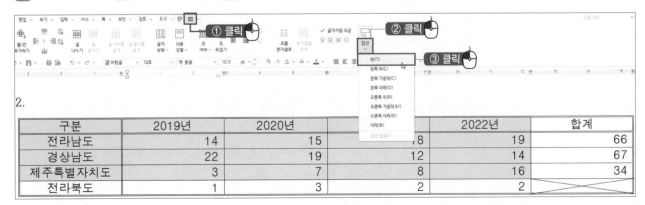

2.

구분	2019년	2020년		2022년	합계
전라남도	14	15	18	19	66
경상남도	22	19	12	14	67
제주특별자치도	3	7	8	16	34
전라북도	1	3	2	2	

2 자동으로 표시된 캡션명과 캡션번호(표 1)를 삭제하고 "주요 지역별 차 생산량의 변화(단위 : 백 톤)"를 입력합니다.

주요 지역별 차 생산량의 변화(단위 : 백 톤) ── 입력

구분	2019년	2020년	2021년	2022년	합계
전라남도	14	15	18	19	66
경상남도	22	19	12	14	67
제주특별자치도	3	7	8	16	34
전라북도	1	3	2	2	

3 캡션 내용을 범위 지정하고 [서식] 도구에서 '글꼴 : 돋움', '글자 크기 : 10pt', '오른쪽 정렬 ▣'을 지정합니다.

② 설정   ③ 클릭   ① 범위 지정

2.

주요 지역별 차 생산량의 변화(단위 : 백 톤)

구분	2019년	2020년	2021년	2022년	합계
전라남도	14	15	18	19	66
경상남도	22	19	12	14	67
제주특별자치도	3	7	8	16	34
전라북도	1	3	2	2	

4 표의 셀 높이를 조절하기 위해 표 전체를 드래그하여 범위 지정한 후 Ctrl + ↓ 키를 한 번 누릅니다.

주요 지역별 차 생산량의 변화(단위 : 백 톤)

구분	2019년	2020년	2021년	2022년	합계
전라남도	14	15	18	19	66
경상남도	22	19	12	14	67
제주특별자치도	3	7	8	16	34
전라북도	1	3	2	2	

① 범위 지정   ② Ctrl + ↓

Ⓒheck Ⓟoint

표의 크기를 조절하지 않아도 감점 대상은 아닙니다.

실력 향상을 위한 실전 연습문제

● 소스 파일 : Section02_예제01.hwpx   ● 정답 파일 : Section02_정답01.hwpx

01 다음의 ≪조건≫에 따라 ≪출력형태≫와 같이 표를 작성하시오.

조건
(1) 표 전체(표, 캡션) – 돋움, 10pt
(2) 정렬 – 문자 : 가운데 정렬, 숫자 : 오른쪽 정렬
(3) 셀 배경색(면색) : 노랑
(4) 한글의 계산 기능을 이용하여 빈칸에 합계를 구하고, 캡션 기능 사용할 것
(5) 선 모양은 ≪출력형태≫와 동일하게 처리할 것

출력형태

고령자 재취업 현황(단위 : %)

구분	2020년	2021년	2022년	2023년	합계
서울/경기	23.7	18.6	27.4	39.6	
부산	16.8	25.3	28.6	33.2	
광주	22.1	34.5	24.2	27.3	
강원	14.6	25.3	36.1	29.4	

● 소스 파일 : Section02_예제02.hwpx   ● 정답 파일 : Section02_정답02.hwpx

02 다음의 ≪조건≫에 따라 ≪출력형태≫와 같이 표를 작성하시오.

조건
(1) 표 전체(표, 캡션) – 굴림, 10pt
(2) 정렬 – 문자 : 가운데 정렬, 숫자 : 오른쪽 정렬
(3) 셀 배경색(면색) : 노랑
(4) 한글의 계산 기능을 이용하여 빈칸에 평균(소수점 두 자리)을 구하고, 캡션 기능 사용할 것
(5) 선 모양은 ≪출력형태≫와 동일하게 처리할 것

출력형태

크로스컨트리 K-Point(단위 : 점)

구분	회장배	학생종별	전국체전	종별	평균
이건용	138	116	120	115	
정의명	136	133	151	114	
김진아	185	170	190	206	
김은지	160	145	153	168	

● 소스 파일 : Section02_예제03.hwpx   ● 정답 파일 : Section02_정답03.hwpx

03 다음의 ≪조건≫에 따라 ≪출력형태≫와 같이 표를 작성하시오.

조건 (1) 표 전체(표, 캡션) – 궁서, 10pt
 (2) 정렬 – 문자 : 가운데 정렬, 숫자 : 오른쪽 정렬
 (3) 셀 배경색(면색) : 노랑
 (4) 한글의 계산 기능을 이용하여 빈칸에 합계를 구하고, 캡션 기능 사용할 것
 (5) 선 모양은 ≪출력형태≫와 동일하게 처리할 것

출력형태

통계자료 이용 현황(단위 : %)

구분	조사통계	가공통계	보고통계	지정통계	합계
법인	57.8	36.1	44.9	35.6	
단체	43.7	49.3	38.6	43.2	
개인	22.1	15.3	14.6	17.3	
기타	42.6	23.3	11.2	29.7	

● 소스 파일 : Section02_예제04.hwpx   ● 정답 파일 : Section02_정답04.hwpx

04 다음의 ≪조건≫에 따라 ≪출력형태≫와 같이 표를 작성하시오.

조건 (1) 표 전체(표, 캡션) – 돋움, 10pt
 (2) 정렬 – 문자 : 가운데 정렬, 숫자 : 오른쪽 정렬
 (3) 셀 배경색 : 노랑
 (4) 한글의 계산 기능을 이용하여 빈칸의 평균(소수점 두 자리)을 구하고, 캡션 기능 사용할 것
 (5) 선 모양은 ≪출력형태≫와 동일하게 처리할 것

출력형태

대학 졸업 후 금융권 취업 현황(단위 : %)

구분	2020년	2021년	2022년	2023년	평균
서울	37.5	26.0	49.3	45.2	
대전	16.8	20.9	38.6	30.3	
부산	32.1	45.3	40.6	33.8	
강원도	22.6	15.3	19.6	34.7	

Section 3 [기능평가 I –3] 차트

| 무료 동영상 |

차트를 작성한 후 편집하는 문제로 ①차트의 원본 데이터 지정, ②차트 종류 지정, ③차트 서식(차트 제목, 축 제목, 범례 등) 지정 기능을 통하여 ≪출력형태≫와 동일한 차트를 작성합니다.

● **소스 파일** : Section03_예제.hwpx
● **정답 파일** : Section03_정답.hwpx

2. 다음의 ≪조건≫에 따라 ≪출력형태≫와 같이 차트를 작성하시오. (100점)

차트 조건
(1) 차트 데이터는 표 내용에서 연도별 전라남도, 경상남도, 제주특별자치도의 값만 이용할 것
(2) 종류 – <묶은 세로 막대형>으로 작업할 것
(3) 제목 – 글꼴 : 굴림, 진하게, 12pt,
　　　　　속성 : 채우기(밝은 색 : 하양), 테두리, 그림자(바깥쪽 : 대각선 오른쪽 아래)
(4) 제목 이외의 전체 글꼴 – 굴림, 보통, 10pt
(5) 축제목과 범례는 ≪출력형태≫와 동일하게 처리할 것

출력형태

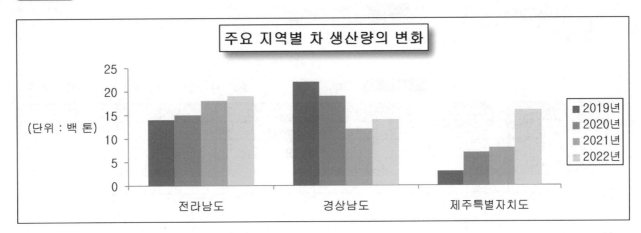

핵심 체크

① 차트 작성 : [표 디자인 ▼] 탭에서 [차트 만들기 📊] 도구 클릭
② 차트 편집 : 차트 종류, 차트 제목, 축 제목, 전체 글꼴, 축 눈금, 범례 등을 설정

※ 작성 순서
차트 범위 지정 → 차트 편집(차트 종류, 차트 제목, 축, 범례 등)

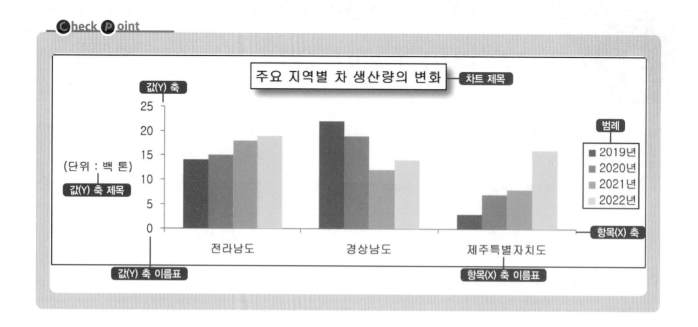

단계 1 차트 만들기

1 '기능평가 Ⅰ -2'의 1번에서 작성한 표에서 차트에 사용될 원본 데이터의 범위를 지정한 후 [표 디자인 ▦] 탭에서 [차트 만들기 ▥] 도구를 클릭합니다.

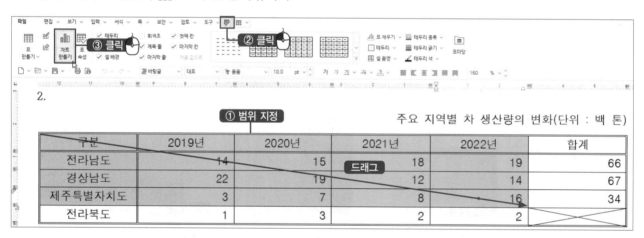

Check Point

- 범위를 지정한 후 바로가기 메뉴(마우스 오른쪽 버튼 클릭)에서 [차트] 메뉴를 선택해도 됩니다.
- 서로 떨어져 있는 셀의 범위를 지정할 때에는 Ctrl 키를 이용합니다.

2 차트가 표 위에 생성되고 [차트 데이터 편집] 대화상자가 표시되면 내용을 확인한 후 닫기 단추를 클릭하여 닫습니다.

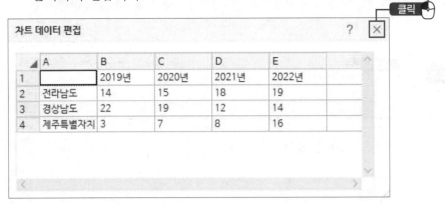

3 차트를 표 하단으로 이동하기 위해 [차트 서식 ⓘ] 탭에서 '글자처럼 취급'에 체크 표시합니다.

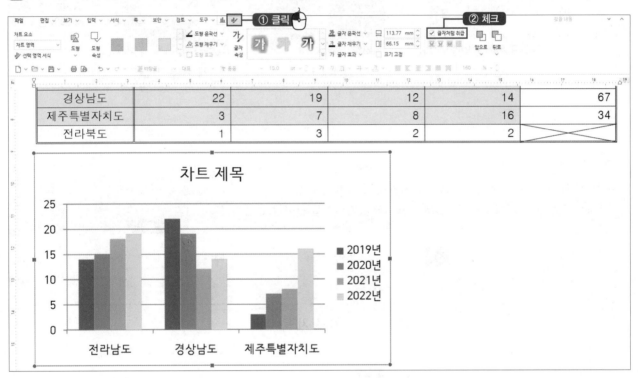

4 차트가 표 아래로 이동되면 차트의 조절점(■)을 드래그하여 적당한 크기로 차트의 크기를 조절합니다.

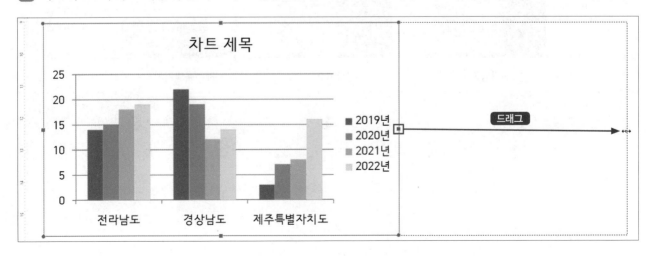

차트를 만들면 〈묶음 세로 막대형〉 차트가 기본인데, 다른 차트로 변경할 경우 [차트 디자인 📊] 탭에서 [차트 종류 변경 📊] 도구를 클릭한 후 원하는 차트를 선택합니다.

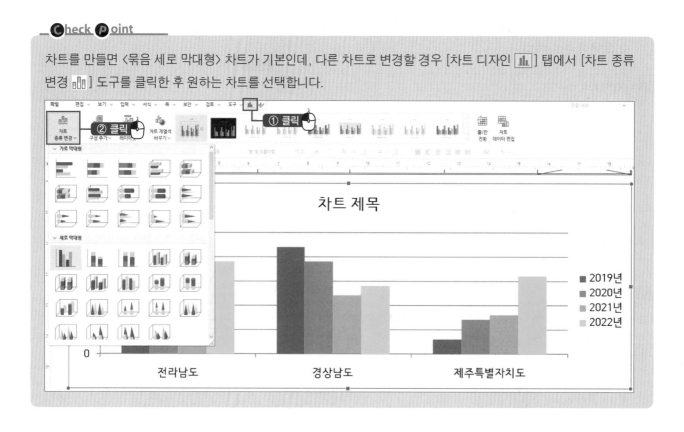

• 최근 시험에는 '묶은 세로 막대형' 차트가 주로 출제됩니다.
• [줄/칸 전환 📊]을 클릭하여 차트의 '행/열' 이나 'X/Y' 축을 변경할 수 있습니다.

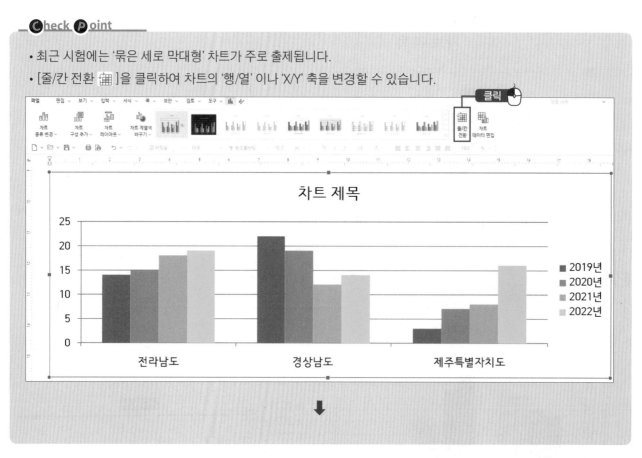

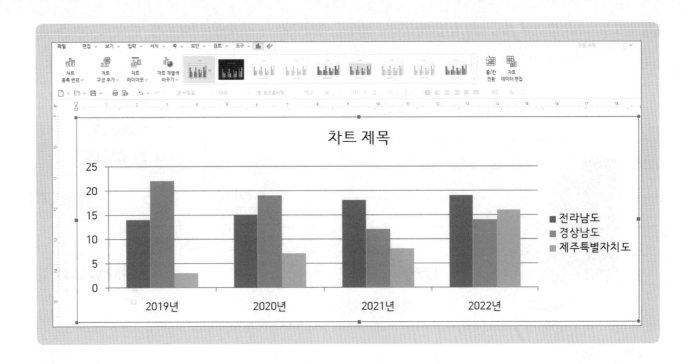

차트 제목 편집

1 차트 제목을 선택한 후 마우스 오른쪽 버튼을 클릭하여 바로가기 메뉴에서 [제목 편집] 메뉴를 클릭
합니다.

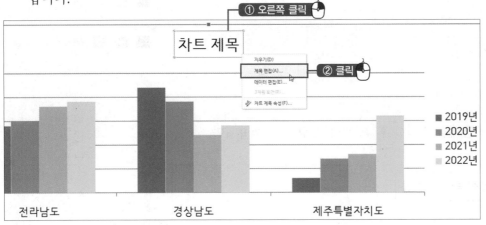

2 [차트 글자 모양] 대화상자에서 글자 내용에 "주요
지역별 차 생산량의 변화"를 입력하고, '언어별
설정-굴림', '속성-진하게', '크기-12pt'를 지정한
후 [설정] 단추를 클릭합니다.

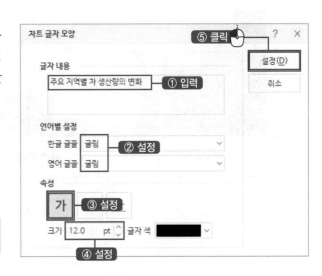

Check **P**oint

한글과 영어 글꼴 모두 지시한 글꼴로 설정합니다.

3 제목을 더블 클릭한 후 개체 속성 창에서 [그리기 속성 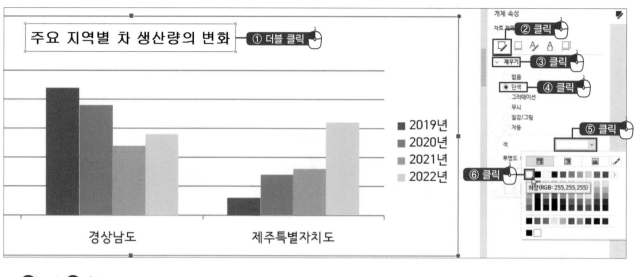]을 클릭하여 '채우기-단색'을 선택하고, '색'에서 '하양'을 선택합니다.

Check **P**oint

개체 속성 창의 채우기에서 '밝은 색'을 선택해도 됩니다.

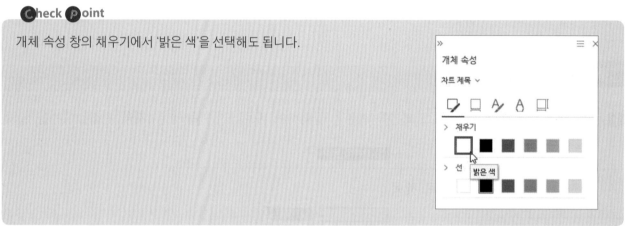

4 개체 속성 창에서 '선-단색'을 선택한 후 '색'에서 '검정'을 선택합니다.

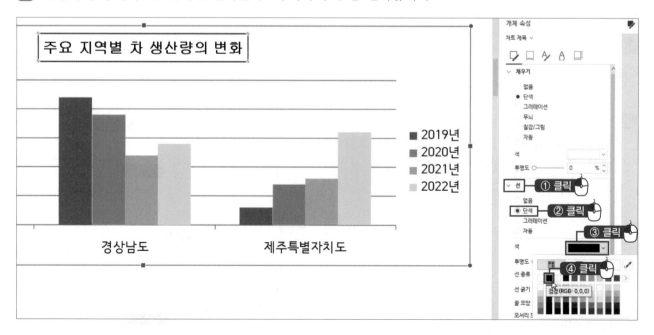

- 테마 색(▦)에서 테마 색상표(▷) 단추를 클릭하여 '기본' 색상표를 선택하면 하양(흰색)과 검정(검은색)을 선택할 수 있습니다.

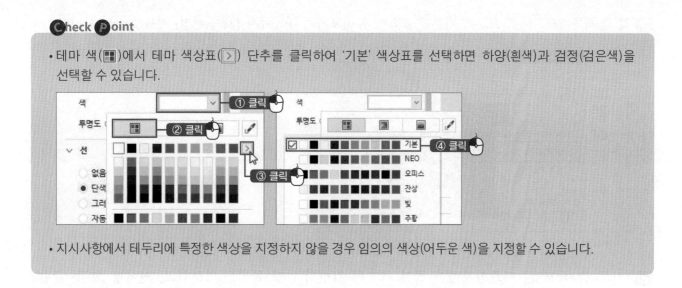

- 지시사항에서 테두리에 특정한 색상을 지정하지 않을 경우 임의의 색상(어두운 색)을 지정할 수 있습니다.

5 개체 속성 창에서 [효과 ▢]를 클릭한 후 '바깥쪽'의 '대각선 오른쪽 아래'를 선택합니다.

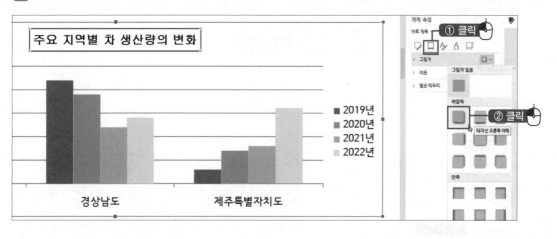

단계 3 축 제목 및 범례 편집

1 값 축 제목을 생성하기 위해 [차트 디자인 ▥] 탭에서 [차트 구성 추가 ▦]-[축 제목]-[기본 세로]를 클릭합니다.

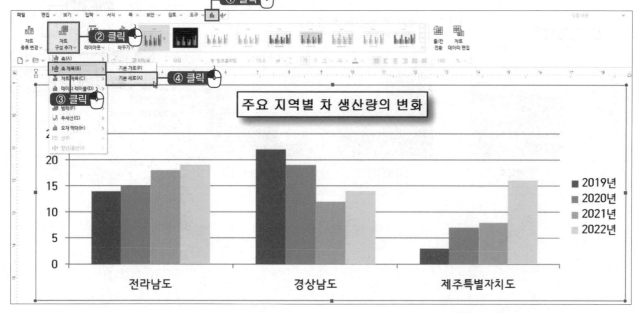

2 값 축 제목에서 마우스 오른쪽 버튼을 클릭한 후 바로가기 메뉴에서 [제목 편집] 메뉴를 클릭 합니다.

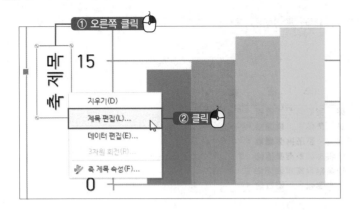

3 [차트 글자 모양] 대화상자에서 글자 내용에 "(단위 : 백 톤)"을 입력하고 '언어별 설정-굴림', '크기-10pt'를 지정한 후 [설정] 단추를 클릭합니다.

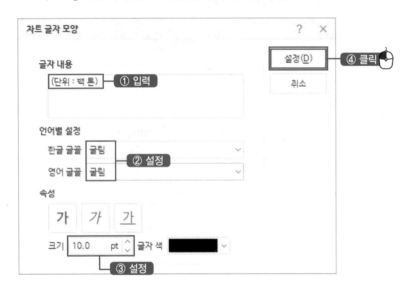

4 값 축 제목을 더블 클릭하여 개체 속성 창에서 [크기 및 속성 □]을 클릭한 후 글자 방향에서 '가로'를 선택합니다.

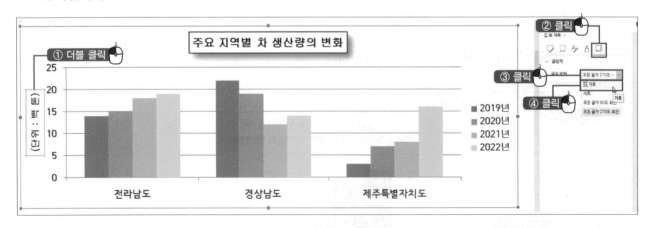

값 축 제목에서 마우스 오른쪽 버튼을 클릭한 후 [축 제목
속성] 메뉴를 선택해도 개체 속성 창이 표시됩니다.

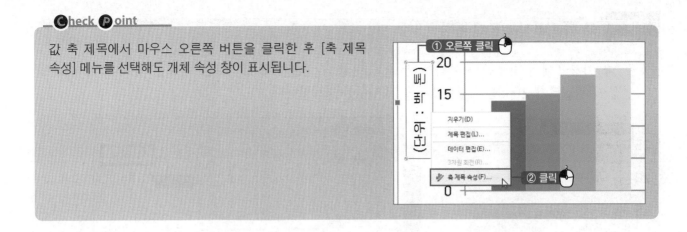

5 범례에서 마우스 오른쪽 버튼을 클릭한 후 [글자 모양 편집] 메뉴를 선택하고, [차트 글자 모양]
대화상자에서 '언어별 설정-굴림', '크기-10pt'를 지정한 후 [설정] 단추를 클릭합니다.

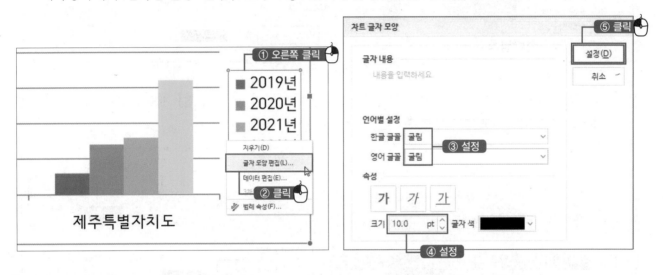

6 개체 속성 창의 [그리기 속성 □]에서 '선-단색'을 선택한 후 '색'에서 '검정'을 선택합니다.

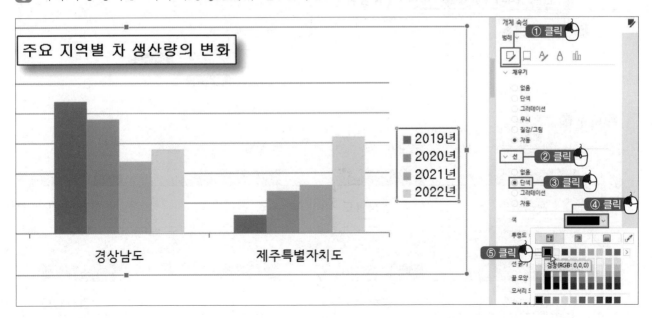

1 값 축 이름표에서 마우스 오른쪽 버튼을 클릭한 후 [글자 모양 편집] 메뉴를 선택하고, '언어별 설정-굴림', '크기-10pt'를 지정한 후 [설정] 단추를 클릭합니다.

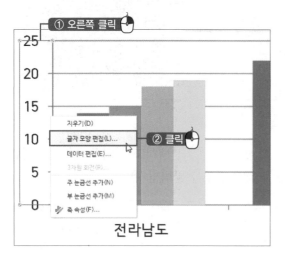
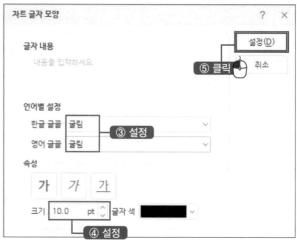

2 항목 축 이름표에서 마우스 오른쪽 버튼을 클릭한 후 [글자 모양 편집] 메뉴를 선택하고, '언어별 설정-굴림', '크기-10pt'를 지정한 후 [설정] 단추를 클릭합니다.

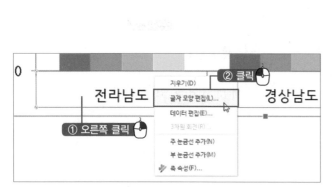
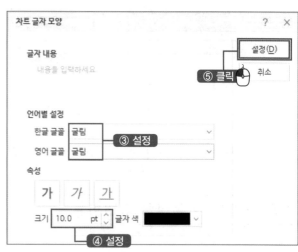

Check Point

값(Y) 축이나 항목(X) 축의 주 눈금 방향은 채점 대상이 아니므로 기본 설정값으로 작성합니다.

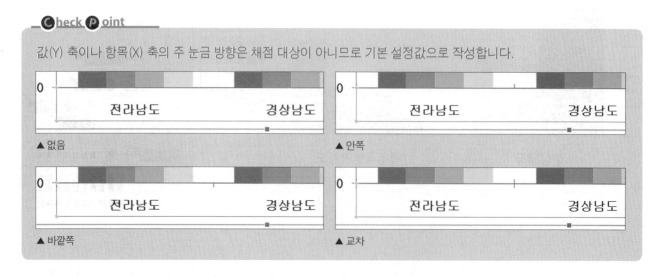

▲ 없음

▲ 안쪽

▲ 바깥쪽

▲ 교차

작성한 차트가 출력형태의 값(Y) 축 수치와 다를 경우, 값(Y) 축 이름표를 더블 클릭하여 개체 속성 창의 [축 속성 ⮝]을 클릭한 후 '경계'에서 최솟값과 최댓값 및 '단위'에서 '주'의 수치를 수정합니다. 이때 해당 항목에 체크 표시하고 수치를 수정합니다.

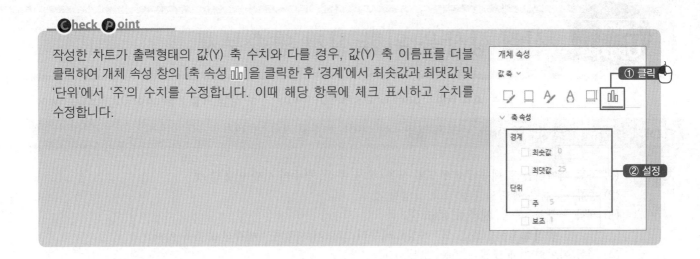

3 값 축 주 눈금선을 선택한 후 개체 속성 창의 [그리기 속성 ⮝]을 클릭한 후 '선-없음'을 지정합니다.

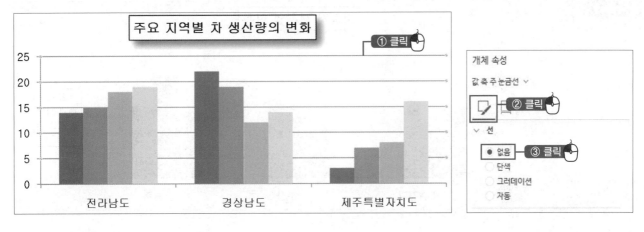

눈금선을 클릭한 후 Delete 키를 눌러 삭제해도 됩니다.

4 차트 작업이 끝나면 빈 화면을 클릭하여 차트 편집 상태에서 빠져나와 《출력형태》와 비교하여 결과가 같은지 확인한 후 [파일]-[저장하기 💾] 메뉴를 클릭하여 저장합니다.

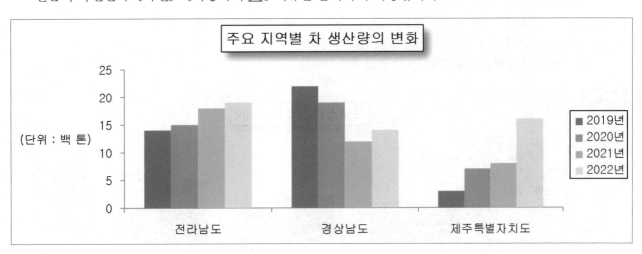

실력 향상을 위한 실전 연습문제

● 소스 파일 : Section03_예제01.hwpx   ● 정답 파일 : Section03_정답01.hwpx

01 다음의 ≪조건≫에 따라 ≪출력형태≫와 같이 차트를 작성하시오.

조건

(1) 차트 데이터는 표 내용에서 연도별 서울/경기, 부산, 광주의 값만 이용할 것
(2) 종류 – 〈묶은 세로 막대형〉으로 작업할 것
(3) 제목 – 글꼴 : 돋움, 진하게, 12pt
　　　　　속성 : 채우기(밝은 색 : 하양), 테두리, 그림자(바깥쪽 : 대각선 오른쪽 아래)
(4) 제목 이외의 전체 글꼴 – 돋움, 보통, 10pt
(5) 축제목과 범례는 ≪출력형태≫와 동일하게 처리할 것

출력형태

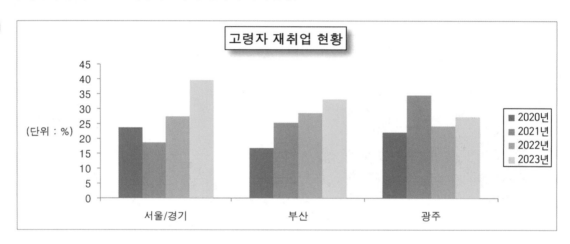

● 소스 파일 : Section03_예제02.hwpx   ● 정답 파일 : Section03_정답02.hwpx

02 다음의 ≪조건≫에 따라 ≪출력형태≫와 같이 차트를 작성하시오.

조건

(1) 차트 데이터는 표 내용에서 구분별 이건용, 정의명, 김진아의 값만 이용할 것
(2) 종류 – 〈묶은 세로 막대형〉으로 작업할 것
(3) 제목 – 글꼴 : 굴림, 진하게, 12pt
　　　　　속성 : 채우기(밝은 색 : 하양), 테두리, 그림자(바깥쪽 : 아래쪽)
(4) 제목 이외의 전체 글꼴 – 굴림, 보통, 10pt
(5) 축제목과 범례는 ≪출력형태≫와 동일하게 처리할 것

출력형태

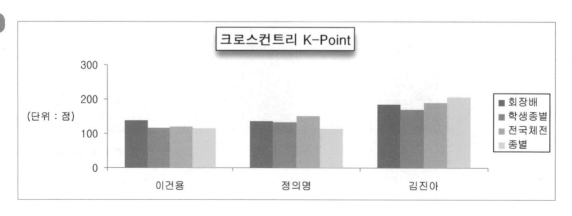

● 소스 파일 : Section03_예제03.hwpx ● 정답 파일 : Section03_정답03.hwpx

03 다음의 ≪조건≫에 따라 ≪출력형태≫와 같이 차트를 작성하시오.

(1) 차트 데이터는 표 내용에서 구분별 법인, 단체, 개인의 값만 이용할 것
(2) 종류 – 〈묶은 세로 막대형〉으로 작업할 것
(3) 제목 – 글꼴 : 돋움, 진하게, 12pt
　　　　　 속성 : 채우기(밝은 색 : 하양), 테두리, 그림자(바깥쪽 : 대각선 오른쪽 아래)
(4) 제목 이외의 전체 글꼴 – 돋움, 보통, 10pt
(5) 축제목과 범례는 ≪출력형태≫와 동일하게 처리할 것

출력형태

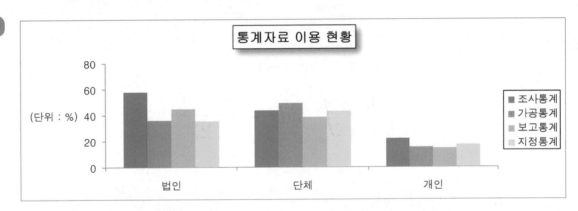

● 소스 파일 : Section03_예제04.hwpx ● 정답 파일 : Section03_정답04.hwpx

04 다음의 ≪조건≫에 따라 ≪출력형태≫와 같이 차트를 작성하시오.

조건

(1) 차트 데이터는 표 내용에서 구분별 강원도, 부산, 대전, 서울의 값만 이용할 것
(2) 종류 – 〈묶은 세로 막대형〉로 작업할 것
(3) 제목 – 글꼴 : 굴림, 진하게, 12pt
　　　　　 속성 : 채우기(밝은 색 : 하양), 테두리, 그림자(바깥쪽 : 아래쪽)
(4) 제목 이외의 전체 글꼴 – 굴림, 보통, 10pt
(5) 축제목과 범례는 ≪출력형태≫와 동일하게 처리할 것

출력형태

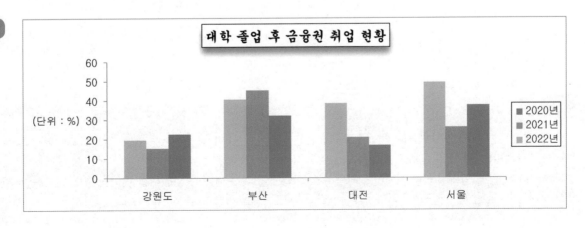

[기능평가 Ⅱ-1] 수식

무료 동영상

수식을 작성하는 문제로 ①수식 편집기 실행, ②수식 편집기 기능, ③수식 입력 형식 등에 대하여 자세히 학습합니다.

● 소스 파일 : Section04_예제.hwpx   ● 정답 파일 : Section04_정답.hwpx

1. 다음 (1), (2)의 수식을 수식 편집기로 각각 입력하시오. (40점)

출력형태

(1)
$$\int_a^b x f(x) dx = \frac{1}{b-a} \int_a^b x dx = \frac{a+b}{2}$$

(2)
$$T = \frac{b^2}{a} + 2\pi \sqrt{\frac{r^3}{GM}}$$

핵심 체크

① 수식 편집기 실행 : [입력] 탭-[수식 $\sqrt{x}$] 도구 또는 Ctrl + N , M 이용

② 수식 작성하기 : [수식] 도구 상자를 이용하여 수식 작성

※ 첨자, 분수, 근호 등의 수식을 입력하고 다음 수식을 입력할 때는 해당 수식 범위를 벗어난 후에 입력해야 하며, 이때에는 [다음 항목 →] 도구나 키보드의 Tab 키 또는 마우스를 이용합니다.

[수식 편집기] 창

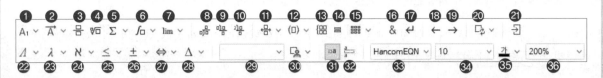

❶ 첨자

❷ 장식 기호(Ctrl+D)

❸ 분수(Ctrl+O)

❹ 근호(Ctrl+R)

❺ 합(Ctrl+S)

❻ 적분(Ctrl+I)

❼ 극한(Ctrl+L)

❽ 세로 나눗셈

❾ 최소공배수/ 최대공약수

❿ 2진수로 변환

⓫ 상호 관계(Ctrl+E)

⓬ 괄호(Ctrl+9)

⓭ 경우(Ctrl+0)

⓮ 세로 쌓기(Ctrl+P)

⓯ 행렬(Ctrl+M)

⓰ 줄 맞춤

⓱ 줄 바꿈

⓲ 이전 항목

⓳ 다음 항목

⓴ 수식 형식 변경

㉑ 넣기(Shift+Esc)

㉒ 그리스 대문자

㉓ 그리스 소문자

㉔ 그리스 기호

㉕ 합, 집합 기호

㉖ 연산, 논리 기호

㉗ 화살표

㉘ 기타 기호

㉙ 명령어 입력

㉚ 수식 매크로

㉛ 글자 단위 영역

㉜ 줄 바꿈 영역

㉝ 글꼴

㉞ 글자 크기

㉟ 글자 색

㊱ 화면 확대

※ 첫 번째 수식의 수식 간의 이동은 [다음 항목 →] 도구를 이용하여 설명합니다.

1 이미 Section 0에서 구역을 나눴으므로 2페이지로 이동합니다. 문제 번호 '3.'의 다음 줄에서 "(1)"을 입력한 후 SpaceBar 키를 누릅니다.

Ⓒheck Ⓟoint

• 구역을 나누지 않았다면 Alt + Shift + Enter 키를 눌러 2페이지로 이동합니다.
• 수식의 문제 번호인 (1), (2)를 수식 편집기에서 작성하면 감점 처리됩니다.

2 [입력] 탭에서 [수식 √x] 도구를 클릭하여 [수식 편집기]를 실행합니다.

3 [적분 ∫□∨] 도구를 클릭합니다.

4 "a"를 입력한 후 [다음 항목 →]을 클릭하고, "b"를 입력한 후 [다음 항목 →]을 클릭합니다.

[수식 편집기] 대화상자에서 항목 간을 이동할 때는 [다음 항목 →]/[이전 항목 ←] 도구, Tab 키, 방향키(←, →, ↑, ↓)를 이용하거나 마우스로 직접 항목을 선택하여 이동할 수 있습니다.

5 "xf(x)dx="를 입력한 후 [분수 믐] 도구를 클릭합니다.

6 "1"을 입력한 후 [다음 항목 →]을 클릭하고, "b-a"를 입력한 후 [다음 항목 →]을 클릭합니다.

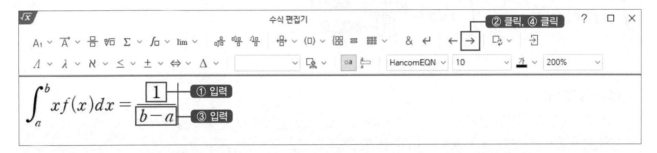

7 [적분 ∫▫ ∨] 도구를 클릭합니다.

8 "a"를 입력한 후 [다음 항목 →]을 클릭하고, "b"를 입력한 후 [다음 항목 →]을 클릭합니다.

9 "xdx="를 입력한 후 [분수 뮴] 도구를 클릭합니다.

10 "a+b"를 입력한 후 [다음 항목 →] 도구를 클릭하고, "2"를 입력한 후 [넣기 ↵]를 클릭하여 첫 번째 수식을 완성합니다.

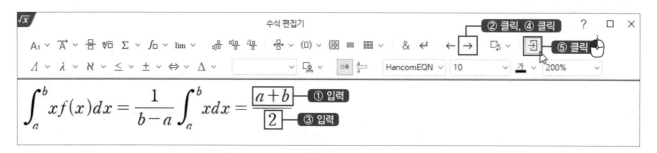

heck oint

- [넣기 ↵] 도구나 단축키(Shift+Esc)로 수식을 넣지 않고 수식 편집 창을 닫게 되면 [수식] 대화상자가 나타나서 수식을 넣을지 묻게 되는데, 이때 [넣기] 단추를 클릭해도 완성된 수식이 삽입됩니다.

> **수식** ×
>
> ⚠ 달라진 수식 내용이 있습니다. 수식을 넣을까요?
>
> [넣기(Y)] 나가기(N) 취소(C)

- 수식을 완성한 후 다시 수정하려면 수식을 더블 클릭하여 [수식 편집기] 창 상태에서 수정합니다.

※ 두 번째 수식의 수식 간의 이동은 Tab 키를 이용하여 설명합니다.

1 첫 번째 수식 작성이 끝나면 Tab 키를 1~3번 정도 눌러 적당히 간격을 벌린 후 "(2)"를 입력하고 SpaceBar 키를 누릅니다. [입력] 탭에서 [수식 $\sqrt{x}$] 도구를 클릭하여 [수식 편집기]를 실행합니다.

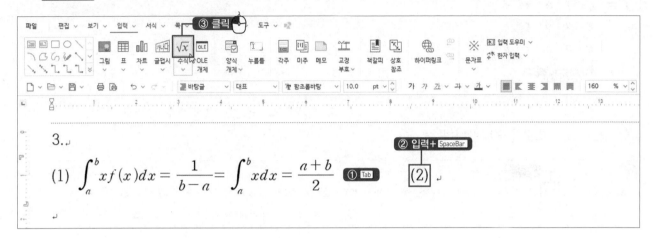

2 "T="를 입력한 후 [분수 믐] 도구를 클릭합니다.

3 "b"를 입력 [첨자 A₁ ∨] 도구의 [위첨자 A¹]를 클릭합니다.

4 "2" 입력 → Tab 키 두 번 클릭 → "a" 입력 → Tab 키 → "+2" 순서로 입력합니다.

5 [그리스 소문자 λ ∨] 도구를 클릭한 후 "π"를 선택하여 입력합니다.

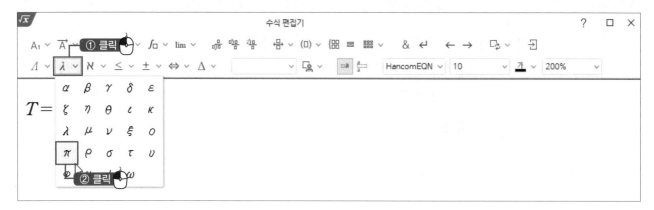

6 [근호 ∛] 도구를 클릭합니다.

7 [분수 믐] 도구를 클릭합니다.

8 "r"을 입력한 후 [첨자 A_1 ∨] 도구의 [위첨자 A^1]를 클릭합니다.

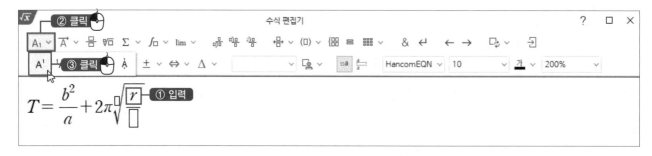

⑨ "3" 입력 → Tab 키 두 번 클릭 → "GM" 순서로 입력한 후 [넣기 궨]를 클릭하여 두 번째 수식을
완성합니다.

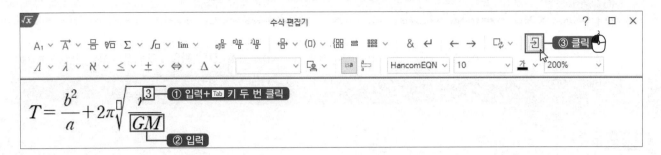

Check Point

수식 문제는 한 글자라도 오타가 있을 경우 0점 처리됩니다.

Level Upgrade 실력 향상을 위한 실전 연습문제

● 소스 파일 : Section04_예제01.hwpx ● 정답 파일 : Section04_정답01.hwpx

01 다음 (1), (2)의 수식을 수식 편집기로 각각 입력하시오.

출력형태

(1) $f(x) = \dfrac{\dfrac{x}{2} - \sqrt{5} + 2}{\sqrt{1 - x^2}}$

(2) $\displaystyle\int_0^1 (\sin x + \frac{x}{2})dx = \int_0^1 \frac{1 + \sin x}{2} dx$

02 다음 (1), (2)의 수식을 수식 편집기로 각각 입력하시오.

출력형태

(1) $\displaystyle\int_0^3 \sqrt{6t^2 - 18t + 12dt} = 11$

(2) $F_n = \dfrac{a(r^n - 1)}{r - 1} = \dfrac{a(1 + r^n)}{1 - r}(r \neq 1)$

03 다음 (1), (2)의 수식을 수식 편집기로 각각 입력하시오.

출력형태

(1) $\sqrt{a^2} = |a| = \begin{cases} a & (a \geq 0) \\ -a & (a < 0) \end{cases}$

(2) $\displaystyle\sum_{k=1}^{n} k^3 = \frac{n(n+1)}{2} = \sum_{k=1}^{n} k$

04 다음 (1), (2)의 수식을 수식 편집기로 각각 입력하시오.

출력형태

(1) $M = \dfrac{\triangle P}{K_a} = \dfrac{\triangle T_b}{K_b} = \dfrac{\triangle T_f}{K_f}$

(2) $R \times 3 = \dfrac{360h}{2\pi(\phi_A - \phi_B)} \times 3$

05 다음 (1), (2)의 수식을 수식 편집기로 각각 입력하시오.

출력형태

(1) $\vec{F}=-\dfrac{4\pi^2 m}{T^2}+\dfrac{m}{T^3}$

(2) $\overline{AB}=\sqrt{(x_2-x_1)^2+(y_2-y_1)^2}$

06 다음 (1), (2)의 수식을 수식 편집기로 각각 입력하시오.

출력형태

(1) $E=mr^2=\dfrac{nc^2}{\sqrt{1-\dfrac{r^2}{d^2}}}$

(2) $Q=\lim\limits_{\triangle t\to 0}\dfrac{\triangle s}{\triangle t}=\dfrac{d^2 s}{dt^2}+1$

07 다음 (1), (2)의 수식을 수식 편집기로 각각 입력하시오.

출력형태

(1) $G=2\displaystyle\int_{\frac{a}{2}}^{a}\dfrac{b\sqrt{a^2-x^2}}{a}dx$

(2) $Q=\dfrac{F}{h^2}=\dfrac{1}{3}\dfrac{N}{h^3}m\overline{g^2}$

08 다음 (1), (2)의 수식을 수식 편집기로 각각 입력하시오.

출력형태

(1) $(a\,b\,c)\begin{pmatrix}p\\q\\r\end{pmatrix}=(ap+bq+cr)$

(2) $\dfrac{d}{dx}k=0,\ \dfrac{d}{dx}x^n=nx^{n-1}$

기능평가 Ⅱ-2 도형

배점 **110** 점

무료 동영상

도형이나 글상자, 글맵시 개체를 그리고, 서식을 지정하는 문제로 ①[그리기] 도구 상자, ②그림 개체 삽입 및 편집, ③글맵시 기능, ④책갈피 및 하이퍼링크 기능 등에 대하여 자세히 학습합니다.

● **소스 파일** : Section05_예제.hwpx   ● **정답 파일** : Section05_정답.hwpx

4. 다음의 ≪조건≫에 따라 ≪출력형태≫와 같이 문서를 작성하시오. (110점)

조건 (1) 그리기 도구를 이용하여 작성하고, 모든 도형(글맵시, 지정된 그림 포함)을 ≪출력형태≫와 같이 작성하시오.

(2) 도형의 면색은 지시사항이 없으면 색 없음을 제외하고 서로 다르게 임의로 지정하시오.

출력형태

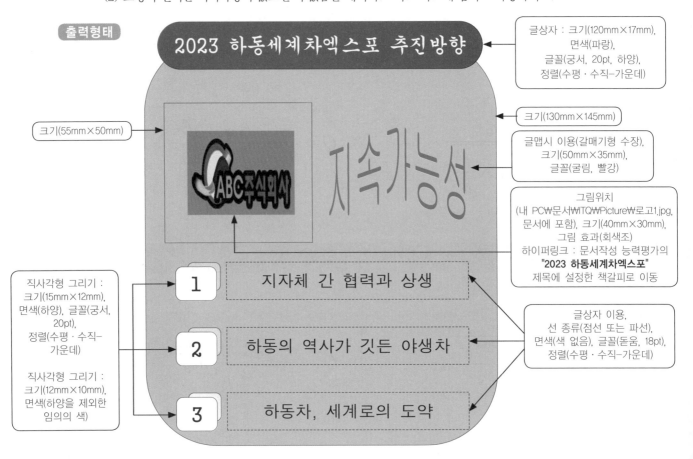

글상자 : 크기(120mm×17mm), 면색(파랑), 글꼴(궁서, 20pt, 하양), 정렬(수평·수직-가운데)

크기(55mm×50mm)

크기(130mm×145mm)

글맵시 이용(갈매기형 수장), 크기(50mm×35mm), 글꼴(굴림, 빨강)

그림위치 (내 PC₩문서₩ITQ₩Picture₩로고1.jpg, 문서에 포함), 크기(40mm×30mm), 그림 효과(회색조) 하이퍼링크 : 문서작성 능력평가의 **"2023 하동세계차엑스포"** 제목에 설정한 책갈피로 이동

직사각형 그리기 : 크기(15mm×12mm), 면색(하양), 글꼴(궁서, 20pt), 정렬(수평·수직-가운데)

직사각형 그리기 : 크기(12mm×10mm), 면색(하양을 제외한 임의의 색)

글상자 이용, 선 종류(점선 또는 파선), 면색(색 없음), 글꼴(돋움, 18pt), 정렬(수평·수직-가운데)

핵심체크

① 도형 작성 : [입력] 탭에서 도형을 선택하여 작성한 후 바로가기 메뉴에서 [도형 안에 글자 넣기] 메뉴를 클릭하여 입력
② 글상자 작성 : 글상자를 작성한 후 사각형 모서리 곡률(테두리 모양) 변경
③ 그림 삽입하고 서식 변경하기   ④ 글맵시 삽입하고 편집하기
⑤ 책갈피 삽입과 하이퍼링크 설정하기(하이퍼링크는 책갈피를 주로 그림에 연결합니다.)

※ 작성 순서 : 도형(바탕 도형, 글상자) 작성 → 그림 삽입 → 글맵시 → 책갈피/하이퍼링크 → 도형(아래 도형, 글상자) 작성
• 또는 아래(뒤) 도형에서 위(앞) 도형의 순서나 위에서 아래로 작성하는 것이 좋습니다.
• 도형들을 개체 묶기로 그룹 지정하면 0점 처리되므로 주의합니다.

1 문제 번호 '4.'의 다음 줄에 커서를 위치한 후 [입력] 탭에서 '직사각형 □' 도형을 클릭합니다.

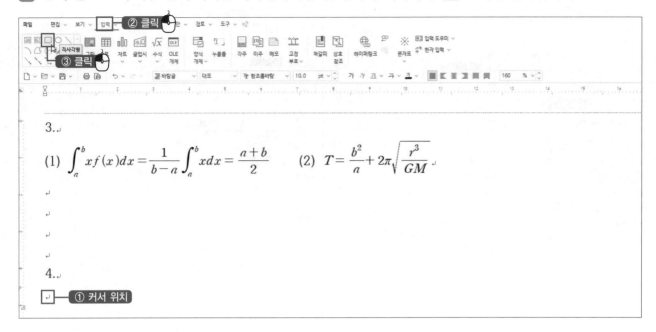

2 직사각형 도형을 적당한 위치에 드래그하여 그린 후 바로가기 메뉴(마우스 오른쪽 버튼 클릭)에서 [개체 속성] 메뉴를 클릭합니다.

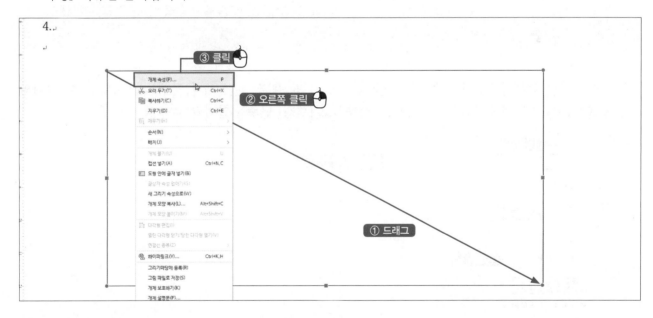

Check **P**oint

도형을 더블 클릭해도 [개체 속성] 대화상자를 열 수 있습니다.

3 [개체 속성] 대화상자의 [기본] 탭에서 크기를 '너비-130mm', '높이-145mm'를 지정하고, '크기 고정'에 체크 표시합니다. 모서리 모양을 변경하기 위해 [선] 탭에서 사각형 모서리 곡률을 '둥근 모양 ⬜'으로 선택합니다.

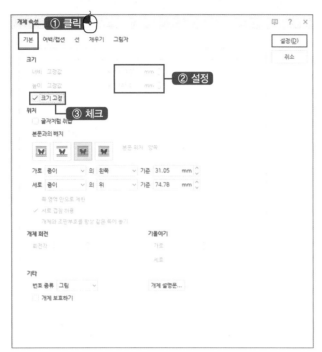
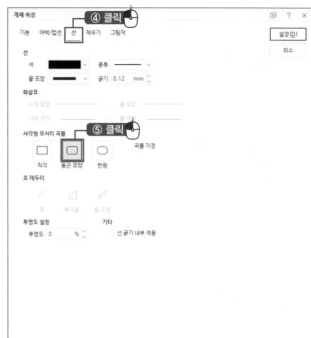

Check Point

'크기 고정'에 체크는 필수사항이 아니므로 체크를 하지 않아도 되지만, 작업 도중 실수로 크기가 변경될 수 있으므로 하는 것이 좋습니다.

4 색상 변경을 위해 [채우기] 탭에서 '색'을 선택하고 '면 색'을 눌러 색상 팔레트를 나타낸 후 임의의 색(초록(RGB: 40, 155, 110) 60% 밝게)을 선택하고 [설정] 단추를 클릭합니다.

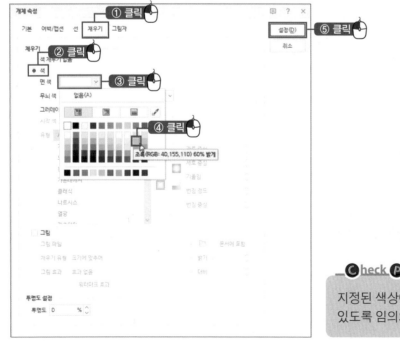

Check Point

지정된 색상이 없을 경우 겹쳐 있는 도형끼리 구별할 수 있도록 임의의 색을 지정합니다.

1 [도형 📷] 탭에서 [글상자 🔲] 도구를 클릭하여 작성된 직사각형 윗부분에 드래그하여 삽입합니다.

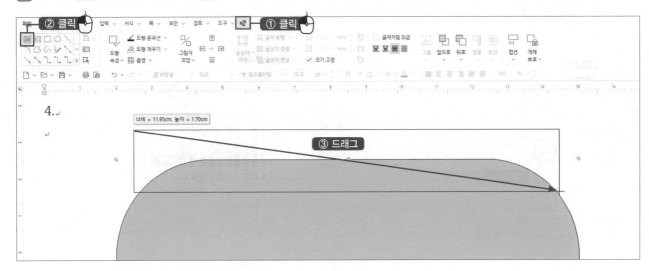

2 삽입된 글상자의 외곽 테두리를 선택한 후 바로가기 메뉴의 [개체 속성] 메뉴를 선택하고 [기본] 탭에서 아래와 같이 크기를 조절합니다.
 - 너비 : 120mm, 높이 : 17mm
 - '크기 고정'에 체크 표시
 - 본문과의 배치 : 글 앞으로(▦)

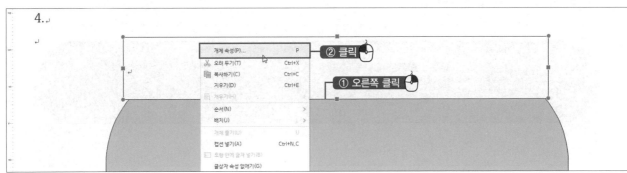

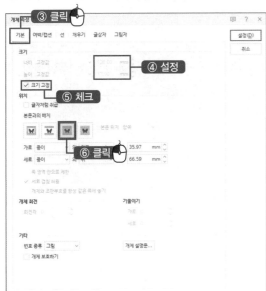

ⓒheck ⓟoint

[입력] 탭의 [그리기] 도구 상자에서 가로 글상자(🔲), 직사각형(⬜) 등을 선택하지만, 도형이 선택된 상태에서는 [입력] 탭이나 [도형 📷] 탭에서 선택할 수 있습니다.

3 모서리를 반원으로 변경하기 위해 [선] 탭에서 사각형 모서리 곡률 항목 중 '반원 ◯'을 선택합니다. 색상 변경을 위해 [채우기] 탭에서 '색'을 선택하고 '면 색'을 클릭한 후 '파랑(RGB: 0,0,255)'을 선택하고 [설정] 단추를 클릭합니다.

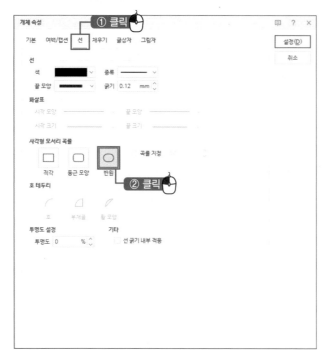

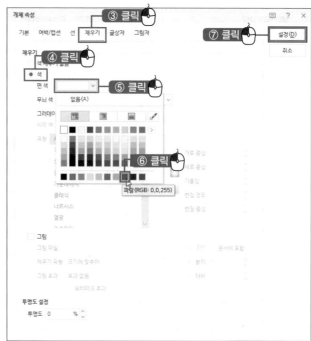

4 글상자를 ≪출력형태≫처럼 사각형 도형의 위에 위치하도록 위치를 이동시킨 후 "2023 하동세계차 엑스포 추진방향"을 입력합니다.

Check Point

글상자가 선택된 상태에서 글자 입력이 안 되는 경우, Esc 키를 누른 후 글상자 내부를 클릭하여 글자를 입력하거나 [도형 🎨] 탭에서 [글자 넣기 X] 도구를 클릭하여 입력합니다.

5 '2023 하동세계차엑스포 추진방향'을 범위 설정한 후 [서식] 도구 상자에서 '글꼴 : 궁서', '글자 크기 : 20pt', '글자 색 : 하양(RGB : 255,255,255)', '가운데 정렬 틀'을 지정합니다.

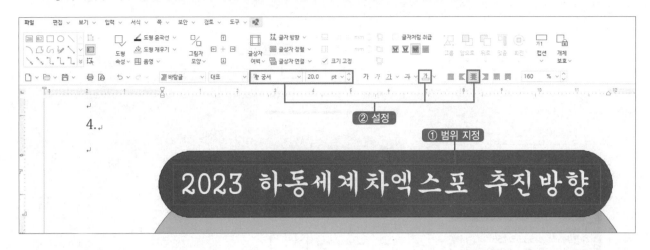

Check Point

• 글상자는 기본적으로 세로 가운데 정렬로 설정되어 있으므로 별도로 설정하지 않아도 됩니다.

• [도형] 탭-[글상자 정렬]-'정가운데'를 선택하면 가로, 세로 가운데 정렬됩니다.

Check Point

• 하양(흰색) 선택 방법 ① : 색상 지정 시 '오피스'로 설정되었다면 '하양(흰색)'을 바로 선택할 수 없으므로 '기본'이나 'NEO'로 변경 후 선택합니다.

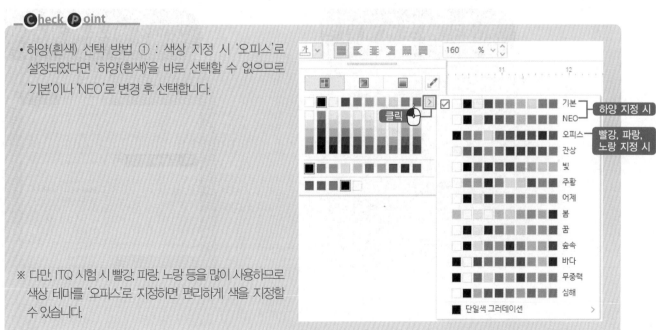

※ 다만, ITQ 시험 시 빨강, 파랑, 노랑 등을 많이 사용하므로 색상 테마를 '오피스'로 지정하면 편리하게 색을 지정할 수 있습니다.

• 하양(흰색) 선택 방법 ② : [팔레트 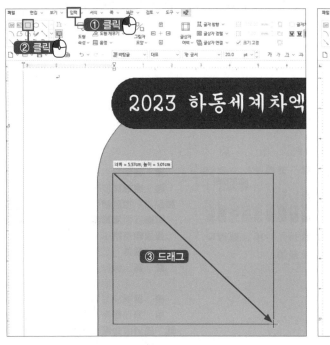]를 클릭한 후 '하양(RGB : 255,255,255)'을 선택하거나 [스펙트럼 ■]을 클릭한 후 RGB 값을 설정합니다.

단계 3 그림 삽입, 책갈피 삽입 및 하이퍼링크 지정

1 [입력] 탭에서 '직사각형 □' 도형을 클릭하여 직사각형 도형을 적당한 위치에 드래그하여 그린 후 바로가기 메뉴(마우스 오른쪽 버튼 클릭)에서 [개체 속성] 메뉴를 클릭합니다.

2 [개체 속성] 대화상자에서 다음과 같이 속성을 설정하고 [설정] 단추를 클릭합니다.

   – [기본] 탭 : '크기 : 55mm×50mm', '크기 고정'에 체크, '본문과의 배치 : 글 앞으로(▣)' 선택

   – [채우기] 탭 : '채우기 : 색 채우기 없음'

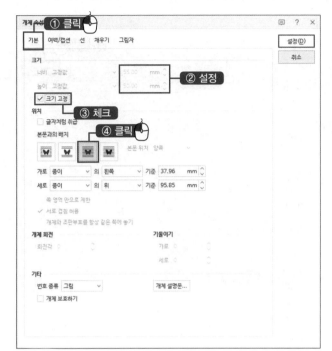 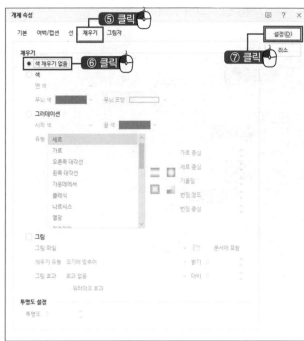

3 그림을 삽입하기 위해 [입력] 탭에서 [그림 🖼] 도구를 클릭하여 [그림 넣기] 대화상자를 엽니다(또는 Ctrl + N, I).

4 [그림 넣기] 대화상자에서 [내 PCW문서WITQWPicture] 폴더에 있는 '로고1'.jpg 파일을 선택한 후 '문서에 포함'에 체크하고, '글자처럼 취급'과 '마우스로 크기 지정'은 체크 해제한 후 [열기] 단추를 클릭합니다.

ⓒheck ⓟoint

삽입한 그림은 반드시 문서에 포함하여 저장해야 하며, 미포함 시 감점 처리됩니다.

5 삽입된 그림을 더블 클릭하여 [개체 속성] 대화상자를 열고 [기본] 탭과 [그림] 탭에서 아래와 같이
속성을 설정한 후 [설정] 단추를 클릭합니다.

– [기본] 탭 : '크기 : 40mm×30mm', '크기 고정'에 체크, '본문과의 배치 : 글 앞으로(▥)' 선택

– [그림] 탭 : '그림 효과 : 회색조'

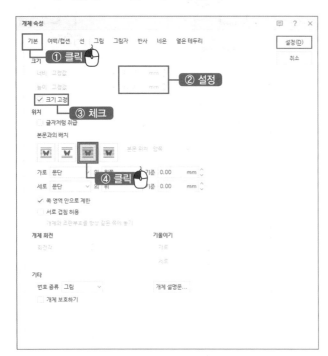

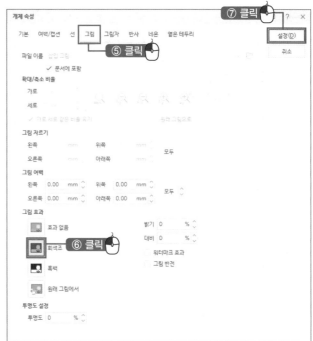

Check **P**oint

바로가기 메뉴(마우스 오른쪽 버튼 클릭)에서 [개체 속성] 메뉴를 선택해도 됩니다.

6 변경된 그림을 ≪출력형태≫와 동일하게 이동하여 배치합니다.

7 책갈피를 삽입하기 위해 3페이지 첫 줄에 문서작성 능력평가의 제목인 "2023 하동세계차엑스포"를 입력한 후 문장의 맨 앞에 커서를 위치시키고 [입력] 탭에서 [책갈피 ▤] 도구를 클릭합니다.

8 [책갈피] 대화상자에서 책갈피 이름에 "다양성"을 입력하고 [넣기] 단추를 클릭합니다.

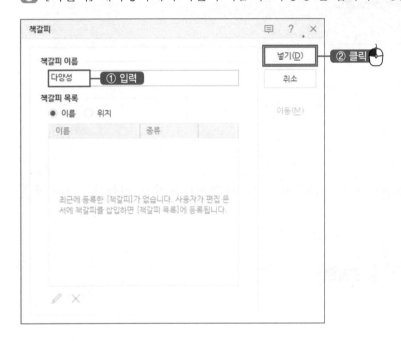

Check **P**oint

- 단축키 Ctrl + K , B 키를 눌러도 됩니다.
- [문서작성 능력평가]의 제목 부분에 표시된 책갈피 이름을 입력합니다.
- 책갈피 삽입은 문서작성 능력평가에서 제시되는 조건이지만, 하이퍼링크를 설정하기 위해 문서작성 능력평가의 제목 부분에 책갈피를 먼저 설정합니다.
- 책갈피가 삽입된 것은 [책갈피] 대화상자에서 확인할 수 있습니다.

9 하이퍼링크를 설정하기 위해 2페이지에 삽입했던 '로고1.jpg' 그림을 클릭한 후 [입력] 탭에서 [하이퍼링크🌐]를 선택합니다.

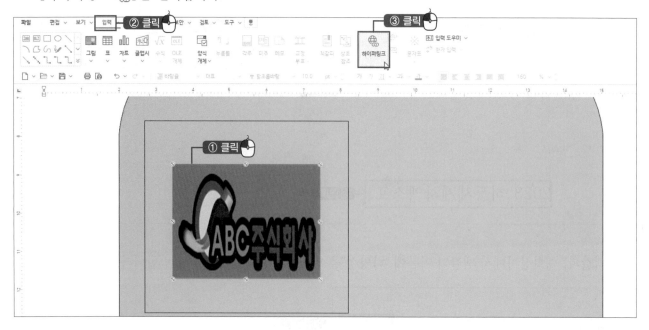

**C**heck **P**oint

개체(그림, 글맵시)를 선택하고 [입력] 탭의 [목록 단추 ⌄]를 클릭한 후 [하이퍼링크]를 선택하거나 단축키로 Ctrl + K , H 키를 눌러도 됩니다.

10 [하이퍼링크] 대화상자에서 '연결 대상-한글 문서', '파일 이름-[현재 문서]-책갈피-다양성'을 선택하고 [넣기] 단추를 클릭합니다.

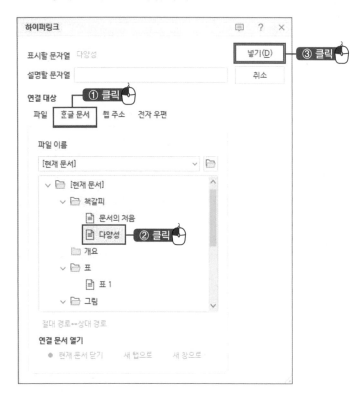

11 `Esc` 키를 눌러 그림 선택을 해제한 후 그림 위에서 `Ctrl` 키를 눌러 마우스 포인터가 손가락 모양으로 변경될 때 클릭하여 3페이지의 '2023 하동세계차엑스포'로 커서가 이동하면 정상적으로 설정된 것입니다.

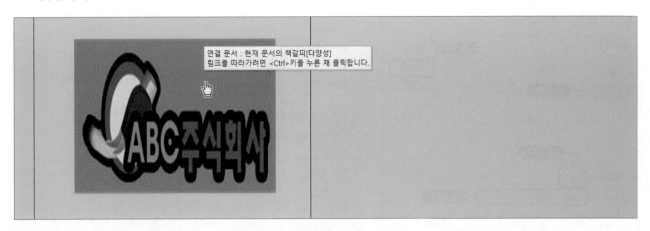

Check **P**oint

- 하이퍼링크를 해제하려면 바로가기 메뉴의 [하이퍼링크 지우기] 메뉴를 선택하거나 [입력] 탭에서 [하이퍼링크 🌐]를 클릭한 후 [하이퍼링크 고치기] 대화상자에서 [링크 지우기]를 선택합니다.
- 하이퍼링크가 설정된 개체는 `Ctrl` 키를 누른 채 클릭하여 선택할 수 있습니다.

단계 4 글맵시 작성

1 글맵시를 작성하기 위해 [입력] 탭에서 [글맵시 ⯆] 도구를 클릭합니다.

2 [글맵시 만들기] 대화상자에서 다음과 같이 설정하고 [설정] 단추를 클릭합니다.

　– 내용 : 지속가능성
　– 글맵시 모양 : 갈매기형 수장
　– 글꼴 : 굴림

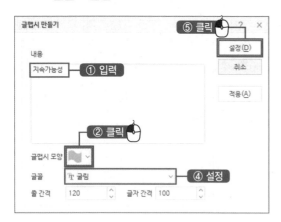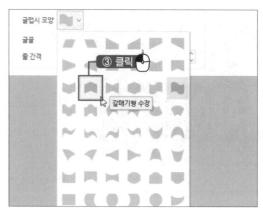

3 입력된 글맵시에서 바로가기 메뉴(마우스 오른쪽 버튼 클릭)의 [개체 속성] 메뉴를 선택합니다.

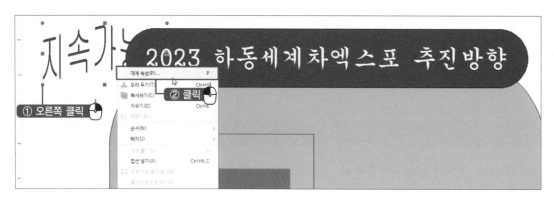

4 [개체 속성] 대화상자에서 다음과 같이 설정합니다.

　– [기본] 탭 : '크기 : 50mm×35mm', '크기 고정'에 체크, '본문과의 배치 : 글 앞으로(▓)'
　– [채우기] 탭 : '면 색 – 빨강(RGB: 255,0,0)'

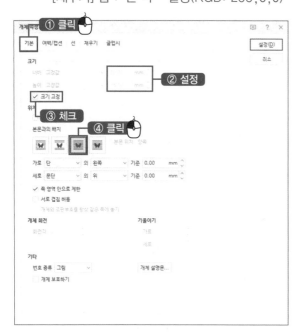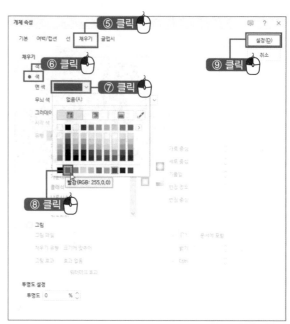

빨강을 지정하기 위해 색상 테마를 '오피스'로 변경합니다. 다만, 이전에 빨간색을 지정한 적이 있다면 '기본' 테마에서도 지정할 수 있습니다.

5 속성이 설정된 글맵시를 ≪출력형태≫처럼 드래그하여 이동합니다.

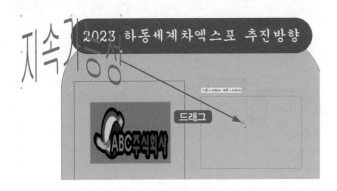

단계 5
도형 및 글상자 작성

1 [입력 🖳] 탭에서 '직사각형 □'을 클릭하여 사각형을 그립니다.

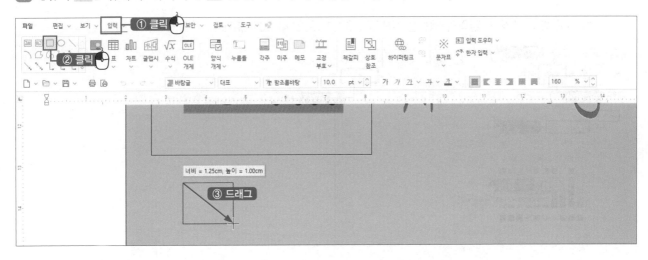

2 입력된 직사각형 도형을 더블 클릭한 후 [개체 속성] 대화상자에서 아래와 같이 속성을 변경하고 [설정] 단추를 클릭합니다.

　　– [기본] 탭 : '크기 – 12mm×10mm', '크기 고정'에 체크, '본문과의 배치 – 앞으로(ⓦ)'

　　– [선] 탭 : '사각형 모서리 곡률 – 둥근 모양(☐)'

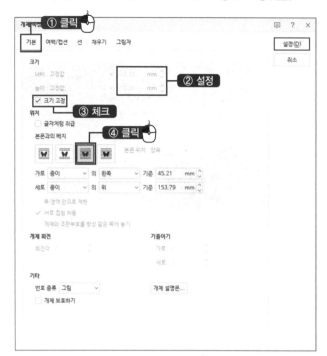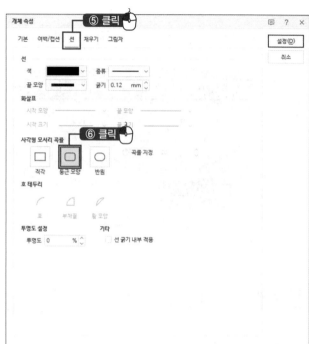

　　– [채우기] 탭 : '면 색 – 임의의 색(하늘색(RGB: 97,130,214) 60% 밝게)'

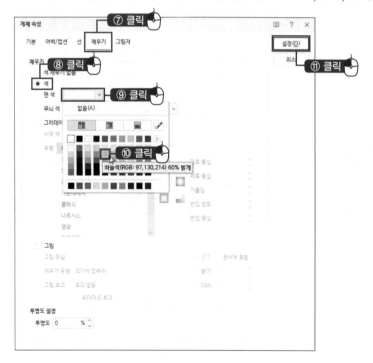

3 이번엔 [도형 📊] 탭에서 '직사각형 □'을 클릭한 후 직사각형 도형 위에 드래그하여 그립니다.

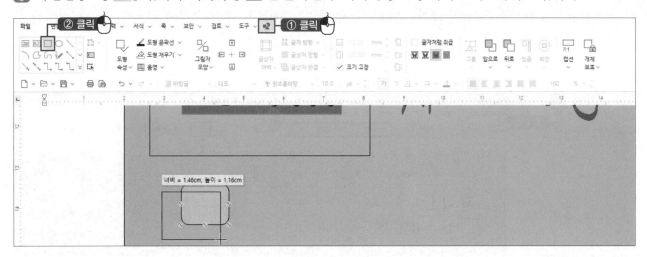

4 삽입된 도형의 위치를 《출력형태》처럼 조절하고 더블 클릭한 후 [개체 속성] 대화상자에서 다음과 같이 설정합니다.

  – [기본] 탭 : '크기 – 15mm×12mm', '크기 고정'에 체크, '본문과의 배치 – 글 앞으로(▓)'
  – [선] 탭 : '사각형 모서리 곡률 – 둥근 모양(□)'
  – [채우기] 탭 : '면 색 – 하양(RGB: 255,255,255)'

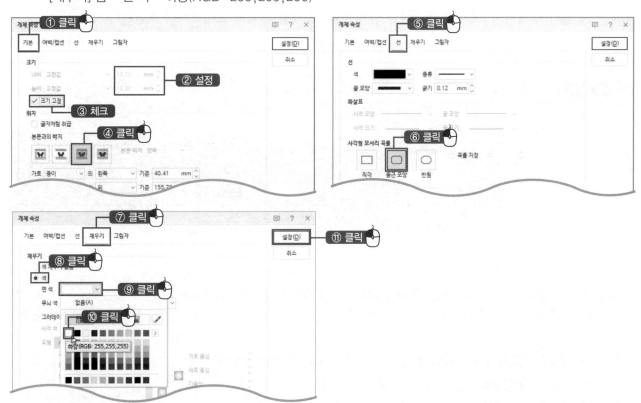

Check Point

• 도형의 기본 채우기 색은 하양(흰색)이며, 색상 지정 시 '기본'으로 설정되었으면 '하양(흰색)'을 바로 설정할 수 있고, '오피스'일 경우 '기본'으로 변경 후 설정하거나 [다른 색]에서 설정합니다. 다만, 이전에 해당 색상을 선택한 적이 있다면 어떤 테마에서도 선택할 수 있습니다.
• 직사각형이나 타원을 그릴 때 Shift 키를 누르고 그리면 정사각형이나 정원을 그릴 수 있습니다.
• 두 개의 도형을 그린 후 《출력 형태》와 비슷하게 위치를 조절합니다.

5 도형 안에 숫자를 입력하기 위해 [도형 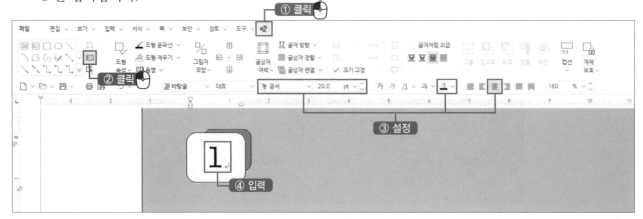] 탭에서 [글자 넣기 X] 도구를 클릭한 후 [서식] 도구
상자에서 '글꼴 : 궁서', '글자 크기 : 20pt', '글자 색 : 검정(RGB: 0,0,0)', '가운데 정렬 ≡'을 설정한 후
"1"을 입력합니다.

• 도형을 선택하고 마우스 오른쪽 버튼을 눌러 [도형 안에 글자 넣기] 메뉴를 선택한 후 입력해도 됩니다.
• 숫자를 입력하고 범위 지정한 후 서식을 설정해도 됩니다.

6 [도형 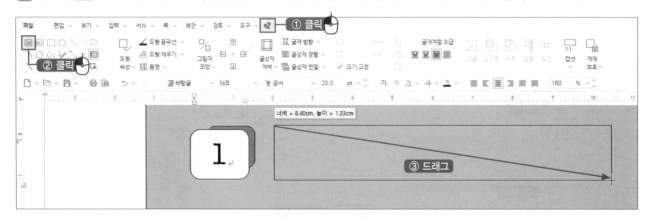] 탭에서 [가로 글상자 ≡]를 선택한 후 《출력형태》처럼 드래그하여 그립니다.

도형은 [입력] 탭에서 선택할 수 있지만, [도형] 탭이 활성화되었을 경우 [도형] 탭에서도 선택할 수 있습니다.

7 [개체 속성] 대화상자에서 다음과 같이 설정한 후 [설정] 단추를 클릭합니다.
 – [기본] 탭 : '글 앞으로(≣)'
 – [선] 탭 : '종류 – 파선'
 – [채우기] 탭 : '색 채우기 없음'

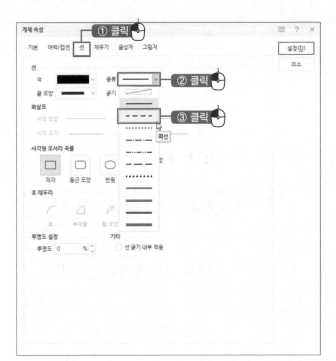

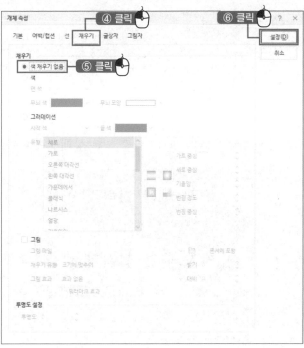

⑧ Esc 키를 눌러 가로 글상자 선택을 해제한 후 다시 가로 글상자 안을 클릭하고, [서식] 도구 상자에서 '글꼴 : 돋움', '글자 크기 : 18pt', '가운데 정렬 ▤'을 설정한 후 "지자체 간 협력과 상생"을 입력합니다.

⑨ Shift 키를 이용하여 '직사각형'과 '가로 글상자'를 그림처럼 선택한 후 Ctrl + Shift 키를 누른 상태에서 아래로 드래그하여 복사합니다.

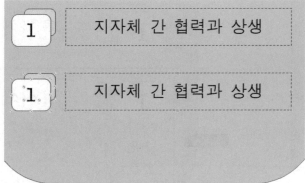

10 다시 한번 Ctrl + Shift 키를 누른 상태에서 아래로 드래그하여 복사합니다.

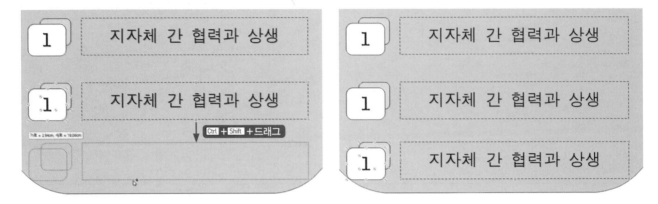

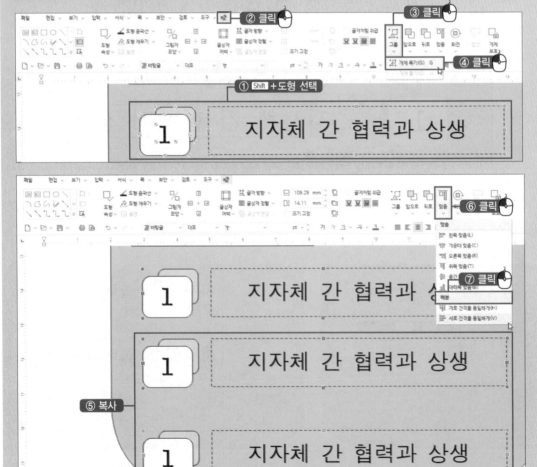

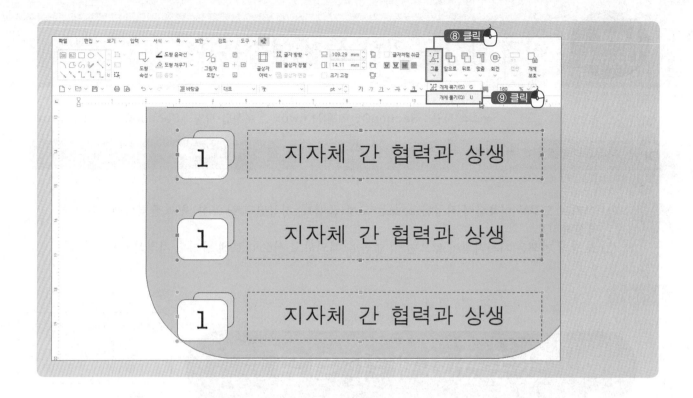

11 복사된 도형의 내용을 수정한 후 직사각형의 색상을 임의의 색으로 변경합니다.

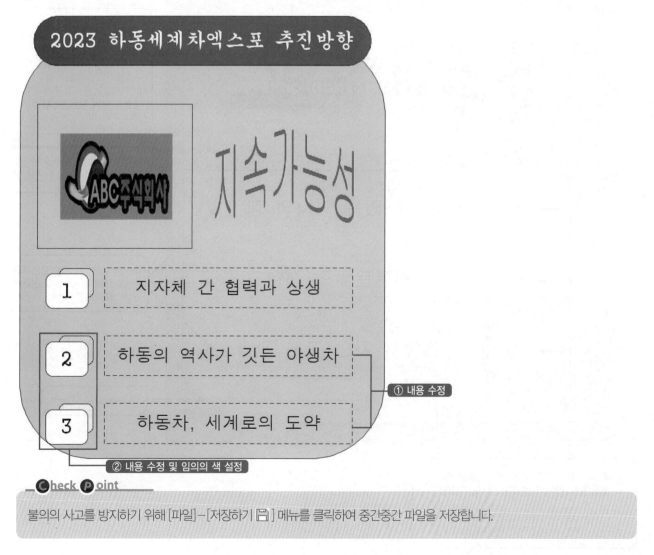

불의의 사고를 방지하기 위해 [파일]-[저장하기 🖫] 메뉴를 클릭하여 중간중간 파일을 저장합니다.

● 소스 파일 : Section05_예제01.hwpx   ● 정답 파일 : Section05_정답01.hwpx

01 다음의 ≪조건≫에 따라 ≪출력형태≫와 같이 문서를 작성하시오.

조건

(1) 그리기 도구를 이용하여 작성하고, 모든 도형(글맵시, 지정된 그림 포함)을 ≪출력형태≫와 같이 작성하시오.

(2) 도형의 면색은 지시사항이 없으면 색 없음을 제외하고 서로 다르게 임의로 지정하시오.

출력형태

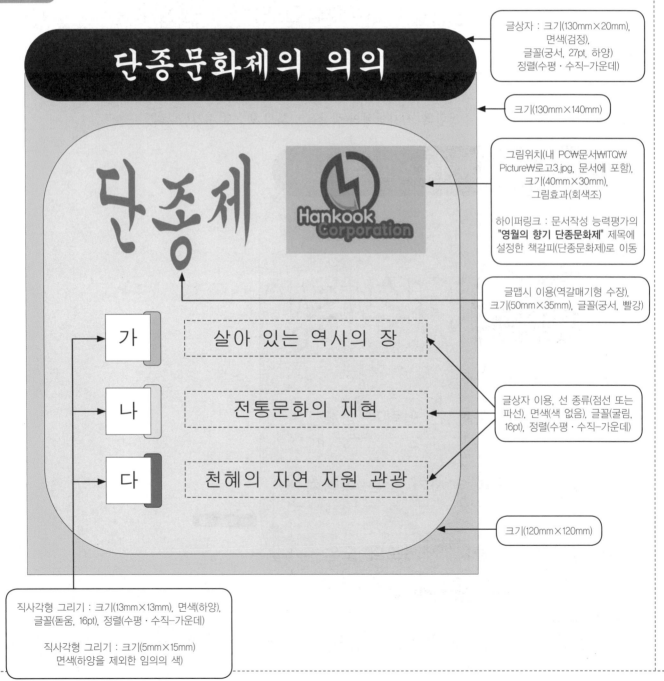

● 소스 파일 : Section05_예제02.hwpx　　● 정답 파일 : Section05_정답02.hwpx

02 다음의 ≪조건≫에 따라 ≪출력형태≫와 같이 문서를 작성하시오.

조건 (1) 그리기 도구를 이용하여 작성하고, 모든 도형(글맵시, 지정된 그림 포함)을 ≪출력형태≫와 같이 작성하시오.
(2) 도형의 면색은 지시사항이 없으면 색없음을 제외하고 서로 다르게 임의로 지정하시오.

출력형태

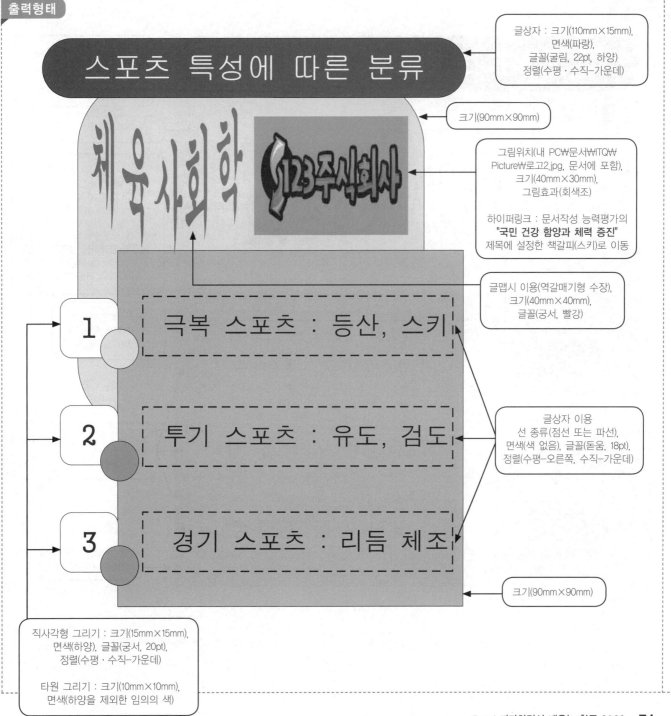

글상자 : 크기(110mm×15mm), 면색(파랑), 글꼴(굴림, 22pt, 하양) 정렬(수평 · 수직–가운데)

크기(90mm×90mm)

그림위치(내 PC₩문서₩ITQ₩ Picture₩로고2.jpg, 문서에 포함), 크기(40mm×30mm), 그림효과(회색조)

하이퍼링크 : 문서작성 능력평가의 **"국민 건강 함양과 체력 증진"** 제목에 설정한 책갈피(스키)로 이동

글맵시 이용(역갈매기형 수장), 크기(40mm×40mm), 글꼴(궁서, 빨강)

글상자 이용 선 종류(점선 또는 파선), 면색(색 없음), 글꼴(돋움, 18pt), 정렬(수평–오른쪽, 수직–가운데)

크기(90mm×90mm)

직사각형 그리기 : 크기(15mm×15mm), 면색(하양), 글꼴(궁서, 20pt), 정렬(수평 · 수직–가운데)

타원 그리기 : 크기(10mm×10mm), 면색(하양을 제외한 임의의 색)

● 소스 파일 : Section05_예제03.hwpx   ● 정답 파일 : Section05_정답03.hwpx

03 다음의 ≪조건≫에 따라 ≪출력형태≫와 같이 문서를 작성하시오.

조건 (1) 그리기 도구를 이용하여 작성하고, 모든 도형(글맵시, 지정된 그림 포함)을 ≪출력형태≫와 같이
작성하시오.
(2) 도형의 면 색은 지시사항이 없으면 색없음을 제외하고 서로 다르게 임의로 지정하시오.

출력형태

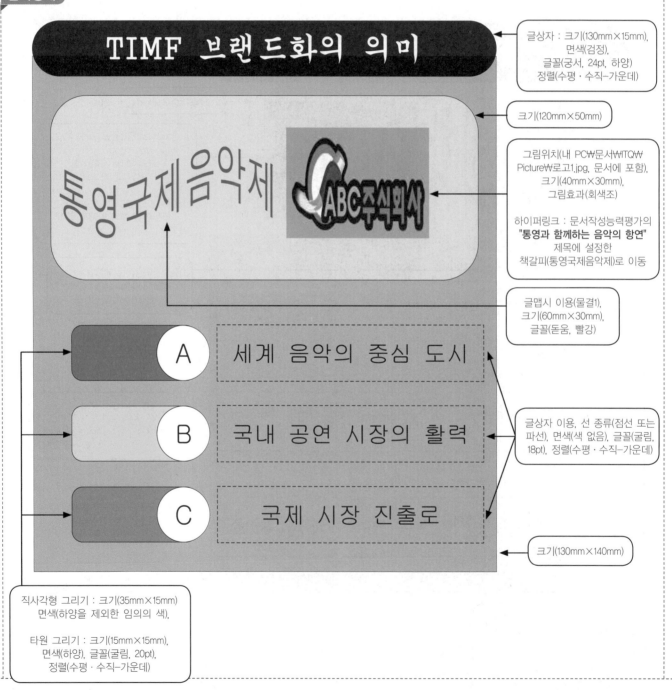

● 소스 파일 : Section05_예제04.hwpx   ● 정답 파일 : Section05_정답04.hwpx

04 다음의 《조건》에 따라 《출력형태》와 같이 문서를 작성하시오.

조건
(1) 그리기 도구를 이용하여 작성하고, 모든 도형(글맵시, 지정된 그림 포함)을 《출력형태》와 같이 작성하시오.
(2) 도형의 면 색은 지시사항이 없으면 색 없음을 제외하고 서로 다르게 임의로 지정하시오.

출력형태

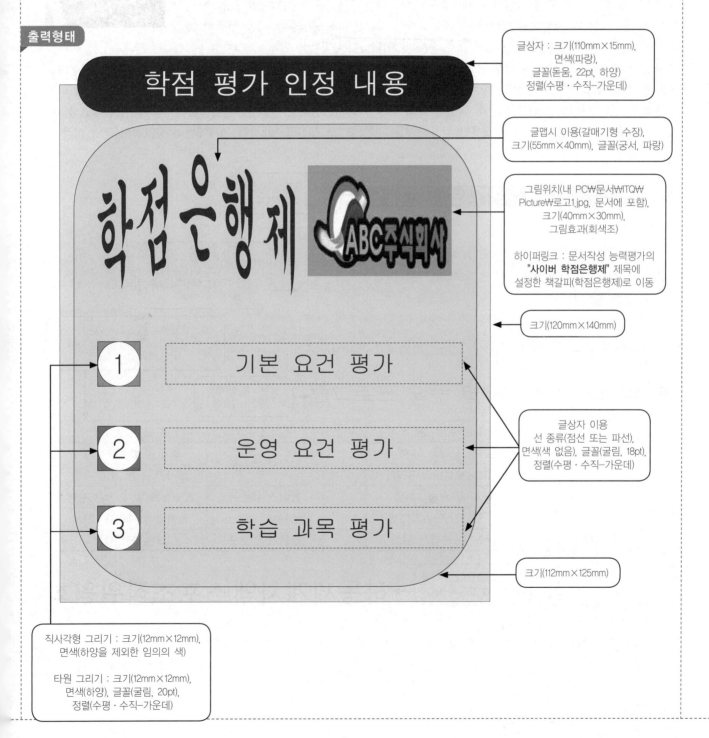

글상자 : 크기(110mm×15mm),
면색(파랑),
글꼴(돋움, 22pt, 하양)
정렬(수평·수직-가운데)

글맵시 이용(갈매기형 수장),
크기(55mm×40mm), 글꼴(궁서, 파랑)

그림위치(내 PC₩문서₩ITQ₩
Picture₩로고1.jpg, 문서에 포함),
크기(40mm×30mm),
그림효과(회색조)

하이퍼링크 : 문서작성 능력평가의
"사이버 학점은행제" 제목에
설정한 책갈피(학점은행제)로 이동

크기(120mm×140mm)

글상자 이용
선 종류(점선 또는 파선),
면색(색 없음), 글꼴(굴림, 18pt),
정렬(수평·수직-가운데)

크기(112mm×125mm)

직사각형 그리기 : 크기(12mm×12mm),
면색(하양을 제외한 임의의 색)

타원 그리기 : 크기(12mm×12mm),
면색(하양), 글꼴(굴림, 20pt),
정렬(수평·수직-가운데)

건강한 차

자연의 향기
2023 하동세계차엑스포

하동은 통일신라 시대, 우리나라에서 처음 차를 재배한 곳으로 1,200년 전 당나라 사신으로 갔던 대렴공이 차 씨앗을 들여왔고, 왕명을 받은 대렴공은 겨울에도 꽃이 핀다는 이름이 붙은 화개동천에 차 씨앗을 심었다. 하동은 차 시배지일 뿐만 아니라 다도(茶道)의 중흥지이기도 하다. 우리 조상들이 일찍이 알아보았듯이 하동의 기후와 토질은 차를 재배하기에 최적으로 일제 강점기에 개량종이 퍼져 나갈 때도 토종 야생차를 보존해 아직까지 자연 그대로의 차밭에서 재배하고 있기도 하다. 그 가치를 인정받아 하동 전통차 농업은 2017년 11월에 세계중요농업유산㉮으로 등재(登載)되었다. [각주]

차 분야에서는 국내 최초의 정부 공식 승인 국제행사로 하동차의 우수성을 알리고 생활 속에서 차를 즐기는 문화를 만들며, 차 산업을 새로운 성장동력으로 키워가는 계기를 만들기 위해 2023 하동세계차엑스포가 개최된다. 이번 하동세계차엑스포는 하나뿐인 지구와 미래 세대를 위해 환경친화적인 행사로 천년을 이어온 차의 역사를 경험하고 전 세계의 차 애호가들에게는 다양하고 훌륭한 차를 즐기는 기회를, 차 생산국 및 관련 업계에는 시장의 성장과 발전의 계기를 만들어 주리라 기대된다.

♣ 2023 하동세계차엑스포 개요

가. 비전 및 기간

　㉠ 비전 : 인류의 지속 가능한 삶을 위한 차

　㉡ 기간 : 2023년 6월 12일 - 2023년 7월 11일

나. 주최 및 참가 규모

　㉠ 주최 : 경상남도, 하동군

　㉡ 참가 규모 : 10개국, 관람객 135만 명(외국인 7만 명)

♣ *엑스포 핵심과제별 주요 프로그램*

연번	핵심과제명	주요 프로그램	연번	핵심과제명	주요 프로그램
1	스마트 엑스포	스마트 플랫폼 구축	4	라이브 엑스포	엑스포 방송팀 신설
		스마트-모빌리티 구축			실시간 소통 채널 구축
2	공존 엑스포	국제 차 학술대회	5	웰니스 엑스포	항노화관 및 항암관 운영
		국제 티 마스터스컵대회	6	탄소제로 엑스포	친환경 차 특별관 전시
3	비즈니스 엑스포	국내외 차 산업관 설치	7	콘텐츠 엑스포	다원10경 체험

하동세계차엑스포조직위원회

㉮ FAO가 전 세계의 전통적 농업 시스템, 생물 다양성, 토지이용체계를 보전하기 위해 도입한 제도

⑤

배점 **200** 점

| 무료 동영상 |

문서작성 능력평가

①한자, 특수문자, 표 등을 포함하여 입력하기, ②제목 서식 및 표 등의 글꼴 서식 설정, ③문단 첫 글자 장식, 그림 등 개체 삽입 및 속성 변경, ④책갈피, 덧말 넣기, 머리말, 각주, 문단번호, 쪽 번호 매기기 등 문서작성 능력평가에 필요한 기능들을 학습합니다.

● 소스 파일 : Section06_예제.hwpx ● 정답 파일 : Section06_정답.hwpx

핵심 체크

① 본문 작성 : 덧말 넣기, 글자 모양(Alt+L)과 문단 모양(Alt+T) 서식 설정, 책갈피(Ctrl+K, B), 그림 넣기(Ctrl+N, I) 및 자르기, 문단 번호(Ctrl+K, N)
② 표 작성 : 표 만들기(Ctrl+N, T), 셀 배경색(그러데이션)
③ 기능 설정 : 머리말(Ctrl+N, H), 각주(Ctrl+N, N), 쪽 번호 매기기(Ctrl+N, P)

※ 작성 순서
문서 입력 → 서식 설정(머리말, 덧말 넣기, 문단 첫 글자 장식, 그림 삽입 및 자르기, 각주, 중간 제목, 글자 모양, 문단 모양, 표 제목 설정 및 표 작성, 쪽 번호 넣기 등)

※《출력형태》는 74쪽에 있습니다.

단계 1 내용 입력-1, 제목 편집, 머리말 작성하기

1 3페이지 세 번째 줄부터《출력형태》의 내용대로 입력합니다. (중간 제목 위까지 입력)
- 첫 번째 문단의 마지막 단어(~등재되었다.)를 입력한 후 Enter 키를 누릅니다.
- 두 번째 문단의 첫 글자는 SpaceBar 키를 두 번 눌러 들여 쓴 후에 입력합니다.
- 기능이 익숙해지면 문장을 입력하면서 기능을 설정합니다.
- 자세한 설명을 위해 편의상 세 번에 나눠 입력하는 방법을 채택했지만, 익숙해지면 전체 내용을 입력한 후 기능을 설정하거나 입력하면서 기능을 설정해도 됩니다.

2023 하동세계차엑스포

Enter

하동은 통일신라 시대, 우리나라에서 처음 차를 재배한 곳으로 1,200년 전 당나라 사신으로 갔던 대렴공이 차 씨앗을 들여왔고, 왕명을 받은 대렴공은 겨울에도 꽃이 핀다는 이름이 붙은 화개동천에 차 씨앗을 심었다. 하동은 차 시배지일 뿐만 아니라 다도의 중흥지이기도 하다. 우리 조상들이 일찍이 알아보았듯이 하동의 기후와 토질은 차를 재배하기에 최적으로 일제 강점기에 개량종이 퍼져 나갈 때도 토종 야생차를 보존해 아직까지 자연 그대로의 차밭에서 재배하고 있기도 하다. 그 가치를 인정받아 하동 전통차 농업은 2017년 11월에 세계중요농업유산으로 등재되었다. Enter

차 분야에서는 국내 최초의 정부 공식 승인 국제행사로 하동차의 우수성을 알리고 생활 속에서 차를 즐기는 문화를 만들며, 차 산업을 새로운 성장동력으로 키워가는 계기를 만들기 위해 2023 하동세계차엑스포가 개최된다. 이번 하동세계차엑스포는 하나뿐인 지구와 미래 세대를 위해 환경친화적인 행사로 천년을 이어온 차의 역사를 경험하고 전 세계의 차 애호가들에게는 다양하고 훌륭한 차를 즐기는 기회를, 차 생산국 및 관련 업계에는 시장의 성장과 발전의 계기를 만들어 주리라 기대된다.

SpaceBar 두 번 클릭 후 입력

__C__heck __P__oint

두 번째 문장의 시작은 SpaceBar 키를 두 번 누르거나 [서식] 탭-[문단 모양]을 클릭한 후 [문단 모양] 대화상자의 [기본] 탭에서 '첫 줄' 들여쓰기를 '10pt'로 설정해도 됩니다.

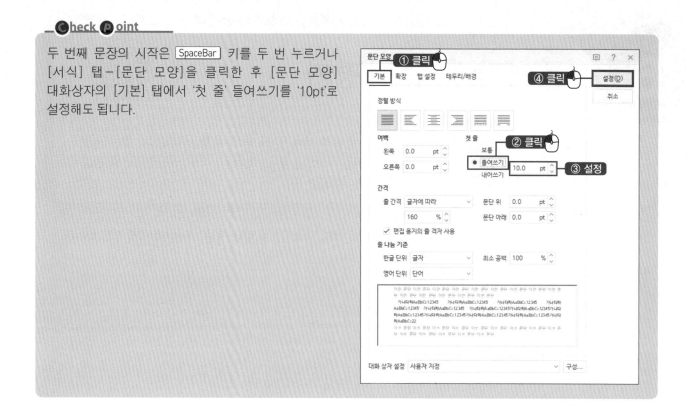

2 '2023 하동세계차엑스포'를 범위 지정한 후 [서식] 도구 상자에서 '글꼴 : 궁서', '글자 크기 : 18pt', '진하게', '정렬 : 가운데 정렬 들'을 설정하고, [입력] 탭의 [덧말 넣기 덧말 가나다]를 클릭합니다.

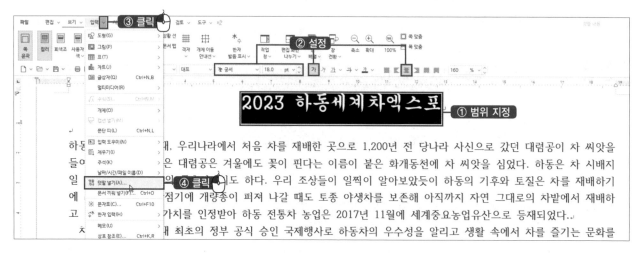

3 [덧말 넣기] 대화상자에서 덧말 란에 "자연의 향기"를 입력하고 덧말 위치에 '위'를 설정한 후 [넣기] 단추를 클릭합니다.

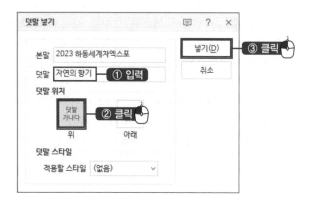

4 머리말을 추가하기 위해 [쪽] 탭의 [머리말▤]-[위쪽]-[양쪽]-[모양 없음]을 선택합니다.

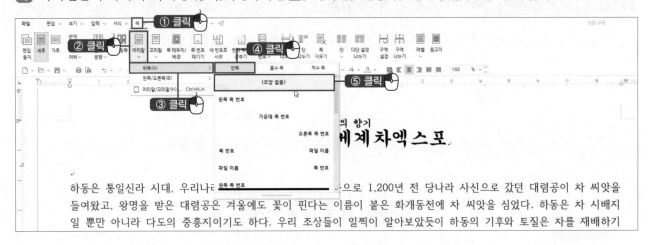

5 머리말(양쪽) 편집 화면에서 머리말을 "건강한 차"를 입력하고 범위를 지정한 후, [서식] 도구 상자에서 '글꼴 : 돋움', '글자 크기 : 10pt', '정렬 : 오른쪽 정렬▤'을 설정하고 [닫기⊗] 도구를 클릭합니다.

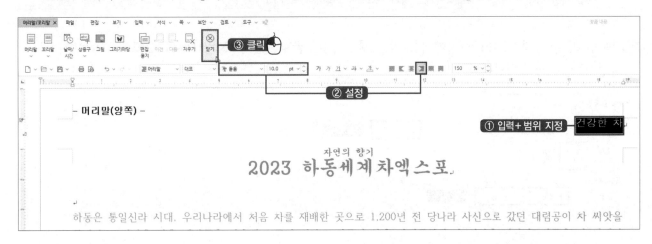

ⓒheck ⓟoint

입력된 덧말, 머리말을 더블 클릭하여 해당 내용을 수정할 수 있습니다.

1 첫째 문단 첫째 줄 맨 앞 글자 '하' 앞에 커서를 위치시키고 [서식] 탭에서 [문단 첫 글자 장식 ⬛] 도구를 선택합니다.

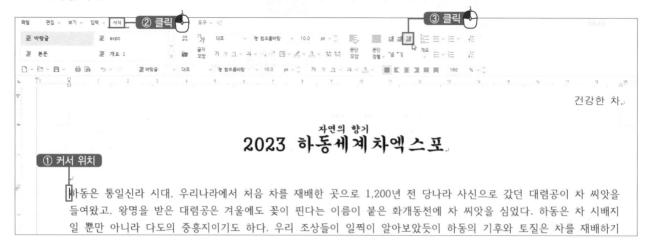

2 [문단 첫 글자 장식] 대화상자에서 '모양 : 2줄', '글꼴 : 굴림', '면색 : 노랑(RGB : 255,255,0)'을 지정하고 [설정] 단추를 클릭합니다.

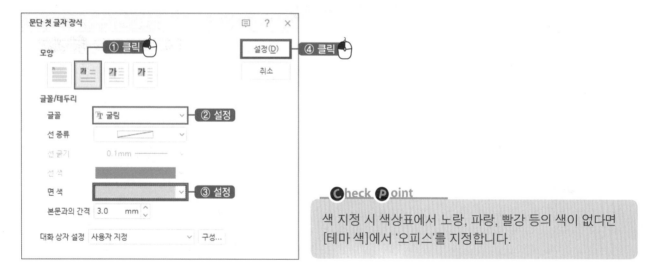

Check Point

색 지정 시 색상표에서 노랑, 파랑, 빨강 등의 색이 없다면 [테마 색]에서 '오피스'를 지정합니다.

3 각주를 삽입할 단어(세계중요농업유산) 뒤에 커서를 위치시키고 [입력] 탭에서 [각주 ⬛] 도구를 선택합니다(또는 Ctrl + N, N).

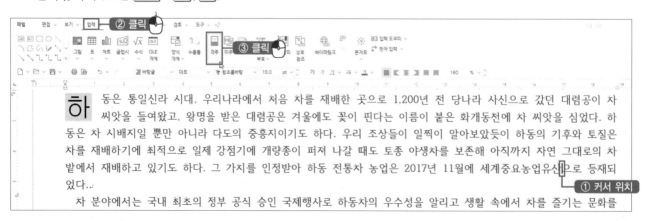

4 각주 모양을 변경하기 위해 [주석] 탭의 [각주/미주 모양 📝] 도구를 클릭합니다.

5 [주석 모양] 대화상자의 번호 모양에서 '㉮,㉯,㉰' 모양을 선택한 후 각주 구분선의 길이 '5cm'를 확인하고 [설정] 단추를 클릭합니다.

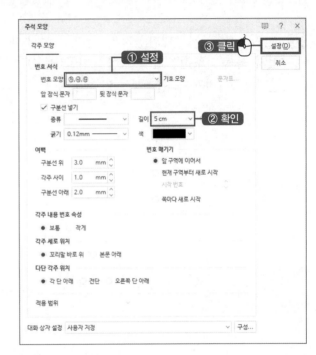

6 각주의 내용(FAO가 전 세계의 전통적 농업 시스템, 생물 다양성, 토지이용체계를 보전하기 위해 도입한 제도)을 입력한 후 [주석] 탭에서 [닫기 ⊗] 도구를 클릭하여 각주 편집을 종료합니다.

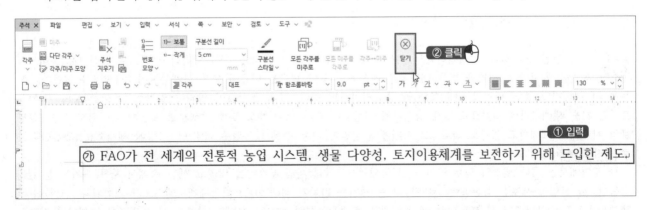

Check **P**oint

각주 작성 시 문제상에 지시사항이 없음으로 기본 값으로 작성하면 됩니다. 각주는 각주의 존재 여부, 오타, 각주 구분선만 채점합니다.

7 한자로 변환할 단어인 '다도' 뒤에 커서를 클릭한 후 키보드의 한자 키를 누릅니다.

> 동은 통일신라 시대, 우리나라에서 처음 차를 재배한 곳으로 1,200년 전 당나라 사신으로 갔던 대렴공이 차
> 씨앗을 들여왔고, 왕명을 받은 대렴공은 겨울에도 꽃이 핀다는 이름이 붙은 화개동천에 차 씨앗을 심었다. 하
> 동은 차 시배지일 뿐만 아니라 다도의 중흥지이기도 하다. 우리 조상들이 일찍이 알아보았듯이 하동의 기후와 토질은
> 차를 재배하기에 최적으로 일제 강점기에 개량종이 퍼져 나갈 때도 토종 야생차를 보존해 아직까지 자연 그대로의 차
> 밭에서 재배하고 있기도 하다. 그 가치를 인정받아 하동 전통차 농업은 2017년 11월에 세계중요농업유산㉘으로 등재
> 되었다.
>
> ① 커서 위치 + 한자

Check Point

한자로 변환할 단어의 뒤를 클릭한 후 F9 키를 누르거나 [입력] 탭에서 [한자 입력] 도구를 클릭해도 됩니다.

8 [한자로 바꾸기] 대화상자의 한자 목록에서 '한자 목록 : 茶道', '입력 형식 : 한글(漢字)'를 선택한 후 [바꾸기] 단추를 클릭합니다.

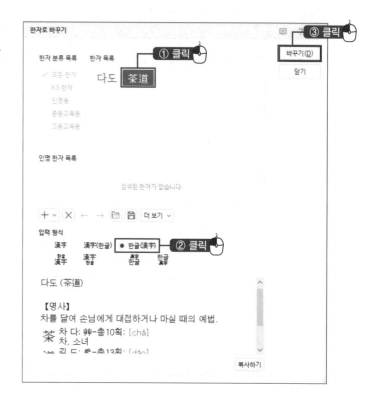

9 같은 방법으로 '등재(登載)'도 한자 변환합니다.

> 동은 통일신라 시대, 우리나라에서 처음 차를 재배한 곳으로 1,200년 전 당나라 사신으로 갔던 대렴공이 차
> 씨앗을 들여왔고, 왕명을 받은 대렴공은 겨울에도 꽃이 핀다는 이름이 붙은 화개동천에 차 씨앗을 심었다. 하
> 동은 차 시배지일 뿐만 아니라 다도(茶道)의 중흥지이기도 하다. 우리 조상들이 일찍이 알아보았듯이 하동의 기후와
> 토질은 차를 재배하기에 최적으로 일제 강점기에 개량종이 퍼져 나갈 때도 토종 야생차를 보존해 아직까지 자연 그대
> 로의 차밭에서 재배하고 있기도 하다. 그 가치를 인정받아 하동 전통차 농업은 2017년 11월에 세계중요농업유산㉘으
> 로 등재(登載)되었다.
>
> 차 분야에서는 국내 최초의 정부 공식 승인 국제행사로 하동차의 우수성을 알리고 생활 속에서 차를 즐기는 문화를
> 만들며, 차 산업을 새로운 성장동력으로 키워가는 계기를 만들기 위해 2023 하동세계차엑스포가 개최된다. 이번 하동
> 세계차엑스포는 하나뿐인 지구와 미래 세대를 위해 환경친화적인 행사로 천년을 이어온 차의 역사를 경험하고 전 세
> 계의 차 애호가들에게는 다양하고 훌륭한 차를 즐기는 기회를, 차 생산국 및 관련 업계에는 시장의 성장과 발전의 계
> 기를 만들어 주리라 기대된다.

1 그림을 넣기 위해 [입력] 탭을 클릭한 후 [그림 🖼] 도구를 클릭합니다.

2 [그림 넣기] 대화상자에서 [문서₩ITQ₩Picture] 폴더에서 '그림4.jpg' 파일을 선택하고 '문서에 포함'에 체크한 후 [열기] 단추를 클릭하여 그림을 삽입합니다.

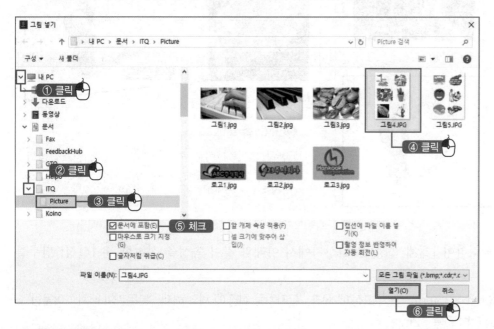

Check Point

'글자처럼 취급'과 '마우스로 크기 지정'의 체크는 해제합니다.

3 그림이 문서에 삽입되면 [그림 🖼] 탭에서 [자르기 🗂] 도구를 클릭합니다.

4 자르기 조절점(┐, └)을 드래그하여 원하는 그림 남깁니다.

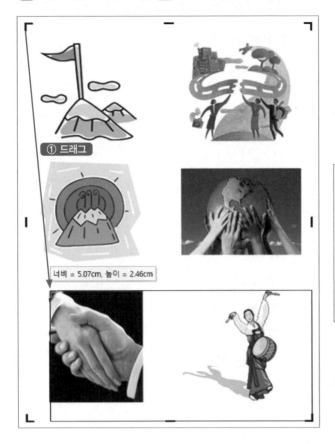

① 드래그

너비 = 5.07cm, 높이 = 2.46cm

② 드래그

Check **P**oint

삽입된 그림을 선택한 후 [Shift] 키를 누르면 조절점이 자르기 조절점으로 변경되며, 이때 원하는 그림으로 잘라도 됩니다.

5 삽입된 그림을 더블 클릭하여 [개체 속성] 대화상자에서 아래와 같이 속성을 설정한 후 [설정] 단추를 클릭합니다.

- [기본] 탭 : '크기 : 40mm×35mm', '크기 고정'에 체크, '글자처럼 취급'에 체크 해제, '본문과의 배치 : 어울림'
- [여백/캡션] 탭 : '바깥 여백 왼쪽 : 2mm'

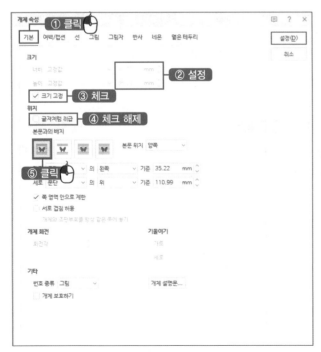

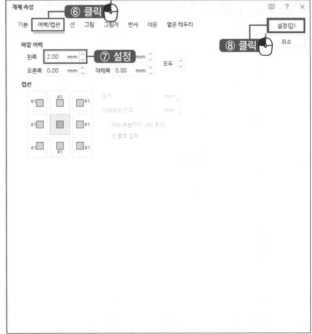

6 속성이 변경된 그림을 ≪출력형태≫와 동일한 위치에 이동하여 배치시킵니다.

하동은 통일신라 시대, 우리나라에서 처음 차를 재배한 곳으로 1,200년 전 당나라 사신으로 갔던 대렴공이 차 씨앗을 들여왔고, 왕명을 받은 대렴공은 겨울에도 꽃이 핀다는 이름이 붙은 화개동천에 차 씨앗을 심었다. 하동은 차 시배지일 뿐만 아니라 다도(茶道)의 중흥지이기도 하다. 우리 조상들이 일찍이 알아보았듯이 하동의 기후와 토질은 차를 재배하기에 최적으로 일제 강점기에 개량종이 퍼져 나갈 때도 토종 야생차를 보존해 아직까지 자연 그대로의 차밭에서 재배하고 있기도 하다. 그 가치를 인정받아 하동 전통차 농업은 2017년 11월에 세계중요농업유산㉮으로 등재(登載)되었다.↵

 차 분야에서는 국내 최초의 정부 공식 승인 국제행사로 하동차의 우수성을 알리고 생활 속에서 차를 즐기는 문화를 만들며, 차 산업을 새로운 성장동력으로 키워가는 계기를 만들기 위해 2023 하동세계차엑스포가 개최된다. 이번 하동세계차엑스포는 하나뿐인 지구와 미래 세대를 위해 환경친화적인 행사로 천년을 이어온 차의 역사를 경험하고 전 세계의 차 애호가들에게는 다양하고 훌륭한 차를 즐기는 기회를, 차 생산국 및 관련 업계에는 시장의 성장과 발전의 계기를 만들어 주리라 기대된다.↵

단계 4 **내용 입력-2(중간 제목)**

1 입력한 내용의 마지막 단어인 '기대된다.' 뒤쪽을 클릭한 후 Enter 키를 두 번 누르고 나머지 내용을 입력합니다. 표를 작성하기 위해 "엑스포 핵심과제별 주요 프로그램"을 입력한 후 Enter 키를 눌러 강제 개행합니다.

↵
2023 하동세계차엑스포 개요↵
비전 및 기간↵
비전 : 인류의 지속 가능한 삶을 위한 차↵
기간 : 2023년 6월 12일 – 2023년 7월 11일↵
주최 및 참가 규모↵
주최 : 경상남도, 하동군↵
참가 규모 : 10개국, 관람객 135만 명(외국인 7만 명)↵
↵
엑스포 핵심과제별 주요 프로그램↵
↵

2 특수문자를 입력할 글자인 '2023' 앞을 클릭한 후 [입력] 탭-[문자표 ※]-[문자표]를 클릭합니다.

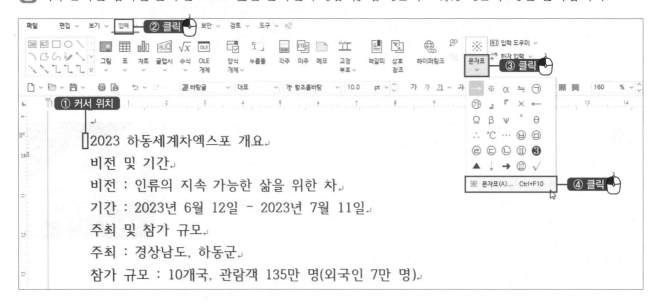

**C**heck **P**oint

문자표는 Ctrl + F10 키를 눌러도 됩니다.

3 [문자표 입력] 대화상자에서 [한글(HNC) 문자표] 탭을 클릭한 후 문자 영역에서 '전각 기호(일반)'을 클릭하고, '♣' 기호를 선택한 후 [넣기] 단추를 클릭합니다. '♣' 기호를 삽입한 후 SpaceBar 키를 눌러 한 칸 띄웁니다.

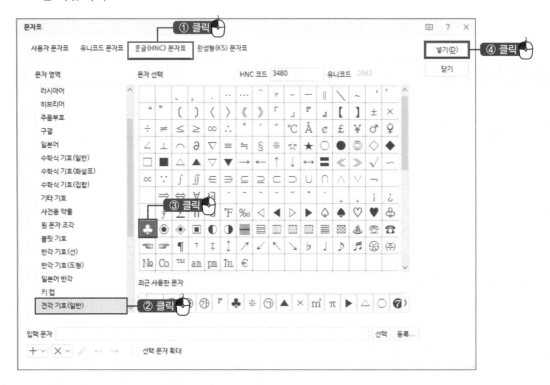

4 같은 방법으로 표 제목 앞에도 ♣ 기호를 삽입합니다.

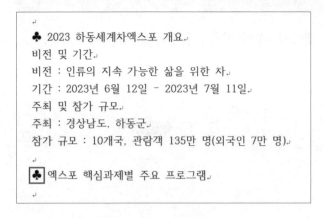

5 기호를 포함한 제목 부분을 범위 지정한 후 [서식] 도구 상자에서 '글꼴 : 돋움', '글자 크기 : 18pt'를 설정합니다.

6 다시 '2023 하동세계차엑스포 개요'만 범위 지정한 후 [편집] 탭에서 [글자 모양 가↗] 도구를 클릭합니다(또는 Alt + L 키).

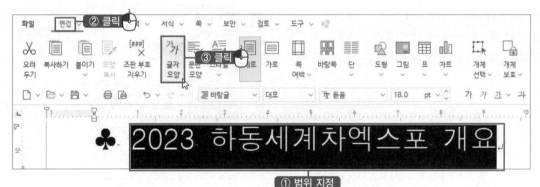

7 [글자 모양] 대화상자의 [기본] 탭에서 '글자 색 : 하양(RGB: 255,255,255)', '음영 색 : 빨강(RGB: 255,0,0)'을 설정하고 [설정] 단추를 클릭합니다. 작업이 완료되면 Esc 키를 눌러 범위를 해제합니다.

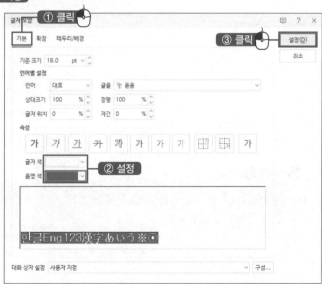

1 문단 번호를 지정할 내용을 범위 지정한 후 [서식] 탭에서 [문단 번호 ≡]의 목록 단추(∨)를 클릭하고 [문단 번호 모양(N)]을 클릭합니다.

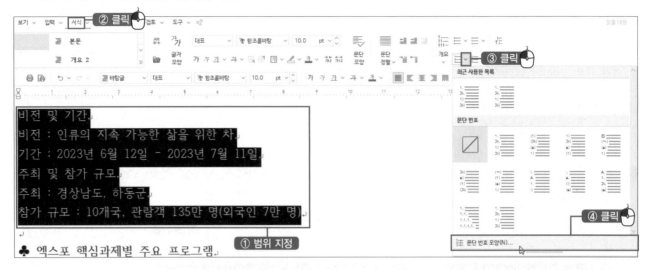

**C**heck **P**oint

[서식] 탭에서 목록 단추(∨)를 클릭한 후 [문단 번호 모양] 메뉴를 선택하거나 Ctrl + K , N 을 눌러 문단 번호를 지정할 수도 있습니다.

2 [글머리표 및 문단 번호] 대화상자에서 [문단 번호] 탭을 클릭한 후 첫 번째 문단 번호 모양을 선택하고 [사용자 정의] 단추를 클릭합니다.

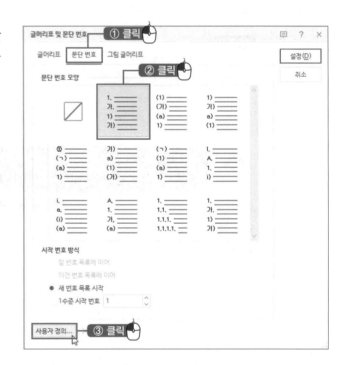

**C**heck **P**oint

출력형태와 같은 모양이 없을 경우 유사한 문단 번호 모양이나 첫 번째 문단 번호 모양을 선택한 후 [사용자 정의] 단추를 클릭하여 설정합니다.

3 [문단 번호 사용자 정의 모양] 대화상자에서 다음과 같이 설정합니다.
- '수준 : 1수준', '번호 모양 : 가,나,다'
- '너비 조정 : 20pt', '정렬 : 오른쪽'

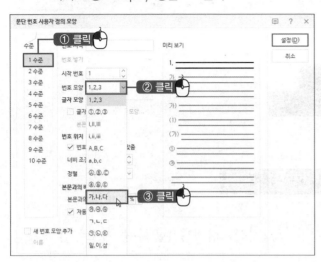
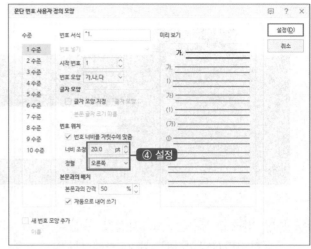

4 [문단 번호 사용자 정의 모양] 대화상자에서 다음과 같이 설정한 후 [설정] 단추를 클릭합니다.
- '수준 : 2수준', '번호 서식 : ^2('^2.'에서 '.' 삭제), 번호 모양 : ㉠,㉡,㉢'
- '너비 조정 : 30pt', '정렬 : 오른쪽'

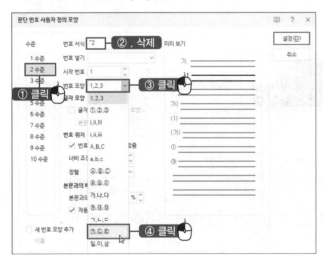
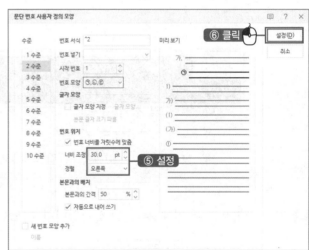

5 [문단 번호/글머리표] 대화상자에서 새로운 문단 번호 모양이 추가된 것을 확인한 후 [설정] 단추를 클릭합니다.

6 범위 지정한 모든 문단에 문단 번호 1수준이 적용되면, [서식] 도구 상자에서 '줄 간격 : 180%'를 설정합니다.

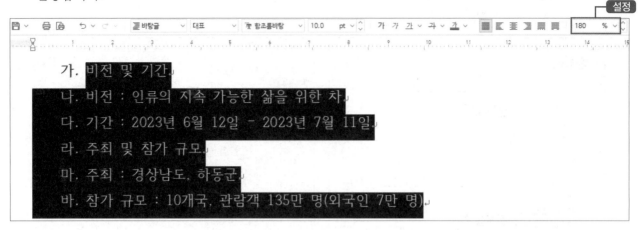

7 문단 번호를 2수준으로 지정할 부분을 범위 지정한 후 [서식] 탭에서 [한 수준 감소 ⊫] 도구를 클릭합니다(또는 Ctrl + 숫자 키패드 +).

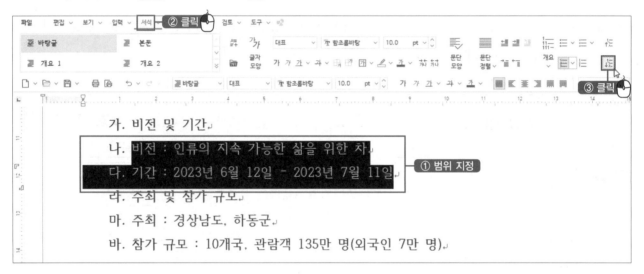

8 같은 방법으로 두 번째 2수준도 설정합니다. 작업이 완료되면 Esc 키를 눌러 범위를 해제합니다.

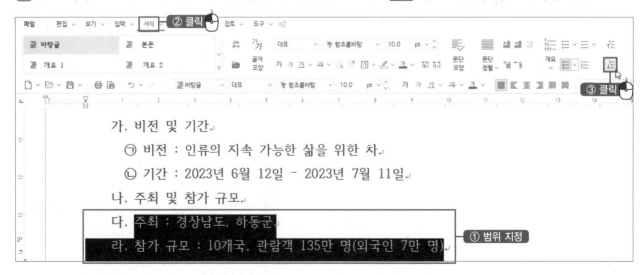

단계 6 내용 입력-3(표 제목 및 표 작성)

1 '♣ 엑스포 핵심과제별 주요 프로그램'을 범위 지정한 후 [서식] 도구 상자에서 '글꼴 : 돋움', '글자 크기 : 18pt'을 설정합니다. 다시 '엑스포 핵심과제별 주요 프로그램'만 범위 지정한 후 [서식] 도구 상자에서 '기울임(*가*)'을 설정합니다.

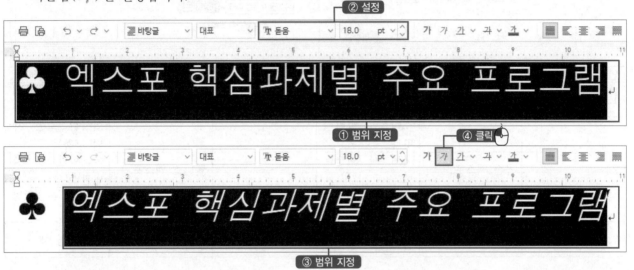

2 강조점을 설정하기 위해 '핵심과제별' 단어만 범위 지정한 후 [편집] 탭-[글자 모양 *가*] 도구를 클릭하여 [글자 모양] 대화상자에서 강조점을 선택하고 [설정] 단추를 클릭합니다. 같은 방법으로 '프로그램' 단어에도 강조점을 설정합니다. 작업이 완료되면 Esc 키를 눌러 범위를 해제합니다.

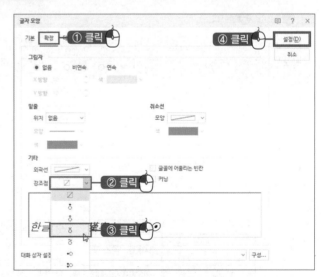

3 표 제목 다음 줄에 커서를 위치한 후 [입력] 탭에서 [표 ⊞] 도구를 클릭한 후 [표 만들기] 대화상자에서 '줄 개수 : 6', '칸 개수 : 6', '글자처럼 취급'에 체크하고 [만들기] 단추를 클릭하여 표를 생성한 후 ≪출력형태≫와 같이 입력합니다.

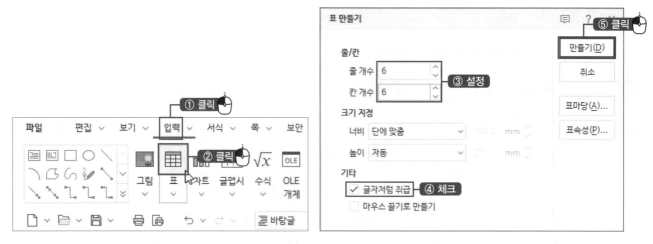

연번	핵심과제명	주요 프로그램	연번	핵심과제명	주요 프로그램
1.	스마트 엑스포	스마트 플랫폼 구축	4.	라이브 엑스포	엑스포 방송팀 신설
		스마트-모빌리티 구축			실시간 소통 채널 구축
2.	공존 엑스포	국제 차 학술대회	5.	웰니스 엑스포	항노화관 및 항암관 운영
		국제 티 마스터 즈컵대회	6.	탄소제로 엑스포	친환경 차 특별관 전시
3.	비즈니스 엑스포	국내외 차 산업관 설치	7.	콘텐츠 엑스포	다원10경 체험

Check Point

표 제목 아래에 표를 만들 공간을 미리 확보하지 않아 표 제목을 설정한 후 Enter 키를 눌러 다음 줄에서 표를 작성할 경우, [서식] 도구상자에서 '바탕글'을 선택하여 표 제목의 서식을 해제하고 표를 작성합니다.

4 셀을 합칠 부분을 범위 지정한 후 M 키를 눌러 셀을 합칩니다(또는 [표] 탭-[셀 합치기 ⊞] 도구).

연번	핵심과제명	주요 프로그램	연번	핵심과제명	주요 프로그램
1.	스마트 엑스포	스마트 플랫폼 구축	4.	라이브 엑스포	엑스포 방송팀 신설
① 범위 지정 M		스마트-모빌리티 구축			실시간 소통 채널 구축
2.	공존 엑스포	국제 차 학술대회	5.	웰니스 엑스포	항노화관 및 항암관 운영
		국제 티 마스터 즈컵대회	6.	탄소제로 엑스포	친환경 차 특별관 전시
3.	비즈니스 엑스포	국내외 차 산업관 설치	7.	콘텐츠 엑스포	다원10경 체험

5 나머지 부분도 같은 방법으로 셀을 합칩니다.

연번	핵심과제명	주요 프로그램	연번	핵심과제명	주요 프로그램
1.	스마트 엑스포	스마트 플랫폼 구축 스마트-모빌리티 구축	4.	라이브 엑스포	엑스포 방송팀 신설 실시간 소통 채널 구축
2.	공존 엑스포	국제 차 학술대회 국제 티 마스터즈컵대회	5.	웰니스 엑스포	항노화관 및 항암관 운영
			6.	탄소제로 엑스포	친환경 차 특별관 전시
3.	비즈니스 엑스포	국내외 차 산업관 설치	7.	콘텐츠 엑스포	다원10경 체험

6 표 전체를 범위 지정한 후 [서식] 도구 상자에서 '글꼴 : 굴림', '글자 크기 : 10pt', '가운데 정렬'을 설정합니다.

② 설정

연번	핵심과제명	주요 프로그램	연번	핵심과제명	주요 프로그램
1.	스마트 엑스포	스마트 플랫폼 구축 스마트-모빌리티 구축	4.	라이브 엑스포	엑스포 방송팀 신설 실시간 소통 채널 구축
2.	공존 엑스포	국제 차 학술대회 국제 티 마스터즈컵대회	5.	웰니스 엑스포	항노화관 및 항암관 운영
			6.	탄소제로 엑스포	친환경 차 특별관 전시
3.	비즈니스 엑스포	국내외 차 산업관 설치	7.	콘텐츠 엑스포	다원10경 체험

① 범위 지정

Check Point

표와 관련된 메뉴나 단축키는 Section 2의 표 작성을 참고하여 작성합니다.

7 Esc 키를 눌러 범위를 해제한 후 《출력형태》처럼 칸의 너비를 조절하기 위해 칸 경계선에 마우스 포인트를 위치시키고 드래그하여 너비를 조절합니다.

연번	핵심과제명	주요 프로그램	연번	핵심과제명	주요 프로그램
1.	스마트 엑스포	스마트 플랫폼 구축 스마트-모빌리티 구축	4.	라이브 엑스포	엑스포 방송팀 신설 실시간 소통 채널 구축
2.	공존 엑스포	국제 차 학술대회 국제 티 마스터즈컵대회	5.	웰니스 엑스포	항노화관 및 항암관 운영
			6.	탄소제로 엑스포	친환경 차 특별관 전시
3.	비즈니스 엑스포	국내외 차 산업관 설치	7.	콘텐츠 엑스포	다원10경 체험

드래그

너비나 높이를 조절하는 방법

- Ctrl +방향키 : 너비나 높이를 조절하면 표의 크기도 그만큼 변합니다.

					Ctrl + →					Ctrl + ↓		
●				●					●			

- Alt +방향키 : 표의 크기 변화 없이 해당 셀의 너비를 조절합니다.

				Alt + →		
●				●		

- Shift +방향키 : 범위가 지정된 셀의 너비만 조절합니다.

				Shift + →		
●				●		

8 같은 방법으로 《출력형태》처럼 칸의 너비를 조절합니다.

연번	핵심과제명	주요 프로그램	연번	핵심과제명	주요 프로그램
1.	스마트 엑스포	스마트 플랫폼 구축	4.	라이브 엑스포	엑스포 방송팀 신설
		스마트-모빌리티 구축			실시간 소통 채널 구축
2.	공존 엑스포	국제 차 학술대회	5.	웰니스 엑스포	항노화관 및 항암관 운영
		국제 티 마스터즈컵대회	6.	탄소제로 엑스포	친환경 차 특별관 전시
3.	비즈니스 엑스포	국내외 차 산업관 설치	7.	콘텐츠 엑스포	다원10경 체험

6단계 ③～⑧번은 표 작업을 설명하기 위한 순서이며, 작업 순서는 작업자가 원하는 순서대로 작업합니다.

9 표 전체를 범위 지정한 후 바로가기 메뉴에서 [셀 테두리/배경]-[각 셀마다 적용]을 선택하고 다음과 같이 설정합니다(또는 L 키를 눌러 적용).

- [테두리] 탭 : '선 모양 바로 적용' 해제, '종류 - 이중 실선', '위'와 '아래' 선택
- [테두리] 탭 : '종류 - 선 없음', '왼쪽'과 '오른쪽' 선택

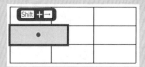

① 범위 지정 + 오른쪽 클릭

연번	핵심과제명	주요 프로그램			핵심과제명	주요 프로그램
1.	스마트 엑스포	스마트 플랫폼 구축	오려 두기(T) Ctrl+X 복사하기(C) Ctrl+C 셀 지우기(D) Ctrl+E	이브 엑스포		엑스포 방송팀 신설
		스마트-모빌리티 구				실시간 소통 채널 구축
2.	공존 엑스포	국제 차 학술대회	글자 모양(L)... Alt+L 문단 모양(M)... Alt+T	니스 엑스포		항노화관 및 항암관 운영
		국제 티 마스터즈컵대	스타일(S) F6 표/셀 속성(Q)... P	제로 엑스포		친환경 차 특별관 전시
3.	비즈니스 엑스포	국내외 차 산업관 설	셀 테두리/배경(B) > 각 셀마다 적용(E)...	텐츠 엑스포		다원10경 체험

② 클릭   ③ 클릭

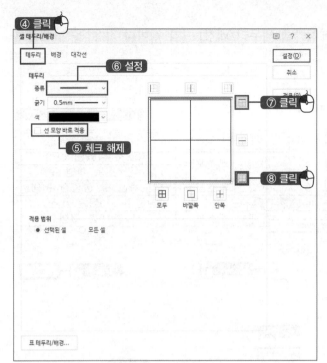

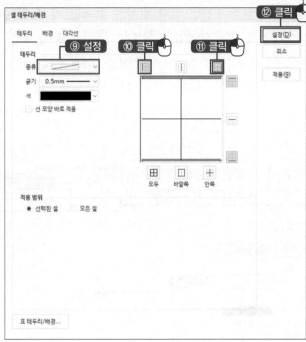

10 세 번째 열을 범위 지정한 후 바로가기 메뉴에서 [셀 테두리/배경] – [각 셀마다 적용]을 선택하고 다음과 같이 설정합니다(또는 L 키를 눌러 적용).

  – [테두리] 탭 : '종류 – 이중 실선', '오른쪽' 선택

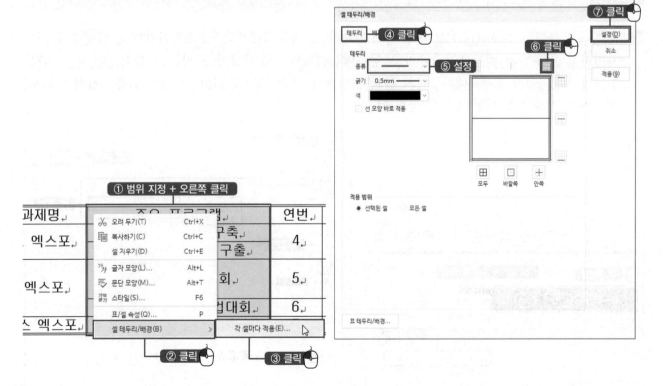

11 다시 표의 1행만 범위 지정한 후 바로가기 메뉴에서 [셀 테두리/배경]–[각 셀마다 적용]을 선택하고 다음과 같이 설정합니다(또는 ⎁키를 눌러 적용).

- [테두리] 탭 : '종류 – 이중 실선', '아래' 선택
- [배경] 탭 : '그러데이션', '시작 색 – 하양', '끝 색 – 노랑', '유형 – 가로'

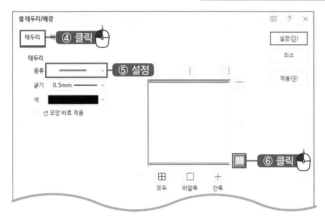
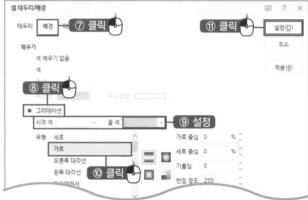

12 표 전체를 범위 지정한 후 Ctrl + ↓ 키로 줄의 높이를 적당히 벌려줍니다. 작업이 완료되면 Esc 키를 눌러 범위를 해제하고 ≪출력형태≫와 같은지 확인합니다.

단계 7 기관명 작성, 쪽 번호 매기기

1 표 아래를 클릭한 후 Enter 키를 눌러 강제 개행하고, "하동세계차엑스포조직위원회"를 입력한 후 범위 지정하고 바로가기 메뉴에서 [글자 모양] 메뉴([편집] 탭–[글자 모양 가]] 또는 Alt + ⎁ 키)를 선택합니다. [글자 모양] 대화상자의 [기본] 탭에서 '기준 크기 : 24pt', '글꼴 : 돋움', '장평 : 95%', '진하게'를 지정하고 [설정] 단추를 클릭합니다.

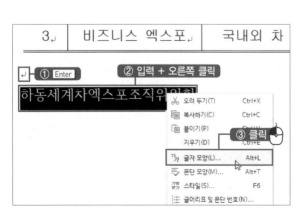
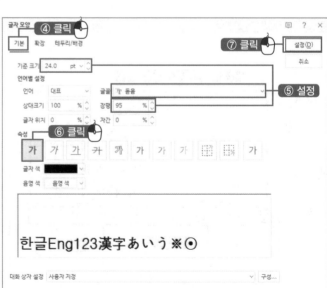

2 기관명(하동세계차엑스포조직위원회)이 범위 설정된 상태에서 [서식] 도구 상자의 '오른쪽 정렬 ▤'을 지정한 후 Esc 키를 눌러 범위를 해제합니다.

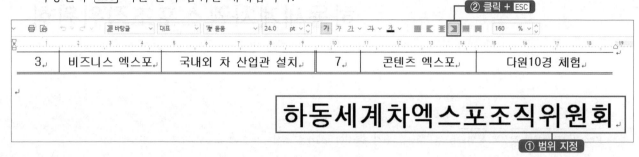

3 쪽 번호를 설정하기 위해 [쪽] 탭에서 [쪽 번호 매기기 ▣] 도구(또는 Ctrl + N , P)를 클릭합니다.

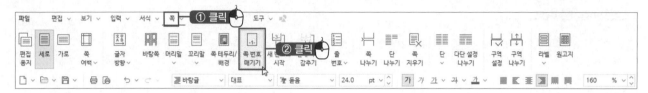

4 [쪽 번호 매기기] 대화상자에서 '번호 위치 : 오른쪽 아래', '번호 모양 : ①,②,③', '줄표 넣기 : 체크 해제'를 지정한 후 [넣기] 단추를 클릭합니다.

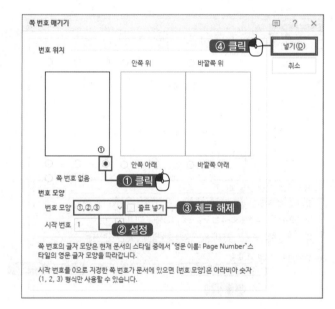

5 페이지 번호를 '⑤'로 시작하도록 하기 위해서 [쪽] 탭에서 [새 번호로 시작 ▣] 도구를 클릭한 후 [새 번호로 시작] 대화상자에서 '시작 번호 : 5'를 지정하고 [넣기] 단추를 클릭해도 됩니다.

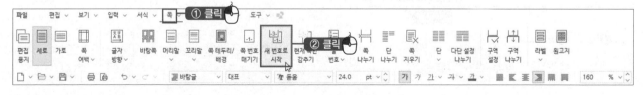

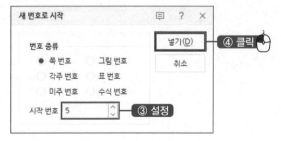

6 쪽 번호가 ≪출력형태≫와 맞는지 확인합니다.

하동세계차엑스포조직위원회

⑦ FAO가 전 세계의 전통적 농업 시스템, 생물 다양성, 토지이용체계를 보전하기 위해 도입한 제도.

⑤

Check Point

앞 페이지의 쪽 번호는 채점 대상이 아니므로 삭제하지 않아도 됩니다.

단계 8 **파일 저장 및 답안 전송**

1 [파일]-[저장하기 💾] 메뉴를 클릭하여 저장합니다.

2 저장 경로 [내 PC\문서\ITQ]에 답안 파일이 있는지 확인한 후 답안작성 프로그램(KOAS 수험자용)의 [답안 전송] 단추를 클릭하여 답안을 전송합니다. 상태에 '성공'이라는 표시가 보이면 모든 시험이 마무리됩니다.

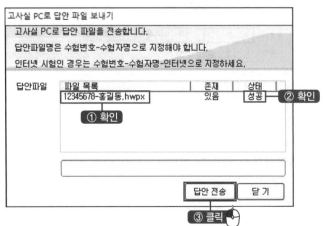

Check Point

실제 답안작성 프로그램과 다를 수 있습니다.

글꼴 : 돋움, 18pt, 진하게, 가운데 정렬
책갈피 이름 : 단종문화제, 덧말 넣기

문단 첫 글자 장식 기능
글꼴 : 돋움, 면색 : 노랑

머리말 기능
굴림, 10pt, 오른쪽 정렬 → 향토문화제

그림위치(내 PC₩문서₩ITQ₩Picture
₩그림4.jpg, 문서에 포함),
자르기 기능 이용, 크기(40mmX30mm),
바깥 여백 왼쪽 : 2mm

유교적 제례 의식
영월의 향기 단종문화제

장릉사적 제196호이자 세계문화유산인 단종문화제는 조선의 6대 임금인 단종의 고혼과 충신들의 넋을 축제로 승화시킨 강원도 영월군의 대표적인 향토문화제이다. 1967년에 단종제라는 이름으로 시작된 이 축제는 1990년 제24회 때부터 단종문화제로 명칭을 바꾸어 현재에 이르고 있다. 행사 시기는 원래 매년 4월 5일 한식을 전후하여 3일 동안 진행되었으나 한식 무렵이면 날씨가 고르지 않아 방문객(訪問客)의 편의를 위해 2007년부터 매년 4월 마지막 주 금요일부터 3일간 실시하고 있다.

단종문화제는 평창과 정선 주민들은 물론 인근의 경상북도와 충청북도 군수들까지 방문하여 참배(參拜)를 한다. 조선 시대의 국장을 재현하고 칡줄다리기, 가장행렬, 정순왕후 선발대회 등 다양한 체험 행사가 펼쳐진다. 대표적 행사인 단종제향은 영월군에 위치한 장릉에서 해마다 봉행되는 단종대왕께 올리는 유교적 제례 의식이다. 조선 시대 중종 11년에 우승지 신상을 파견하여 제문과 함께 치제했다는 기록으로 보아 497년간 지속적으로 이루어진 제향이다. 정조 15년에 시작된 배식단의 충신제향은 조선왕릉 중에서 유일한 것이며, 단종제례는 2011년 4월 22일에 강원도 무형문화재㉑로 지정되었다.

각주

♥ 단종문화제 대표 행사

글꼴 : 굴림, 18pt, 하양, 음영색 : 파랑

1. 칡줄다리기
　가. 주민의 화합과 안녕, 풍년 농사를 위한 전통 행사
　나. 동강을 중심으로 동서 양편이 칡줄을 잡고 줄다리기
2. 가장행렬
　다. 단종어가, 정순왕후, 사육신, 생육신 등의 모습 재현
　라. 관내 학생들과 주민들이 조선 복식을 입고 재현

문단 번호 기능 사용
1수준 : 20pt, 오른쪽 정렬
2수준 : 30pt, 오른쪽 정렬
줄 간격 : 180%

♥ *장소별 주요 행사*

글꼴 : 굴림, 18pt, 기울임, 강조점

표 전체 글꼴 : 돋움, 10pt, 가운데 정렬,
셀 배경(그러데이션) : 유형(가로),
시작색(하양), 끝색(노랑)

구분		내용
장릉	1일차	도전 퀴즈 탐험, 봉심 순흥초군청농악
	2일차	단종제향, 헌다례, 제례악, 육일무, 대왕 신령굿
	3일차	국장 연출(천전의), 대왕 신령굿
동강 둔치	1일차	정순왕후 선발대회, 민속예술경연대회, 어르신 장기대회, 민생구휼잔치
	2일차	북청사자놀이, 전통 혼례 시연, 칡줄다리기, 유등 띄우기
	3일차	화합 행사, 전국 배드민턴대회, 국장 연출

각주 구분선 : 5cm

글꼴 : 궁서, 24pt, 진하게,
장평 105%, 오른쪽 정렬 → **단종제위원회**

㉑ 연극, 무용 등 무형의 문화적 소산으로 역사적 또는 예술적으로 가치가 큰 것

쪽 번호 매기기
2로 시작 → B

글꼴 : 돋움, 18pt, 진하게, 가운데 정렬
책갈피 이름 : 스키, 덧말 넣기

머리말 기능
굴림, 10pt, 오른쪽 정렬 → **겨울철 레포츠**

생활체육 진흥을 통한
국민 건강 함양과 체력 증진

그림위치(내 PC₩문서₩ITQ₩
Picture₩그림4.jpg, 문서에 포함),
자르기 기능 이용, 크기(30mmX35mm),
바깥 여백 왼쪽 : 2mm

문단 첫 글자 장식 기능
글꼴 : 궁서, 면색 : 노랑

스 키는 길고 평평한 활면에 신발을 붙인 도구를 신고 눈 위를 활주하는 스포츠이다. 스키의 유래는 기원전 3000년경으로 추측되며, 발생지는 러시아 동북부 알다이와 바이칼호 지방으로 알려져 있다. 우리나라 역시 정확한 기록은 없지만 2000-3000년 전부터 스키를 타 왔던 것으로 짐작된다. 함경도에서 발굴된 석기시대 유물에서 고대에 사용된 것으로 보이는 썰매가 나온 사례도 있다. 일제 강점기에는 제1회 조선스키대회가 열렸고, 1946년에는 조선스키협회가 창립되었다. 그리고 1948년 정부 수립(樹立)과 함께 그 명칭이 대한스키협회로 바뀌어 오늘에 이르고 있다.

스키는 원래 이동 수단이었던 만큼 지역마다 발전된 형태가 달랐다. 완만한 구릉 지대인 북유럽에서는 거리 경기 위주의 노르딕 스키가 발달했고, 산세가 험한 알프스 지역에서는 경사면을 빠르게 활강하는 알파인 스키가 발달했다. 노르딕 스키에는 크로스컨트리와 스키 점프, 그리고 두 가지를 합한 노르딕 복합 종목이 있다. 알파인 스키에는 경사면을 활주해 내려오는 활강과 회전 종목이 있다. 최근에는 고난도 묘기를 선보이는 익스트림게임ⓐ 형태의 프리스타일 스키가 큰 인기(人氣)를 끌고 있다.

각주

◆ **스키의 장비와 복장**

글꼴 : 궁서, 18pt, 진하게, 하양
음영색 : 파랑

(1) 스키 플레이트

  (가) 초심자는 스키가 짧을수록 안정성이 높다.

  (나) 상급자는 자신의 신장보다 20센티미터 정도 짧은 스키를 선택한다.

(2) 스키복 손질 및 보관법

  (다) 스키복은 곧바로 세탁하여 얼룩이 생기는 것을 예방한다.

  (라) 습기와 곰팡이 제거를 위해 방습제를 넣어 둔다.

문단 번호 기능 사용
1수준 : 20pt, 오른쪽 정렬
2수준 : 30pt, 오른쪽 정렬
줄 간격 : 180%

◆ **스키 경기의 종류**

글꼴 : 궁서, 18pt, 밑줄, 강조점

표 전체 글꼴 : 굴림, 10pt, 가운데 정렬,
셀 배경(그러데이션) : 유형(가로)
시작색(하양), 끝색(노랑)

구분		내용
알파인	슈퍼대회전경기	활강경기의 속도 기술에 회전 기술을 복합하여 겨루는 경기
	활강경기	출발선부터 골인선까지 최대의 속도로 활주하는 속도 계통의 경기
노르딕	크로스컨트리	스키 장비를 갖추고 장거리를 이동하는 경기
	스키 점프	2회의 점프를 실시하여 점프 거리에 점수와 자세를 합하여 우열을 가리는 경기
프리스타일	에어리얼	점프 경기장에서 곡예 점프, 착지 동작 등으로 승부를 가리는 경기
	발레스키	교차, 연속 회전, 점프 등의 기술을 발휘하면서 음악에 맞추어 스키를 타는 것

각주 구분선 : 5cm

글꼴 : 돋움, 24pt, 진하게,
장평 110%, 오른쪽 정렬 → **전국스키연합회**

ⓐ 갖가지 고난도 묘기를 행하는 모험 레포츠로서 X게임, 위험스포츠, 극한스포츠라고도 칭함

쪽 번호 매기기
4로 시작 → 라

글꼴 : 돋움, 18pt, 진하게, 가운데 정렬
책갈피 이름 : 통영국제음악제, 덧말 넣기

작곡가 윤이상을 기리며
통영과 함께하는 음악의 향연

문단 첫 글자 장식 기능
글꼴 : 돋움, 면색 : 노랑

그림위치(내 PC₩문서₩ITQ₩Picture
₩그림5.jpg, 문서에 포함),
자르기 기능 이용, 크기(40mmX30mm),
바깥 여백 왼쪽 : 2mm

한 반도의 남쪽 끝자락에 자리하여 섬, 바다, 뭍의 아름다움이 어우러진 매력적인 도시 통영은 걸출한 예술인(藝術人)들을 배출한 문화적 전통성과 잠재력을 가진 문화 예술의 도시이다. 현존하는 현대 음악의 5대 거장 작곡가 중 한 사람으로 불리는 통영 출신의 윤이상은 동양의 정신을 독특한 선율로 표현하여 현대 음악의 새 지평을 열었으며 자신의 음악 세계를 통해 동양과 서양의 전통이 공존하고 자연과 인간에 대한 깊은 신뢰와 화합이 살아 숨 쉬는 평화의 장을 추구하였다.

각주

윤이상을 기리기 위해 2002년부터 시작된 통영국제음악제(TIMF)는 명실공히 세계적 수준의 음악제로 거듭나 동양의 작은 항구(港口) 도시 통영을 세계 속의 음악 도시로 발돋움시켰다. 현대 음악뿐만 아니라 고전 음악①, 재즈 등 다양한 장르를 포괄하는 국제 음악제로서 입지를 굳혀 명실상부한 아시아를 대표하는 세계적 수준의 음악제로 거듭난 것이다. 앞으로도 통영국제음악제는 수려한 자연과 역사를 품고 있는 아름다운 도시의 매력 아래 세계와 아시아 음악 문화의 중심축이 되는 축제를 확립하고 통영을 세계의 음악을 품는 문화 도시로 성장시켜 지구촌의 음악 교류에 일익을 담당할 것으로 기대를 모으고 있다.

★ TIMF 아카데미 개요

글꼴 : 굴림, 18pt, 하양, 음영색 : 파랑

(ㄱ) 장소 및 자격

  (1) 장소 : 경상남도 통영시 통영시민문화회관

  (2) 자격 : 30세 미만의 아시아 국적 소유자

(ㄴ) 모집 부문

  (3) 현악기 : 바이올린, 비올라, 첼로, 더블베이스

  (4) 목관악기 : 플루트, 오보에, 클라리넷, 바순

문단 번호 기능 사용
1수준 : 20pt, 오른쪽 정렬
2수준 : 30pt, 오른쪽 정렬
줄 간격 : 180%

표 전체 글꼴 : 돋움, 10pt, 가운데 정렬,
셀 배경(그러데이션) : 유형(가로),
시작색(하양), 끝색(노랑)

★ TIMF 자원봉사자 모집

글꼴 : 굴림, 18pt,
기울임, 강조점

구분		내용
모집 대상		만 18세 이상의 대한민국 국민, 해외 동포, 국내 거주 외국인
		해외 동포나 국내 거주 외국인의 경우 한국어로 의사소통이 가능한 자
모집 분야	공연장 운영	무대 공연 진행, 극장 질서 관리, 티켓 검표 등
	게스트 서비스	아티스트 및 행사 관계자 숙박 업무 지원, 숙소 내 부대 행사 진행 등
	의전 및 행사	아티스트 통역 및 공항 의전, 공식 행사 및 부대 행사 지원 등
활동 지역		통영시민문화회관, 윤이상기념공원, 통영국제음악제 사무국 등

각주 구분선 : 5cm

글꼴 : 궁서, 24pt, 진하게,
장평 105%, 오른쪽 정렬 ▶ # 통영국제음악제

───────────

① 대중음악에 상대되는 뜻으로 쓰이는 서양의 전통적 작곡 기법이나 연주법에 의한 음악

쪽 번호 매기기
2로 시작 ②

글꼴 : 돋움, 18pt, 진하게, 가운데 정렬
책갈피 이름 : 학점은행제, 덧말 넣기

머리말 기능
돋움, 10pt, 오른쪽 정렬 ➡ 사이버 학습

문단 첫 글자 장식 기능
글꼴 : 돋움, 면색 : 노랑

열린 평생 학습 사회
사이버 학점은행제

각주

그림위치(내 PC₩문서₩ITQ₩Picture₩
그림4.jpg, 문서에 포함),
자르기 기능 이용, 크기(40mm×35mm),
바깥 여백 왼쪽 : 2mm

학점은행제는 학점인정 등에 관한 법률[Ⓐ]에 의거하여 학교뿐만 아니라 학교 밖에서 이루어지는 다양한 형태의 학습과 자격(資格)을 학점으로 인정하고 그 학점이 누적되어 일정 기준을 충족하면 학위 취득을 가능하게 함으로써 궁극적으로 열린 교육 사회와 평생 학습 사회를 구현하기 위한 제도이다. 대통령 직속 교육개혁위원회가 열린 평생 학습 사회의 발전을 조성하는 새로운 교육 체제에 대한 비전을 제시하면서 학점은행제를 제안하였으며 이를 위한 법령을 제정하고 1998년 3월부터 시행하였다. 고등학교 졸업자나 동등 이상의 학력을 가진 사람은 누구라도 학점은행제를 활용할 수 있다.

공교육 기관과 사교육 기관이 국민의 평생 학습을 위하여 권한과 책임을 분담한다는 원칙 아래 이 같은 사이버 학습 체제는 매우 중요한 의미를 지닌다. 동일한 과제의 학습을 위한 시간을 학교에서 충분히 충족시킬 수 없기 때문에 그 필요한 학습 시간을 어디에선가 확보해야 한다면 그 대안(對案)으로서 사이버 학습 체제는 매우 훌륭한 시스템으로 기능하기에 적합하다고 할 수 있다. 학교 교육의 보완 수단일 뿐만 아니라 학생의 특수한 필요를 충족하기 위한 유용한 시스템 중 하나가 될 것이다.

♣ ## 학점은행제의 활용

글꼴 : 굴림, 18pt, 하양
음영색 : 파랑

1) 학생의 경우
　가) 대학원 진학 준비를 위한 학위 취득
　나) 새로운 전공 분야를 공부하기 위한 학위 취득
2) 기타의 경우
　다) 뒤늦게 학업의 꿈을 펼치길 희망하는 만학도
　라) 중도에 포기한 학업을 재개하고자 하는 중퇴자

문단 번호 기능 사용
1수준 : 20pt, 오른쪽 정렬
2수준 : 30pt, 오른쪽 정렬
줄 간격 : 180%

표 전체 글꼴 : 돋움, 10pt, 가운데 정렬,
셀 배경(그러데이션) : 유형(가로),
시작색(하양), 끝색(노랑)

♣ ## 학점인정 신청 서류

글꼴 : 굴림, 18pt, 기울임, 밑줄, 강조점

구분		서류
자격증		자격증 원본 및 사본 1부, 별지 제5호의5 서식
시간제 등록		성적증명서(이수한 대학교에서 발급), 별지 제5호의4 서식
독학학위제 시험 합격/	시험 합격	제출 서류 없음(별지 서식에 독학학위제 학적 번호 기재)
시험 면제 교육 과정	시험 면제 교육 과정 이수	해당 교육 기관에서 발급하는 과정이수확인서 및 성적증명서
중요무형문화재	보유자	중요무형문화재 보유자 인정서 사본(원본 지참)
	이수자	보유자가 문화재청에 보고한 이수증 사본(원본 지참)

각주 구분선 : 5cm

글꼴 : 궁서, 24pt, 진하게,
장평 105%, 오른쪽 정렬 ➡ ## 교육개혁위원회

Ⓐ 1997년 12월 교육부 타법 개정에 의하여 1998년 1월에 시행

쪽 번호 매기기
5로 시작 ➡ iv

PART 2

기출유형
모의고사

Part 1에서 배운 시험에 나오는 한글 기능을 토대로 시험에 출제되는
다양한 기능과 형태를 익혀 어떠한 문제가 출제되더라도
해결할 수 있도록 학습효과를 높입니다.

※정답 파일과 동영상 강의는 [자료실]에서 다운로드하세요.

I 회 기출유형 모의고사

과목	코드	문제유형	시험시간	수험번호	성 명
아래 한글	1111	A	60분	20228001	

수 험 자 유 의 사 항

- 수험자는 문제지를 받는 즉시 문제지와 **수험표상의 시험과목(프로그램)이 동일한지 반드시 확인**하여야 합니다.
- 파일명은 본인의 "수험번호-성명"으로 입력하여 답안폴더(내 PC₩문서₩ITQ)에 하나의 파일로 저장해야 하며, 답안문서 파일명이 "수험번호-성명"과 일치하지 않거나, 답안파일을 전송하지 않아 미제출로 처리될 경우 실격 처리합니다 (예 : 12345678-홍길동.hwpx).
- 답안 작성을 마치면 파일을 저장하고, '답안 전송' 버튼을 선택하여 감독위원 PC로 답안을 전송하십시오. 수험생 정보와 저장한 파일명이 다를 경우 전송되지 않으므로 주의하시기 바랍니다.
- 답안 작성 중에도 **주기적으로 저장하고 '답안 전송'** 하여야 문제 발생을 줄일 수 있습니다. 작업한 내용을 저장하지 않고 전송할 경우 이전에 저장된 내용이 전송되오니 이점 유의하시기 바랍니다.
- 답안문서는 지정된 경로 외의 다른 보조기억장치에 저장하는 경우, 지정된 시험 시간 외에 작성된 파일을 활용할 경우, 기타 통신 수단(이메일, 메신저, 네트워크 등)을 이용하여 타인에게 전달 또는 외부 반출하는 경우는 부정 처리합니다.
- 시험 중 부주의 또는 고의로 시스템을 파손한 경우는 수험자가 변상해야 하며, <수험자 유의사항>에 기재된 방법대로 이행하지 않아 생기는 불이익은 수험생 당사자의 책임임을 알려 드립니다.
- 문제의 조건은 한컴오피스 2022 버전으로 설정되어 있으니 유의하시기 바랍니다.
- 시험을 완료한 수험자는 답안파일이 전송되었는지 확인한 후 감독위원의 지시에 따라 문제지를 제출하고 퇴실합니다.

답 안 작 성 요 령

- **온라인 답안 작성 절차**
  수험자 등록 ⇒ 시험 시작 ⇒ 답안파일 저장 ⇒ 답안 전송 ⇒ 시험 종료
- **공통 부문**
- 글꼴에 대한 기본설정은 함초롬바탕, 10포인트, 검정, 줄간격 160%, 양쪽정렬로 합니다.
- 색상은 조건의 색을 적용하고 색의 구분이 안될 경우에는 RGB 값을 적용합니다(빨강 255,0,0 / 파랑 0,0,255 / 노랑 255,255,0).
- 각 문항에 주어진 ≪조건≫에 따라 작성하고 언급하지 않은 조건은 ≪출력형태≫와 같이 작성합니다.
- 용지여백은 왼쪽 · 오른쪽 11㎜, 위쪽 · 아래쪽 · 머리말 · 꼬리말 10㎜, 제본 0㎜로 합니다.
- 그림 삽입 문제의 경우 「내 PC₩문서₩ITQ₩Picture」 폴더에서 지정된 파일을 선택하여 삽입하십시오.
- 삽입한 그림은 반드시 문서에 포함하여 저장해야 합니다(미포함 시 감점 처리).
- 각 항목은 지정된 페이지에 출력형태와 같이 정확히 작성하시기 바라며, 그렇지 않을 경우에 해당 항목은 0점 처리됩니다.
- ※ 페이지 구분 : 1페이지 – 기능평가 I (문제번호 표시 : 1. 2.),
                2페이지 – 기능평가 II (문제번호 표시 : 3. 4.),
                3페이지 – 문서작성 능력평가
- **기능평가**
- 문제와 ≪조건≫은 입력하지 않으며 문제번호와 답(≪출력형태≫)만 작성합니다.
- 4번 문제는 묶기를 했을 경우 0점 처리됩니다.
- **문서작성 능력평가**
- A4 용지(210㎜×297㎜) 1매 크기, 세로 서식 문서로 작성합니다.
- ┌----┐ 표시는 문서작성에 대한 지시사항이므로 작성하지 않습니다.

The Insight KPC
kpc 한국생산성본부

1. 다음의 ≪조건≫에 따라 스타일 기능을 적용하여 ≪출력형태≫와 같이 작성하시오. (50점)

조건 (1) 스타일 이름 – fire
(2) 문단 모양 – 왼쪽 여백 : 15pt, 문단 아래 간격 : 10pt
(3) 글자 모양 – 글꼴 : 한글(굴림)/영문(돋움), 크기 : 10pt, 장평 : 95%, 자간 : 5%

출력형태

The Korean National Fire Agency is a state agency dedicated to fire prevention and emergency response to accidents or land disasters.

119 청소년단은 어려서부터 안전에 대한 의식과 습관을 기르고, 이웃을 먼저 생각하며 봉사하는 참사랑을 실천하는 선도조직으로 건강한 어린이 육성을 목표로 하고 있다.

2. 다음의 ≪조건≫에 따라 ≪출력형태≫와 같이 표와 차트를 작성하시오. (100점)

표조건 (1) 표 전체(표, 캡션) – 돋움, 10pt
(2) 정렬 – 문자 : 가운데 정렬, 숫자 : 오른쪽 정렬
(3) 셀 배경(면색) : 노랑
(4) 한글의 계산 기능을 이용하여 빈칸에 합계를 구하고, 캡션 기능 사용할 것
(5) 선 모양은 ≪출력형태≫와 동일하게 처리할 것

출력형태

소방산업 기업인증 현황(단위 : %)

구분	벤처기업	ISO 인증	이노비즈 기업	메인비즈 기업	합계
소방설계업	6.2	9.6	4.2	1.3	
소방공사업	2.7	13.4	2.9	4.3	
소방제조업	13.4	21.7	13.1	5.2	
소방관리업	3.1	9.2	3.9	0.4	✕

차트조건 (1) 차트 데이터는 표 내용에서 구분별 소방설계업, 소방공사업, 소방제조업의 값만 이용할 것
(2) 종류 – <묶은 세로 막대형>으로 작업할 것
(3) 제목 – 글꼴 : 굴림, 진하게, 12pt
속성 : 채우기(밝은 색 : 하양), 테두리, 그림자(바깥쪽 : 대각선 오른쪽 아래)
(4) 제목 이외의 전체 글꼴 – 굴림, 보통, 10pt
(5) 축제목과 범례는 ≪출력형태≫와 동일하게 처리할 것

출력형태

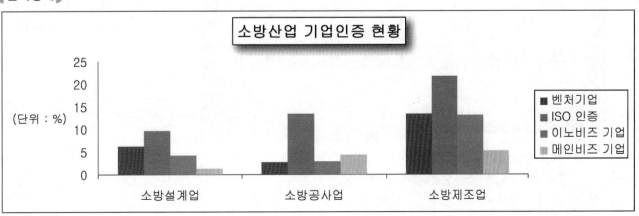

3. 다음 (1), (2)의 수식을 수식 편집기로 각각 입력하시오. (40점)

출력형태

(1) $E = mr^2 = \dfrac{nc^2}{\sqrt{1 - \dfrac{r^2}{d^2}}}$　　　　　(2) $\displaystyle\sum_{k=1}^{n}(k^4 + 1) - \sum_{k=3}^{n}(k^4 + 1) = 19$

4. 다음의 ≪조건≫에 따라 ≪출력형태≫와 같이 문서를 작성하시오. (110점)

조건　(1) 그리기 도구를 이용하여 작성하고, 모든 도형(글맵시, 지정된 그림 포함)을 ≪출력형태≫와 같이 작성하시오.
　　　　(2) 도형의 면색은 지시사항이 없으면 색 없음을 제외하고 서로 다르게 임의로 지정하시오.

출력형태

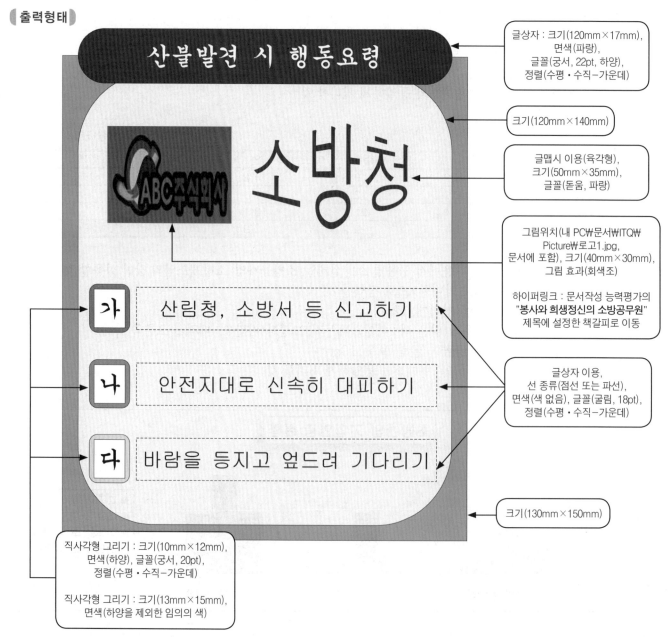

글상자 : 크기(120mm×17mm), 면색(파랑), 글꼴(궁서, 22pt, 하양), 정렬(수평·수직-가운데)

크기(120mm×140mm)

글맵시 이용(육각형), 크기(50mm×35mm), 글꼴(돋움, 파랑)

그림위치(내 PC₩문서₩ITQ₩Picture₩로고1.jpg, 문서에 포함), 크기(40mm×30mm), 그림 효과(회색조)

하이퍼링크 : 문서작성 능력평가의 **"봉사와 희생정신의 소방공무원"** 제목에 설정한 책갈피로 이동

글상자 이용, 선 종류(점선 또는 파선), 면색(색 없음), 글꼴(굴림, 18pt), 정렬(수평·수직-가운데)

크기(130mm×150mm)

직사각형 그리기 : 크기(10mm×12mm), 면색(하양), 글꼴(궁서, 20pt), 정렬(수평·수직-가운데)

직사각형 그리기 : 크기(13mm×15mm), 면색(하양을 제외한 임의의 색)

글꼴 : 돋움, 18pt, 진하게, 가운데 정렬
책갈피 이름 : 소방, 덧말 넣기

머리말 기능
굴림, 10pt, 오른쪽 정렬 → 화재 예방

그림위치(내 PC\문서\ITQ\Picture\
그림4.jpg, 문서에 포함)
자르기 기능 이용, 크기(40mm×40mm),
바깥 여백 왼쪽 : 2mm

문단 첫 글자 장식 기능
글꼴 : 궁서, 면색 : 노랑

안전하고 행복한 대한민국
봉사와 희생정신의 소방공무원

화 재 발생 시 출동하여 사고 진압 및 소화(消火) 업무를 담당하고 있는 소방공무원Ⓐ 은 화재 외에도 다양한 관련 분야에 걸쳐 임무를 수행하고 있다. 소방공무원의 업무 는 소방과, 방호과, 119 소방서, 구조대, 구조구급과로 나뉘며 소방과는 다시 소방 업무와 장비 업무로 분류(分類)된다.

각주

　소방 업무에는 소방서 기본 운영 계획에 관한 사항을 비롯하여 직원들의 신분, 상벌, 복 무규율 및 교육 훈련, 보건, 복지, 후생에 관한 사항이 포함된다. 장비 업무로는 직원들의 보수 등 예산과 회계에 관한 사항과 소방 차량 및 장비 유지 관리에 관한 사항을 담당한다. 방호과에서는 화재 진압 대책과 각종 소방 현장 활동의 효율적 수행을 위한 안전 대책 등 을 수립하며 소방 시설의 작동 상태 및 관리 상황에 대한 점검을 통해 사전 예방 활동을 펼친다. 119 소방서는 현장 활동 업무를 수행하는 부서로 화재 발생 시 신속한 진압 활동에 착수하며 응급 환자에 대한 구급 활동을 맡는다. 구 조대는 각종 재난 사고 현장에서 인명을 구조하는 부서로 화재, 교통사고, 산악사고, 수난사고 등에 대응하기 위해 실 력 향상 훈련 및 안전사고 예방 교육과 캠페인을 주관한다.

♥ 소화기의 종류
글꼴 : 궁서, 18pt, 하양
음영색 : 빨강

　1. 물 소화기
　　가. 쉽게 구할 수 있으며 가격이 저렴하며 안전함
　　나. 겨울철에는 동결 방지 조치를 강구해야 함
　2. 포말 소화기
　　가. 공기와의 접촉을 차단하는 질식 효과
　　나. 수분의 증발에 의한 냉각 효과

문단 번호 기능 사용
1수준 : 20pt, 오른쪽정렬
2수준 : 30pt, 오른쪽정렬
줄 간격 : 180%

♥ 소방시설업 종류 및 등록기준
글꼴 : 궁서, 18pt,
밑줄, 강조점

표 전체 글꼴 : 굴림, 10pt, 가운데 정렬
셀 배경(그러데이션) : 유형(가로),
시작색(하양), 끝색(노랑)

시설업		정의	기술인력
설계업	전문	소방시설 공사계획, 설계도면, 설명서 등 서류 작성	소방기술사 1명, 보조 인력 1명
	일반		소방기술사 또는 소방설비기사 1명, 보조 인력 1명
공사업	일반	소방시설 신설, 증설, 개설, 안전 및 정비	소방기술사 또는 소방설비기사(해당 분야) 1명, 보조 인력 1명
감리업	전문	설계도서와 관계 법령에 따라 적법하게 시공되는지 확인	소방기술사 1명, 특급/고급/중급/초급 감리원 각 1명
	일반		특급 감리원 1명, 중급 이상 감리원 1명, 초급 감리원 1명

각주 구분선 : 5cm

글꼴 : 돋움, 24pt, 진하게,
장평 105%, 오른쪽 정렬
→ 소방청

───────────────

Ⓐ 국민의 보호를 직무로 하여 화재의 예방, 경계, 진압에 종사하는 공무원

쪽 번호 매기기
4로 시작
④

2회 기출유형 모의고사

과목	코드	문제유형	시험시간	수험번호	성 명
아래 한글	1111	A	60분	20228002	

수 험 자 유 의 사 항

- 수험자는 문제지를 받는 즉시 문제지와 **수험표상의 시험과목(프로그램)이 동일한지 반드시 확인**하여야 합니다.
- 파일명은 본인의 "수험번호-성명"으로 입력하여 답안폴더(내 PC₩문서₩ITQ)에 하나의 파일로 저장해야 하며, 답안문서 파일명이 "수험번호-성명"과 일치하지 않거나, 답안파일을 전송하지 않아 미제출로 처리될 경우 실격 처리합니다 (예 : 12345678-홍길동.hwpx).
- 답안 작성을 마치면 파일을 저장하고, '답안 전송' 버튼을 선택하여 감독위원 PC로 답안을 전송하십시오. 수험생 정보와 저장한 파일명이 다를 경우 전송되지 않으므로 주의하시기 바랍니다.
- 답안 작성 중에도 **주기적으로 저장하고 '답안 전송'** 하여야 문제 발생을 줄일 수 있습니다. 작업한 내용을 저장하지 않고 전송할 경우 이전에 저장된 내용이 전송되오니 이점 유의하시기 바랍니다.
- 답안문서는 지정된 경로 외의 다른 보조기억장치에 저장하는 경우, 지정된 시험 시간 외에 작성된 파일을 활용할 경우, 기타 통신 수단(이메일, 메신저, 네트워크 등)을 이용하여 타인에게 전달 또는 외부 반출하는 경우는 부정 처리합니다.
- 시험 중 부주의 또는 고의로 시스템을 파손한 경우는 수험자가 변상해야 하며, <수험자 유의사항>에 기재된 방법대로 이행하지 않아 생기는 불이익은 수험생 당사자의 책임임을 알려 드립니다.
- 문제의 조건은 한컴오피스 2022 버전으로 설정되어 있으니 유의하시기 바랍니다.
- 시험을 완료한 수험자는 답안파일이 전송되었는지 확인한 후 감독위원의 지시에 따라 문제지를 제출하고 퇴실합니다.

답 안 작 성 요 령

- **온라인 답안 작성 절차**
  수험자 등록 ⇒ 시험 시작 ⇒ 답안파일 저장 ⇒ 답안 전송 ⇒ 시험 종료
- **공통 부문**
- 글꼴에 대한 기본설정은 함초롬바탕, 10포인트, 검정, 줄간격 160%, 양쪽정렬로 합니다.
- 색상은 조건의 색을 적용하고 색의 구분이 안될 경우에는 RGB 값을 적용합니다(빨강 255,0,0 / 파랑 0,0,255 / 노랑 255,255,0).
- 각 문항에 주어진 ≪조건≫에 따라 작성하고 언급하지 않은 조건은 ≪출력형태≫와 같이 작성합니다.
- 용지여백은 왼쪽 · 오른쪽 11㎜, 위쪽 · 아래쪽 · 머리말 · 꼬리말 10㎜, 제본 0㎜로 합니다.
- 그림 삽입 문제의 경우 「내 PC₩문서₩ITQ₩Picture」 폴더에서 지정된 파일을 선택하여 삽입하십시오.
- 삽입한 그림은 반드시 문서에 포함하여 저장해야 합니다(미포함 시 감점 처리).
- 각 항목은 지정된 페이지에 출력형태와 같이 정확히 작성하시기 바라며, 그렇지 않을 경우에 해당 항목은 0점 처리됩니다.
- ※ 페이지 구분 : 1페이지 – 기능평가 I (문제번호 표시 : 1. 2.),
    2페이지 – 기능평가 II (문제번호 표시 : 3. 4.),
    3페이지 – 문서작성 능력평가

기능평가
- 문제와 ≪조건≫은 입력하지 않으며 문제번호와 답(≪출력형태≫)만 작성합니다.
- 4번 문제는 묶기를 했을 경우 0점 처리됩니다.

문서작성 능력평가
- A4 용지(210㎜×297㎜) 1매 크기, 세로 서식 문서로 작성합니다.
- ┌┄┐ 표시는 문서작성에 대한 지시사항이므로 작성하지 않습니다.

1. 다음의 ≪조건≫에 따라 스타일 기능을 적용하여 ≪출력형태≫와 같이 작성하시오. (50점)

조건
(1) 스타일 이름 – metaverse
(2) 문단 모양 – 첫 줄 들여쓰기 : 10pt, 문단 아래 간격 : 10pt
(3) 글자 모양 – 글꼴 : 한글(궁서)/영문(돋움), 크기 : 10pt, 장평 : 105%, 자간 : –5%

출력형태

  Metaverse refers to a world in which virtual and reality interact and co-evolve, and social, economic, and cultural activities take place within them to create value.

  메타버스는 구현되는 공간이 현실 중심인지, 가상 중심인지, 구현되는 정보가 외부 환경정보 중심인지, 개인, 개체 중심인지에 따라 4가지 유형으로 구분된다.

2. 다음의 ≪조건≫에 따라 ≪출력형태≫와 같이 표와 차트를 작성하시오. (100점)

표조건
(1) 표 전체(표, 캡션) – 굴림, 10pt
(2) 정렬 – 문자 : 가운데 정렬, 숫자 : 오른쪽 정렬
(3) 셀 배경(면색) : 노랑
(4) 한글의 계산 기능을 이용하여 빈칸에 평균(소수점 두 자리)을 구하고, 캡션 기능 사용할 것
(5) 선 모양은 ≪출력형태≫와 동일하게 처리할 것

출력형태

AR 콘텐츠 시장 규모 및 전망(단위 : 천만 달러)

구분	2021년	2022년	2023년	2024년	평균
하드웨어	103	201	659	1,363	
게임	234	484	926	1,514	
전자상거래	71	198	417	845	
테마파크	172	192	375	574	✕

차트조건
(1) 차트 데이터는 표 내용에서 연도별 하드웨어, 게임, 전자상거래의 값만 이용할 것
(2) 종류 – <묶은 세로 막대형>으로 작업할 것
(3) 제목 – 글꼴 : 돋움, 진하게, 12pt
        속성 : 채우기(밝은 색 : 하양), 테두리, 그림자(바깥쪽 : 대각선 오른쪽 아래)
(4) 제목 이외의 전체 글꼴 – 돋움, 보통, 10pt
(5) 축제목과 범례는 ≪출력형태≫와 동일하게 처리할 것

출력형태

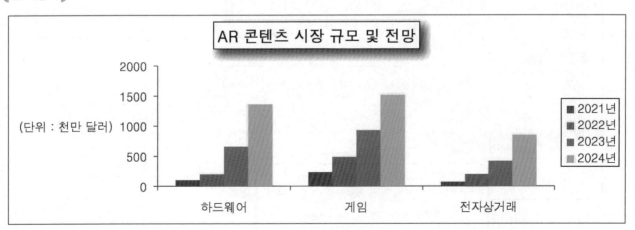

3. 다음 (1), (2)의 수식을 수식 편집기로 각각 입력하시오. (40점)

【출력형태】

(1) $\dfrac{h_1}{h_2} = (\sqrt{a})^{M_2 - M_1} \fallingdotseq 2.5^{M_2 - M_1}$
    (2) $Q = \lim_{\Delta t \to 0} \dfrac{\Delta s}{\Delta t} = \dfrac{d^2 s}{dt^2} + 1$

4. 다음의 ≪조건≫에 따라 ≪출력형태≫와 같이 문서를 작성하시오. (110점)

【조건】 (1) 그리기 도구를 이용하여 작성하고, 모든 도형(글맵시, 지정된 그림 포함)을 ≪출력형태≫와 같이 작성하시오.
       (2) 도형의 면색은 지시사항이 없으면 색 없음을 제외하고 서로 다르게 임의로 지정하시오.

【출력형태】

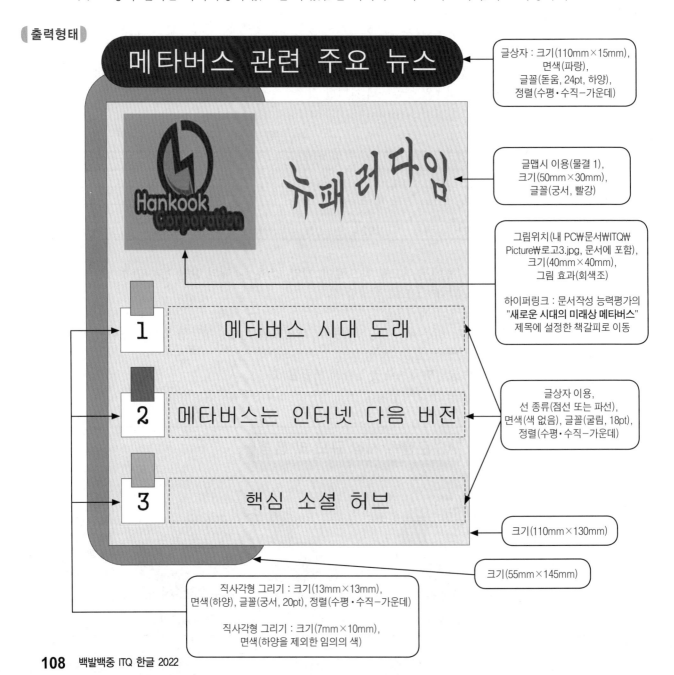

글상자 : 크기(110mm×15mm), 면색(파랑), 글꼴(돋움, 24pt, 하양), 정렬(수평·수직-가운데)

글맵시 이용(물결 1), 크기(50mm×30mm), 글꼴(궁서, 빨강)

그림위치(내 PC₩문서₩ITQ₩ Picture₩로고3.jpg, 문서에 포함), 크기(40mm×40mm), 그림 효과(회색조)

하이퍼링크 : 문서작성 능력평가의 "새로운 시대의 미래상 메타버스" 제목에 설정한 책갈피로 이동

글상자 이용, 선 종류(점선 또는 파선), 면색(색 없음), 글꼴(굴림, 18pt), 정렬(수평·수직-가운데)

크기(110mm×130mm)

크기(55mm×145mm)

직사각형 그리기 : 크기(13mm×13mm), 면색(하양), 글꼴(궁서, 20pt), 정렬(수평·수직-가운데)

직사각형 그리기 : 크기(7mm×10mm), 면색(하양을 제외한 임의의 색)

글꼴 : 굴림, 18pt, 진하게, 가운데 정렬
책갈피 이름 : 메타버스, 덧말 넣기

머리말 기능
굴림, 10pt, 오른쪽 정렬 → 로그인 메타버스

포스트 인터넷 시대
새로운 시대의 미래상 메타버스

문단 첫 글자 장식 기능
글꼴 : 궁서, 면색 : 노랑

그림위치(내 PC₩문서₩ITQ₩Picture₩
그림4.jpg, 문서에 포함)
자르기 기능 이용, 크기(40mm×40mm),
바깥 여백 왼쪽 : 2mm

메타버스란 가상과 현실이 상호작용하며 공진화하고 그 속에서 사회, 경제, 문화 활동
이 이루어지면서 가치를 창출하는 세상을 뜻한다. 최근 새로운 시대의 미래상으로
메타버스를 주목 중이며 관련 시장도 급성장할 전망(展望)이다.

메타버스는 3가지 측면에서 혁명적인 변화라고 할 수 있다. 먼저 편의성, 상호작용 방식,
화면 또는 공간 확장성 측면에서 기존 PC, 모바일 기반의 인터넷 시대와 메타버스 시대는
차이가 존재한다. AR 글라스 등 기존 휴대에서 착용의 시대로 전환되면서 편의성이 증대하
였고, 상호작용은 음성, 동작, 시선 등 오감(五感)을 활용하는 것으로 발전하고 있다. 2D 웹
화면에서 화면의 제약이 사라진 3D 공간 웹으로 진화 중인 것이다. 두 번째는 기술적 측면
이다. 메타버스를 구현하는 핵심기술은 범용기술의 복합체인 확장현실이다. 메타버스는 다양한 범용기술이 복합 적용
되어 구현되며 이를 통해 현실과 가상의 경계가 소멸되고 있다. 세 번째는 경제적 측면이다. 메타버스 시대의 경제
패러다임으로 가상융합경제가 부상하고 있다. 메타버스ⓐ는 기술 진화의 개념을 넘어 사회경제 전반의 혁신적 변화를
초래하고 있다.

각주

◆ 메타버스와 가상융합경제

글꼴 : 돋움, 18pt, 하양
음영색 : 파랑

　A. 경제 패러다임으로 가상융합경제에 주목
　　ⓐ 기술 진화의 개념을 넘어, 사회경제 전반의 혁신적 변화를 초래
　　ⓑ 실감경제, 가상융합경제의 개념이 대두
　B. 가상융합경제는 경험경제가 고도화된 개념
　　ⓐ 경험 가치는 오프라인, 온라인, 가상융합 형태로 점차 고도화
　　ⓑ 소비자들은 개인화된 경험에 대한 지불 의사가 높음

문단 번호 기능 사용
1수준 : 20pt, 오른쪽 정렬
2수준 : 30pt, 오른쪽 정렬
줄 간격 : 180%

표 전체 글꼴 : 굴림, 10pt, 가운데 정렬
셀 배경(그러데이션) : 유형(가로),
시작색(하양), 끝색(노랑)

◆ 포스트 인터넷 혁명, 메타버스

글꼴 : 돋움, 18pt,
강조점

구분	1990년대 이전	1990년대 – 2020년대	2020년대 이후
정의	네트워크에 접속하지 않은 세계	네트워크 장치의 상호작용 세계	가상과 실재가 공존하는 세계
주요 특징	대면 만남 중심, 높은 보안	편리성 증대, 시간과 비용 절감	경험 확장 및 현실감 극대화
경제	오프라인 경제	온라인 중심 확장 경제	가상과 현실의 결합
비고	오프라인에서 온라인 확장으로	온라인 확장에서 가상 융합 확장으로	

각주 구분선 : 5cm

글꼴 : 궁서, 24pt, 진하게,
장평 95%, 오른쪽 정렬 → # 소프트웨어정책연구소

ⓐ 그리스어 메타(초월, 그 이상)와 유니버스(세상, 우주)의 합성어

쪽 번호 매기기
5로 시작 → 마

3회 기출유형 모의고사

과목	코드	문제유형	시험시간	수험번호	성 명
아래 한글	1111	A	60분	20228003	

수 험 자 유 의 사 항

◎ 수험자는 문제지를 받는 즉시 문제지와 **수험표상의 시험과목(프로그램)이 동일한지 반드시 확인**하여야 합니다.

◎ 파일명은 본인의 "수험번호-성명"으로 입력하여 답안폴더(내 PC\문서\ITQ)에 하나의 파일로 저장해야 하며, 답안문서 파일명이 "수험번호-성명"과 일치하지 않거나, 답안파일을 전송하지 않아 미제출로 처리될 경우 실격 처리합니다 (예 : 12345678-홍길동.hwpx).

◎ 답안 작성을 마치면 파일을 저장하고, '답안 전송' 버튼을 선택하여 감독위원 PC로 답안을 전송하십시오. 수험생 정보와 저장한 파일명이 다를 경우 전송되지 않으므로 주의하시기 바랍니다.

◎ 답안 작성 중에도 **주기적으로 저장하고 '답안 전송'** 하여야 문제 발생을 줄일 수 있습니다. 작업한 내용을 저장하지 않고 전송할 경우 이전에 저장된 내용이 전송되오니 이점 유의하시기 바랍니다.

◎ 답안문서는 지정된 경로 외의 다른 보조기억장치에 저장하는 경우, 지정된 시험 시간 외에 작성된 파일을 활용할 경우, 기타 통신 수단(이메일, 메신저, 네트워크 등)을 이용하여 타인에게 전달 또는 외부 반출하는 경우는 부정 처리합니다.

◎ 시험 중 부주의 또는 고의로 시스템을 파손한 경우는 수험자가 변상해야 하며, <수험자 유의사항>에 기재된 방법대로 이행하지 않아 생기는 불이익은 수험생 당사자의 책임임을 알려 드립니다.

◎ 문제의 조건은 한컴오피스 2022 버전으로 설정되어 있으니 유의하시기 바랍니다.

◎ 시험을 완료한 수험자는 답안파일이 전송되었는지 확인한 후 감독위원의 지시에 따라 문제지를 제출하고 퇴실합니다.

답 안 작 성 요 령

◎ 온라인 답안 작성 절차
　　수험자 등록 ⇒ 시험 시작 ⇒ 답안파일 저장 ⇒ 답안 전송 ⇒ 시험 종료

◎ 공통 부문
· 글꼴에 대한 기본설정은 함초롬바탕, 10포인트, 검정, 줄간격 160%, 양쪽정렬로 합니다.
· 색상은 조건의 색을 적용하고 색의 구분이 안될 경우에는 RGB 값을 적용합니다(빨강 255,0,0 / 파랑 0,0,255 / 노랑 255,255,0).
· 각 문항에 주어진 ≪조건≫에 따라 작성하고 언급하지 않은 조건은 ≪출력형태≫와 같이 작성합니다.
· 용지여백은 왼쪽 · 오른쪽 11㎜, 위쪽 · 아래쪽 · 머리말 · 꼬리말 10㎜, 제본 0㎜로 합니다.
· 그림 삽입 문제의 경우 「내 PC\문서\ITQ\Picture」 폴더에서 지정된 파일을 선택하여 삽입하십시오.
· 삽입한 그림은 반드시 문서에 포함하여 저장해야 합니다(미포함 시 감점 처리).
· 각 항목은 지정된 페이지에 출력형태와 같이 정확히 작성하시기 바라며, 그렇지 않을 경우에 해당 항목은 0점 처리됩니다.
※ 페이지 구분 : 1페이지 – 기능평가 I (문제번호 표시 : 1. 2.),
　　　　　　　　2페이지 – 기능평가 II (문제번호 표시 : 3. 4.),
　　　　　　　　3페이지 – 문서작성 능력평가

기능평가
· 문제와 ≪조건≫은 입력하지 않으며 문제번호와 답(≪출력형태≫)만 작성합니다.
· 4번 문제는 묶기를 했을 경우 0점 처리됩니다.

문서작성 능력평가
· A4 용지(210㎜×297㎜) 1매 크기, 세로 서식 문서로 작성합니다.
· :＿＿＿: 표시는 문서작성에 대한 지시사항이므로 작성하지 않습니다.

1. 다음의 ≪조건≫에 따라 스타일 기능을 적용하여 ≪출력형태≫와 같이 작성하시오. (50점)

조건　(1) 스타일 이름 – disease
　　　　(2) 문단 모양 – 왼쪽 여백 : 15pt, 문단 아래 간격 : 10pt
　　　　(3) 글자 모양 – 글꼴 : 한글(궁서)/영문(돋움), 크기 : 10pt, 장평 : 95%, 자간 : 5%

출력형태

The Centers for Disease Control and tools protect the public health based on research on the mechanism, prevention and management of infectious and chronic diseases.

질병관리본부는 감염병과 만성병의 기전과 예방, 치료, 관리에 관한 연구와 환경과 유전 요인에 대한 분석연구를 바탕으로 국민 건강을 지킬 과학적 근거와 수단을 마련한다.

2. 다음의 ≪조건≫에 따라 ≪출력형태≫와 같이 표와 차트를 작성하시오. (100점)

표조건　(1) 표 전체(표, 캡션) – 굴림, 10pt
　　　　(2) 정렬 – 문자 : 가운데 정렬, 숫자 : 오른쪽 정렬
　　　　(3) 셀 배경(면색) : 노랑
　　　　(4) 한글의 계산 기능을 이용하여 빈칸에 합계를 구하고, 캡션 기능 사용할 것
　　　　(5) 선 모양은 ≪출력형태≫와 동일하게 처리할 것

출력형태

인천광역시 연도별 사고발생 현황(단위 : 건)

연도별	2018년	2019년	2020년	2021년	합계
교통사고(건)	1,127	1,229	1,141	1,150	
교통사고(인원)	1,607	1,658	1,563	1,550	
화재사고(건)	172	147	155	136	
화재사고(인원)	16	11	13	12	✕

차트조건　(1) 차트 데이터는 표 내용에서 연도별 교통사고(건), 교통사고(인원), 화재사고(건)의 값만 이용할 것
　　　　(2) 종류 – <묶은 세로 막대형>으로 작업할 것
　　　　(3) 제목 – 글꼴 : 굴림, 진하게, 12pt
　　　　　　　　속성 : 채우기(밝은 색 : 하양), 테두리, 그림자(바깥쪽 : 대각선 오른쪽 아래)
　　　　(4) 제목 이외의 전체 글꼴 – 굴림, 보통, 10pt
　　　　(5) 축제목과 범례는 ≪출력형태≫와 동일하게 처리할 것

출력형태

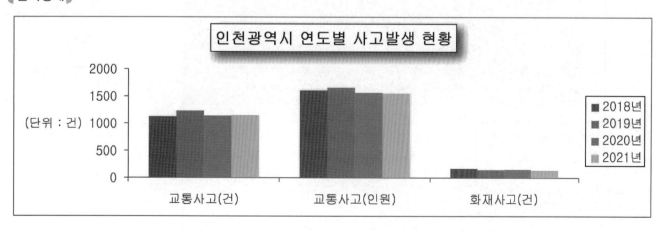

3. 다음 (1), (2)의 수식을 수식 편집기로 각각 입력하시오. (40점)

출력형태

(1) $H_n = \dfrac{a(r^n - 1)}{r - 1} = \dfrac{a(1 + r^n)}{1 - r}(r \neq 1)$ (2) $L = \dfrac{m + M}{m} \, V = \dfrac{m + M}{m} \sqrt{2gh}$

4. 다음의 《조건》에 따라 《출력형태》와 같이 문서를 작성하시오. (110점)

조건 (1) 그리기 도구를 이용하여 작성하고, 모든 도형(글맵시, 지정된 그림 포함)을 《출력형태》와 같이 작성하시오.
　　　　(2) 도형의 면색은 지시사항이 없으면 색 없음을 제외하고 서로 다르게 임의로 지정하시오.

출력형태

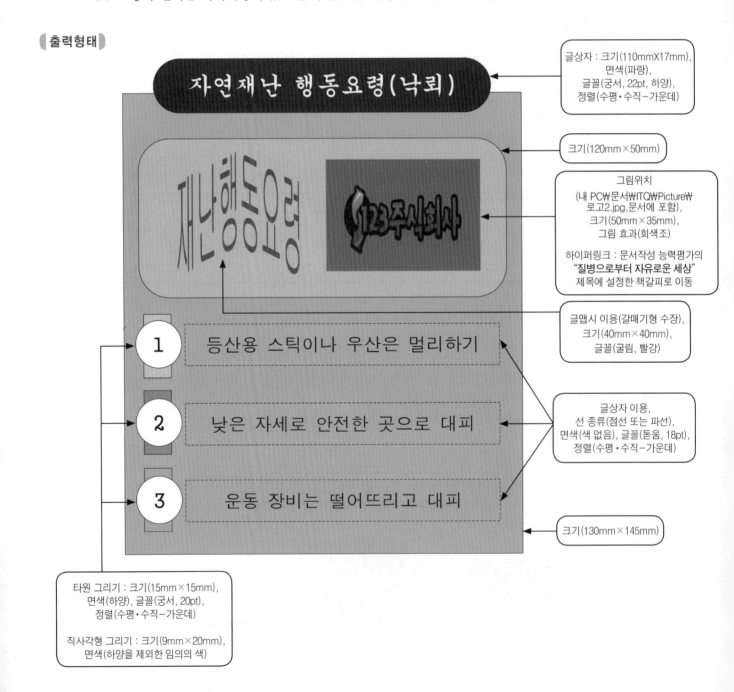

글꼴 : 돋움, 18pt, 진하게, 가운데 정렬
책갈피 이름 : 안전, 덧말 넣기

머리말 기능
궁서, 10pt, 오른쪽 정렬　　　질병보건연구

문단 첫 글자 장식 기능
글꼴 : 굴림, 면색 : 노랑

인류와 미래를 위한
질병으로부터 자유로운 세상

그림위치(내 PC₩문서₩ITQ₩Picture₩
그림5.jpg, 문서에 포함),
자르기 기능 이용, 크기(40mm×40mm),
바깥 여백 왼쪽 : 2mm

국　립보건연구원은 질병을 예방하고 극복하는 데 필요한 지식과 기술을 창출하고 보건 정책에 필요한 과학적 근거를 제공(提供)하며 보건의료 연구자에게 과제와 연구자원을 지원하여 보건의료 연구를 활성화 시키고 궁극적으로는 국민 건강을 보호하고 증진하는 데 기여하는 국가 연구기관이다. 국립보건연구원은 1945년 9월에 설립된 조선방역연구소를 모태로 시작하여, 1963년 12월에 국립방역연구소, 국립화학연구소, 국립생약시험소를 통합하여 국립보건원으로 발족하였다. 이후 세계적으로 유행한 사스 등에 효과적으로 대응하기 위해 2004년 1월 질병관리본부로 확대 개편되면서 본 연구원은 국가질병연구기관으로서의 중추적 역할을 강화하고 있다.

감염병 연구개발을 통해 감염병 발생 시 신속한 대응(對應)을 위한 수단과 과학적 근거를 마련하기 위하여 주요 감염병 극복을 위한 진단제, 치료제, 백신 개발 연구를 추진하고 있다. 인구 고령화에 따라 만성질환 유병률과 함께 사회, 경제적 부담이 증가하고 있으며 주요 만성질환㉠에 대응하기 위한 조사연구와 진단, 치료, 예방을 위한 기술개발 연구를 수행하고 있다.

각주

◆ 감염병 예방을 위한 행동요령

글꼴 : 굴림, 18pt, 하양
음영색 : 빨강

　A. 생활안전 행동요령
　　1. 비누 또는 세정제 등을 사용하여 흐르는 물에 30초 이상 손을 씻는다.
　　2. 기침, 재채기를 할 때는 휴지나 옷소매로 입과 코를 가린다.
　B. 증상이 나타날 때 행동요령
　　1. 설사, 발열 및 호흡기 증상 시 문의 후 의료기관을 방문한다.
　　2. 해외 여행객은 귀국 시 발열, 호흡기 증상이 있으면 신고해야 한다.

문단 번호 기능 사용
1수준 : 20pt, 오른쪽 정렬
2수준 : 30pt, 오른쪽 정렬
줄 간격 : 180%

표 전체 글꼴 : 돋움, 10pt, 가운데 정렬
셀 배경(그러데이션) : 유형(가로),
시작색(하양), 끝색(노랑)

◆ 연구기술 역량 확보

글꼴 : 굴림, 18pt, 밑줄, 강조점

구분	기반	추진내용	비고
추진전략	미션 기반	질병관리 과학적 근거 기반 마련	미해결 감염병 연구개발 지속 추진 확보
	수요 기반	공익가치 지향 기초기반 연구	진단, 치료, 백신 등 현장 대응형 연구
	미래 대비	미래 질병위험 대응 기술개발	신종 변종 및 원인불명 감염병 대응기술 확보
기대효과	국가 보건의료 정책 방향 설정 및 협력체계 구축		보건의료 R&D 연구 활성화 기반 마련

글꼴 : 돋움, 24pt, 진하게,
장평 105%, 오른쪽 정렬　　# 국립보건연구원

각주 구분선 : 5cm

㉠ 보통 6개월 혹은 1년 이상 계속되는 질환을 말하며, 급성질환과 구분함

쪽 번호 매기기
5로 시작　　⑤

4회 기출유형 모의고사

과목	코드	문제유형	시험시간	수험번호	성 명
아래 한글	1111	A	60분	20228004	

수 험 자 유 의 사 항

- 수험자는 문제지를 받는 즉시 문제지와 **수험표상의 시험과목(프로그램)이 동일한지 반드시 확인**하여야 합니다.

- 파일명은 본인의 "수험번호-성명"으로 입력하여 답안폴더(내 PC₩문서₩ITQ)에 하나의 파일로 저장해야 하며, 답안문서 파일명이 "수험번호-성명"과 일치하지 않거나, 답안파일을 전송하지 않아 미제출로 처리될 경우 실격 처리합니다 (예 : 12345678-홍길동.hwpx).

- 답안 작성을 마치면 파일을 저장하고, '답안 전송' 버튼을 선택하여 감독위원 PC로 답안을 전송하십시오. 수험생 정보와 저장한 파일명이 다를 경우 전송되지 않으므로 주의하시기 바랍니다.

- 답안 작성 중에도 **주기적으로 저장하고 '답안 전송'** 하여야 문제 발생을 줄일 수 있습니다. 작업한 내용을 저장하지 않고 전송할 경우 이전에 저장된 내용이 전송되오니 이점 유의하시기 바랍니다.

- 답안문서는 지정된 경로 외의 다른 보조기억장치에 저장하는 경우, 지정된 시험 시간 외에 작성된 파일을 활용할 경우, 기타 통신 수단(이메일, 메신저, 네트워크 등)을 이용하여 타인에게 전달 또는 외부 반출하는 경우는 부정 처리합니다.

- 시험 중 부주의 또는 고의로 시스템을 파손한 경우는 수험자가 변상해야 하며, <수험자 유의사항>에 기재된 방법대로 이행하지 않아 생기는 불이익은 수험생 당사자의 책임임을 알려 드립니다.

- 문제의 조건은 한컴오피스 2022 버전으로 설정되어 있으니 유의하시기 바랍니다.

- 시험을 완료한 수험자는 답안파일이 전송되었는지 확인한 후 감독위원의 지시에 따라 문제지를 제출하고 퇴실합니다.

답 안 작 성 요 령

- **온라인 답안 작성 절차**
  수험자 등록 ⇒ 시험 시작 ⇒ 답안파일 저장 ⇒ 답안 전송 ⇒ 시험 종료

- **공통 부문**
- 글꼴에 대한 기본설정은 함초롬바탕, 10포인트, 검정, 줄간격 160%, 양쪽정렬로 합니다.
- 색상은 조건의 색을 적용하고 색의 구분이 안될 경우에는 RGB 값을 적용합니다(빨강 255,0,0 / 파랑 0,0,255 / 노랑 255,255,0).
- 각 문항에 주어진 ≪조건≫에 따라 작성하고 언급하지 않은 조건은 ≪출력형태≫와 같이 작성합니다.
- 용지여백은 왼쪽·오른쪽 11㎜, 위쪽·아래쪽·머리말·꼬리말 10㎜, 제본 0㎜로 합니다.
- 그림 삽입 문제의 경우 「내 PC₩문서₩ITQ₩Picture」 폴더에서 지정된 파일을 선택하여 삽입하십시오.
- 삽입한 그림은 반드시 문서에 포함하여 저장해야 합니다(미포함 시 감점 처리).
- 각 항목은 지정된 페이지에 출력형태와 같이 정확히 작성하시기 바라며, 그렇지 않을 경우에 해당 항목은 0점 처리됩니다.
- ※ 페이지 구분 : 1페이지 – 기능평가 I (문제번호 표시 : 1. 2.),
  2페이지 – 기능평가 II (문제번호 표시 : 3. 4.),
  3페이지 – 문서작성 능력평가

- **기능평가**
- 문제와 ≪조건≫은 입력하지 않으며 문제번호와 답(≪출력형태≫)만 작성합니다.
- 4번 문제는 묶기를 했을 경우 0점 처리됩니다.

- **문서작성 능력평가**
- A4 용지(210㎜×297㎜) 1매 크기, 세로 서식 문서로 작성합니다.
- ┌┈┈┐ 표시는 문서작성에 대한 지시사항이므로 작성하지 않습니다.

1. 다음의 ≪조건≫에 따라 스타일 기능을 적용하여 ≪출력형태≫와 같이 작성하시오. (50점)

조건 (1) 스타일 이름 – kangchi
(2) 문단 모양 – 왼쪽 여백 : 10pt, 문단 아래 간격 : 10pt
(3) 글자 모양 – 글꼴 : 한글(돋움)/영문(궁서), 크기 : 10pt, 장평 : 110%, 자간 : -5%

출력형태

Based on Kang-chi, which belongs to meat-eating Mammalia, lives nearby Dok-do. The overall image is designed for cute. And the color of this character is pastel blue that matches with sea color.

육식 포유류에 속하는 강치는 독도에서 서식하며 생활합니다. 강치의 이미지는 귀엽습니다. 그리고 특성은 바다색깔과 일치하는 파스텔 블루입니다.

2. 다음의 ≪조건≫에 따라 ≪출력형태≫와 같이 표와 차트를 작성하시오. (100점)

표조건 (1) 표 전체(표, 캡션) – 굴림, 10pt
(2) 정렬 – 문자 : 가운데 정렬, 숫자 : 오른쪽 정렬
(3) 셀 배경 : 노랑
(4) 한글의 계산 기능을 이용하여 빈칸에 합계를 구하고, 캡션 기능 사용할 것
(5) 선 모양은 ≪출력형태≫와 동일하게 처리할 것

출력형태

독도 이용을 위한 분야별 투자계획(단위 : 백만 원)

투자분야	2024년	2023년	2022년	2021년	2020년	총사업비
자연환경보전	1,326	1,210	1,320	2,710	1,234	7,800
해양수산자원	1,800	1,800	1,800	800	670	6,870
시설관리	150	300	2,100	4,560	2,825	9,935
지식정보	630	805	680	755	670	3,540
합계						

차트조건 (1) 차트 데이터는 표 내용에서 연도별 자연환경보전, 해양수산자원, 시설관리, 지식정보의 값만 이용할 것
(2) 종류 – <묶은 세로 막대형>으로 작업할 것
(3) 제목 – 글꼴 : 궁서, 진하게, 12pt
속성 : 채우기(밝은 색 : 하양), 테두리, 그림자(바깥쪽 : 대각선 오른쪽 아래)
(4) 제목 이외의 전체 글꼴 – 굴림, 보통, 10pt
(5) 축제목과 범례는 ≪출력형태≫와 동일하게 처리할 것

출력형태

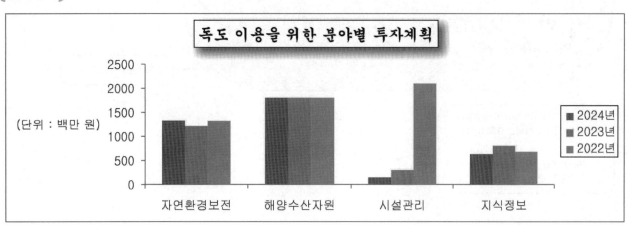

3. 다음 (1), (2)의 수식을 수식 편집기로 각각 입력하시오. (40점)

〔출력형태〕

(1) $f^{'}(x) = \lim_{\triangle x \to 0} \dfrac{f(x + \triangle x) + f(x)}{\triangle x}$

(2) $\cos C = \dfrac{a^2 + b^2 - c^2}{2ab}$

4. 다음의 ≪조건≫에 따라 ≪출력형태≫와 같이 문서를 작성하시오. (110점)

〔조건〕 (1) 그리기 도구를 이용하여 작성하고, 모든 도형(글맵시, 지정된 그림 포함)을 ≪출력형태≫와 같이 작성하시오.
(1) 도형의 면색은 지시사항이 없으면 색 없음을 제외하고 서로 다르게 임의로 지정하시오.

〔출력형태〕

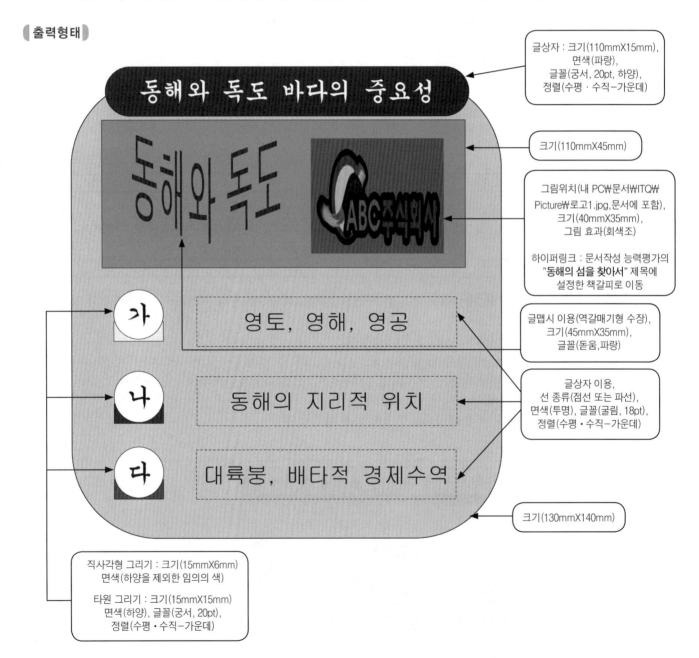

글상자 : 크기(110mmX15mm), 면색(파랑), 글꼴(궁서, 20pt, 하양), 정렬(수평 · 수직-가운데)

크기(110mmX45mm)

그림위치(내 PC₩문서₩ITQ₩Picture₩로고1.jpg,문서에 포함), 크기(40mmX35mm), 그림 효과(회색조)

하이퍼링크 : 문서작성 능력평가의 **"동해의 섬을 찾아서"** 제목에 설정한 책갈피로 이동

글맵시 이용(역갈매기형 수장), 크기(45mmX35mm), 글꼴(돋움,파랑)

글상자 이용, 선 종류(점선 또는 파선), 면색(투명), 글꼴(굴림, 18pt), 정렬(수평 · 수직-가운데)

크기(130mmX140mm)

직사각형 그리기 : 크기(15mmX6mm) 면색(하양을 제외한 임의의 색)

타원 그리기 : 크기(15mmX15mm) 면색(하양), 글꼴(궁서, 20pt), 정렬(수평 · 수직-가운데)

동해와 독도 바다의 중요성

동해와 독도

ABC주식회사

가

나

다

영토, 영해, 영공

동해의 지리적 위치

대륙붕, 배타적 경제수역

글꼴 : 돋움, 18pt, 진하게, 가운데 정렬,
책갈피 이름 : 동해의 섬, 덧말 넣기

머리말 기능
굴림, 10pt, 오른쪽 정렬　▶독도의 역사

그림위치(내 PC\문서\ITQ\Picture\
그림4.jpg,문서에 포함),
자르기 기능 이용, 크기(40mmX40mm),
바깥 여백 왼쪽 : 2mm

문단 첫 글자 장식 기능
글꼴 : 굴림, 면색 : 노랑

무릉도원
동해의 섬을 찾아서

고려시대 김부식이 편찬한 삼국사기(1145년)의 지증왕 13년 '신라본기'와 '이사부 열전'에 오늘날 우리가 독도로 인정하는 우산도에 대한 기록이 실려 있다. 지금과 마찬가지로 독도는 예로부터 울릉도와 함께 문헌에 수록되어 있다. 삼국시대 이전에는 울릉도가 독립적으로 우산국(于山國)이라는 고대부족읍락국가를 이루고 살았는데, 그 영역은 가시거리 내에 위치한 독도를 포함해 울릉도 주변의 작은 섬들을 포함하는 것이었다. 우산국 사람들은 본토에 귀속되는 것을 거부하며 살아왔지만, 신라의 이사부가 우산국을 신라에 귀속시켰다.

현재까지 울릉도에서 발굴되고 있는 유적과 유물들은 우산국이 신라에 정복되기 이전에 이미 상당한 문화 수준에 도달했음을 보여주는 동시에 정복 이후에는 한반도(韓半島) 본토 문화를 적극적으로 수용했음을 보여주고 있다. 과거의 독도는 동해 끝자락에 위치한 작은 외딴섬으로 크게 주목받지 못했지만, 해양에 대한 의존도가 점차 높아지고 있는 오늘날에는 정치, 경제, 군사, 학술 등 다방면에서 매우 중요한 위치를 차지하게 되었다. 이러한 이유로 현재 일본과 그 영유권을 두고 민족의 자존심이 걸린 첨예한 갈등Ⓐ이 빚어지고 있다.

각주

글꼴 : 궁서, 18pt, 하양
음영색 : 파랑

● 독도 관련 일반현황 자료

가) 위치 및 면적
　　a) 행정구역상 대한민국 울릉군 울릉읍 독도리
　　b) 89개 부속 도서로 구성, 총면적은 187,453제곱미터
가) 법적인 지위
　　a) 국유재산법 제6조의 규정에 의거 해양수산부의 재산으로 등재
　　b) 1982년 11월 16일 독도를 천연기념물 제336호로 지정

문단 번호 기능 사용
1수준 : 20pt, 오른쪽 정렬
2수준 : 30pt, 오른쪽 정렬
줄 간격 : 180%

● 울릉도와 독도 옛 지도자료

글꼴 : 궁서, 18pt,
강조점

표 전체 글꼴 : 굴림, 10pt, 가운데 정렬,
셀 배경색(그라데이션) : 유형(세로),
시작색(하양), 끝색(노랑)

자료번호	유물명	크기	시대구분	소장처	비고
자료1	울릉도 내도	65*110	1882	서울대학교 규장각	나리동 면적 표기
자료2	동여	290*520	19세기 중기	국립중앙박물관	대동여지도
자료3	동여-울릉도	41*26	19세기 중기	국립중앙박물관	주토굴 표시
자료4	지나조선고지도	31.9*41.4	1600~1767	국립중앙도서관	우산국(독도) 표기
자료5	천하지도-조선도	38.8*31	1767~1776	서울역사박물관	우마도 표기
자료6	여지도-전국도	34.5*36.5	1736~1776	국립중앙도서관	우산도, 울릉도 표시

글꼴 : 돋움, 25pt, 진하게,
장평 130%, 오른쪽 정렬　▶독도바다 지킴이

각주 구분선 : 5cm

Ⓐ 독도가 역사적으로나 국제법상으로 대한민국의 영토라는 정부의 입장

쪽 번호 매기기
5로 시작　▶ㅌ

5회 기출유형 모의고사

과목	코드	문제유형	시험시간	수험번호	성 명
아래 한글	1111	A	60분	20228005	

수 험 자 유 의 사 항

◉ 수험자는 문제지를 받는 즉시 문제지와 **수험표상의 시험과목(프로그램)이 동일한지 반드시 확인**하여야 합니다.

◉ 파일명은 본인의 "수험번호-성명"으로 입력하여 답안폴더(내 PC₩문서₩ITQ)에 하나의 파일로 저장해야 하며, 답안문서 파일명이 "수험번호-성명"과 일치하지 않거나, 답안파일을 전송하지 않아 미제출로 처리될 경우 실격 처리합니다 (예 : 12345678-홍길동.hwpx).

◉ 답안 작성을 마치면 파일을 저장하고, '답안 전송' 버튼을 선택하여 감독위원 PC로 답안을 전송하십시오. 수험생 정보와 저장한 파일명이 다를 경우 전송되지 않으므로 주의하시기 바랍니다.

◉ 답안 작성 중에도 **주기적으로 저장하고 '답안 전송'** 하여야 문제 발생을 줄일 수 있습니다. 작업한 내용을 저장하지 않고 전송할 경우 이전에 저장된 내용이 전송되오니 이점 유의하시기 바랍니다.

◉ 답안문서는 지정된 경로 외의 다른 보조기억장치에 저장하는 경우, 지정된 시험 시간 외에 작성된 파일을 활용할 경우, 기타 통신 수단(이메일, 메신저, 네트워크 등)을 이용하여 타인에게 전달 또는 외부 반출하는 경우는 부정 처리합니다.

◉ 시험 중 부주의 또는 고의로 시스템을 파손한 경우는 수험자가 변상해야 하며, <수험자 유의사항>에 기재된 방법대로 이행하지 않아 생기는 불이익은 수험생 당사자의 책임임을 알려 드립니다.

◉ 문제의 조건은 한컴오피스 2022 버전으로 설정되어 있으니 유의하시기 바랍니다.

◉ 시험을 완료한 수험자는 답안파일이 전송되었는지 확인한 후 감독위원의 지시에 따라 문제지를 제출하고 퇴실합니다.

답 안 작 성 요 령

◉ **온라인 답안 작성 절차**

　　수험자 등록 ⇒ 시험 시작 ⇒ 답안파일 저장 ⇒ 답안 전송 ⇒ 시험 종료

◉ **공통 부문**

· 글꼴에 대한 기본설정은 함초롬바탕, 10포인트, 검정, 줄간격 160%, 양쪽정렬로 합니다.

· 색상은 조건의 색을 적용하고 색의 구분이 안될 경우에는 RGB 값을 적용합니다(빨강 255,0,0 / 파랑 0,0,255 / 노랑 255,255,0).

· 각 문항에 주어진 ≪조건≫에 따라 작성하고 언급하지 않은 조건은 ≪출력형태≫와 같이 작성합니다.

· 용지여백은 왼쪽 · 오른쪽 11㎜, 위쪽 · 아래쪽 · 머리말 · 꼬리말 10㎜, 제본 0㎜로 합니다.

· 그림 삽입 문제의 경우 「내 PC₩문서₩ITQ₩Picture」 폴더에서 지정된 파일을 선택하여 삽입하십시오.

· 삽입한 그림은 반드시 문서에 포함하여 저장해야 합니다(미포함 시 감점 처리).

· 각 항목은 지정된 페이지에 출력형태와 같이 정확히 작성하시기 바라며, 그렇지 않을 경우에 해당 항목은 0점 처리됩니다.

※ 페이지 구분 : 1페이지 – 기능평가 I (문제번호 표시 : 1. 2.),
　　　　　　　　 2페이지 – 기능평가 II (문제번호 표시 : 3. 4.),
　　　　　　　　 3페이지 – 문서작성 능력평가

◉ **기능평가**

· 문제와 ≪조건≫은 입력하지 않으며 문제번호와 답(≪출력형태≫)만 작성합니다.

· 4번 문제는 묶기를 했을 경우 0점 처리됩니다.

◉ **문서작성 능력평가**

· A4 용지(210㎜×297㎜) 1매 크기, 세로 서식 문서로 작성합니다.

· 「⋯⋯」 표시는 문서작성에 대한 지시사항이므로 작성하지 않습니다.

1. 다음의 ≪조건≫에 따라 스타일 기능을 적용하여 ≪출력형태≫와 같이 작성하시오. (50점)

조건 (1) 스타일 이름 – robot
(2) 문단모양 – 왼쪽 여백 : 15pt, 문단 아래 간격 : 10pt
(3) 글자모양 – 글꼴 : 한글(돋움)/영문(굴림), 크기 : 10pt, 장평 : 95%, 자간 : 5%

출력형태

We are to hold this contest to breed talented individuals in science technologies and make it easy and convenient for everybody to use and handle them in everyday lives.

인간 생활의 새로운 패러다임을 열어갈 로봇 경연대회는 창의력을 개발하고 참가자 상호 간에 정보를 교환하며 지능 로봇의 시연과 전시회에 일반인이 직접 체험할 수 있는 기회를 제공합니다.

2. 다음의 ≪조건≫에 따라 ≪출력형태≫와 같이 표와 차트를 작성하시오. (100점)

표조건 (1) 표 전체(표, 캡션) – 돋움, 10pt
(2) 정렬 – 문자 : 가운데 정렬, 숫자 : 오른쪽 정렬
(3) 셀 배경색 : 노랑
(4) 한글의 계산 기능을 이용하여 빈칸에 평균(소수점 두 자리)을 구하고, 캡션 기능 사용할 것
(5) 선 모양은 ≪출력형태≫와 동일하게 처리할 것

출력형태

로봇 퍼포먼스 경연대회 참가자 현황(단위 : 명)

지역	2020년	2021년	2022년	2023년	평균
초등학교	929	834	692	981	
중학교	869	854	881	923	
고등학교	315	429	421	488	
일반인	967	1,205	1,235	1,211	

차트조건 (1) 차트 데이터는 표 내용에서 연도별 초등학교, 중학교, 고등학교의 값만 이용할 것
(2) 종류 – <묶은 세로 막대형>으로 작업할 것
(3) 제목 – 글꼴 : 굴림, 진하게, 12pt
속성 : 채우기(밝은 색 : 하양), 테두리, 그림자(바깥쪽 : 대각선 오른쪽 아래)
(4) 제목 이외의 전체 글꼴 – 굴림, 보통, 10pt
(5) 기타 나머지 사항은 ≪출력형태≫와 동일하게 처리할 것

출력형태

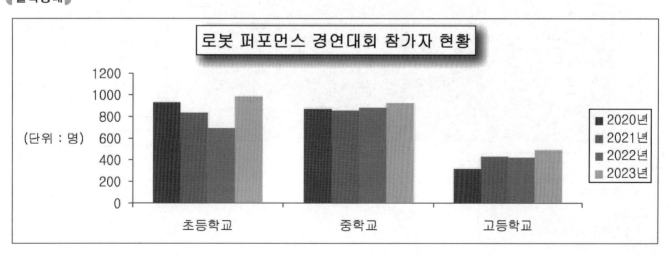

3. 다음 (1), (2)의 수식을 수식 편집기로 각각 입력하시오. (40점)

출력형태

$$(1)\ \sum_{k=1}^{10}\left(k^3+6k^2+4k+3\right)=256 \qquad (2)\ \frac{b}{\sqrt{a^2+b^2}}=\frac{2\tan\theta}{1+\tan^2\theta}$$

4. 다음의 ≪조건≫에 따라 ≪출력형태≫와 같이 문서를 작성하시오. (110점)

조건
(1) 그리기 도구를 이용하여 작성하고, 모든 도형(글맵시, 지정된 그림 포함)을 ≪출력형태≫와 같이 작성하시오.
(2) 도형의 면색은 지시사항이 없으면 색 없음을 제외하고 서로 다르게 임의로 지정하시오.

출력형태

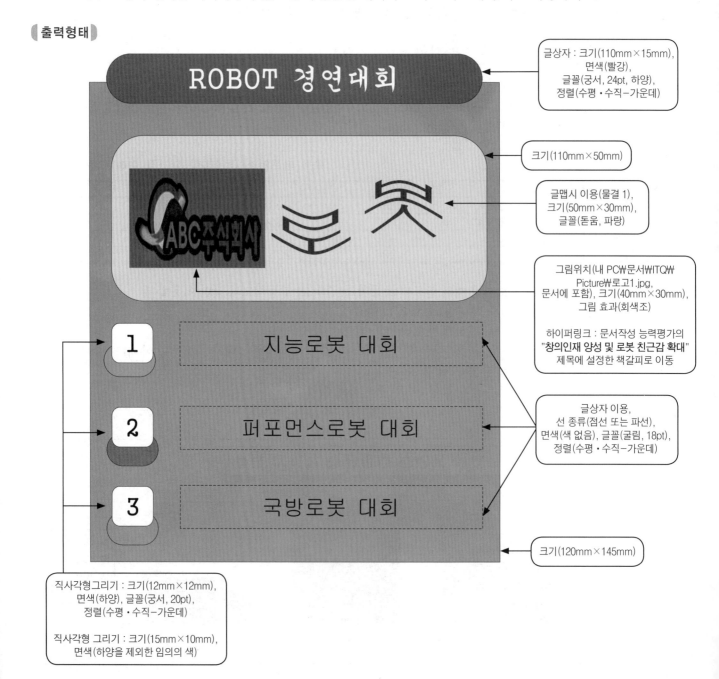

글상자 : 크기(110mm×15mm), 면색(빨강), 글꼴(궁서, 24pt, 하양), 정렬(수평·수직−가운데)

크기(110mm×50mm)

글맵시 이용(물결 1), 크기(50mm×30mm), 글꼴(돋움, 파랑)

그림위치(내 PC₩문서₩ITQ₩Picture₩로고1.jpg, 문서에 포함), 크기(40mm×30mm), 그림 효과(회색조)

하이퍼링크 : 문서작성 능력평가의 "창의인재 양성 및 로봇 친근감 확대" 제목에 설정한 책갈피로 이동

글상자 이용, 선 종류(점선 또는 파선), 면색(색 없음), 글꼴(굴림, 18pt), 정렬(수평·수직−가운데)

크기(120mm×145mm)

직사각형그리기 : 크기(12mm×12mm), 면색(하양), 글꼴(궁서, 20pt), 정렬(수평·수직−가운데)

직사각형 그리기 : 크기(15mm×10mm), 면색(하양을 제외한 임의의 색)

글꼴 : 굴림, 18pt, 진하게, 가운데 정렬
책갈피 이름 : 로봇, 덧말 넣기

머리말 기능
돋움, 10pt, 오른쪽 정렬 ➡ 경연대회

로봇 퍼포먼스 경연대회
창의인재 양성 및 로봇 친근감 확대

문단 첫 글자 장식 기능
글꼴 : 궁서, 면색 : 노랑

그림위치(내 PC\문서\ITQ\
Picture\그림4.jpg, 문서에 포함)
자르기 기능 이용,
크기(40mm×40mm), 바깥 여백
왼쪽 : 2mm

로봇을 통하여 국민들에게 과학기술에 대한 관심과 흥미를 부여하고 창의적 아이디어 발굴 및 우수 로봇 인재 양성에 기여하고자 국립과천과학관㉠이 2월 12일 제10회 로봇 퍼포먼스 경연대회를 개최합니다.

각주

현대사회는 공장에서의 대량생산을 기반으로 한 산업사회를 거쳐 사람의 두뇌 자체가 생산 공장인 지식사회로 빠르게 변화(變化)하고 있습니다. 미래는 지금보다도 더 창의적이고 복합적인 과학기술 능력을 요구하는 사회가 될 것입니다. 국립과천과학관은 청소년들이 이러한 미래사회에 대비하여 무한한 호기심과 상상력을 바탕으로 뛰어난 창의력을 갖춘 과학 인재로 자라나길 바라며 끊임없이 노력하고 있습니다. 또 어른들에게는 과학기술의 중요성을 널리 홍보하여 그 대중화(大衆化)에 앞장서고 있습니다. 이와 함께 우리나라 국민 모두가 과학기술을 이해하고 활용하여 경제적 풍요를 이룰 수 있도록 최선을 다하고 있습니다. 초등학생부터 중학생, 고등학생, 대학생, 일반인까지 로봇을 사랑하는 사람이면 누구나 참가할 수 있는 이번 경연대회를 통하여 그동안 갈고 닦은 기량을 맘껏 펼치시기 바랍니다.

★ 경연대회 개최 개요

글꼴 : 궁서, 18pt, 하양
음영색 : 파랑

   I. 일시 및 장소

     A. 일시 : 2019. 2. 12(화) 10:00 - 17:00

     B. 장소 : 국립과천과학관 첨단 기술관 1층

   II. 참가대상 및 참가종목

     A. 참가대상 : 초등학생 이상 나이 제한 없음(1팀당 3명 이하)

     B. 참가종목 : 학생부(초/중/고), 일반부(대학생/일반인)

문단 번호 기능 사용
1수준 : 20pt, 오른쪽정렬,
2수준 : 30pt, 오른쪽정렬
줄 간격 : 180%

★ 로봇 퍼포먼스 경연대회 시상

글꼴 : 궁서, 18pt,
밑줄, 강조점

표 전체 글꼴 : 굴림, 10pt, 가운데 정렬
셀 배경(그러데이션) : 유형(가로),
시작색(하양), 끝색(노랑)

구분	순위	훈격	상금(단위 : 만 원)
지능로봇	대상	산업통상자원부장관상	3,000
	최우수상/우수상	경상북도지사상/포항시장상	각 1,000/각 500
	장려상/특별상	한국로봇융합연구원장상/유엘산업안전상	각 300
퍼포먼스 로봇	금상/은상	경상북도지사상/포항시장상	500/각 300
	동상/인기상	한국로봇융합연구원장상	각 200/100

글꼴 : 돋움, 24pt, 진하게,
장평 105%, 오른쪽 정렬 ➡ # 국립과천과학관

각주 구분선 : 5cm

㉠ 사이버 과학관, 생태체험 학습관, 과학교육 체험장, 천문시설 등을 갖춘 과학 기관

쪽 번호 매기기
4로 시작 ➡ ④

6회 기출유형 모의고사

과목	코드	문제유형	시험시간	수험번호	성 명
아래 한글	1111	A	60분	20228006	

수 험 자 유 의 사 항

- 수험자는 문제지를 받는 즉시 문제지와 **수험표상의 시험과목(프로그램)이 동일한지 반드시 확인**하여야 합니다.
- 파일명은 본인의 "수험번호-성명"으로 입력하여 답안폴더(내 PC\문서\ITQ)에 하나의 파일로 저장해야 하며, 답안문서 파일명이 "수험번호-성명"과 일치하지 않거나, 답안파일을 전송하지 않아 미제출로 처리될 경우 실격 처리합니다 (예 : 12345678-홍길동.hwpx).
- 답안 작성을 마치면 파일을 저장하고, '답안 전송' 버튼을 선택하여 감독위원 PC로 답안을 전송하십시오. 수험생 정보와 저장한 파일명이 다를 경우 전송되지 않으므로 주의하시기 바랍니다.
- 답안 작성 중에도 **주기적으로 저장하고 '답안 전송'** 하여야 문제 발생을 줄일 수 있습니다. 작업한 내용을 저장하지 않고 전송할 경우 이전에 저장된 내용이 전송되오니 이점 유의하시기 바랍니다.
- 답안문서는 지정된 경로 외의 다른 보조기억장치에 저장하는 경우, 지정된 시험 시간 외에 작성된 파일을 활용할 경우, 기타 통신 수단(이메일, 메신저, 네트워크 등)을 이용하여 타인에게 전달 또는 외부 반출하는 경우는 부정 처리합니다.
- 시험 중 부주의 또는 고의로 시스템을 파손한 경우는 수험자가 변상해야 하며, 〈수험자 유의사항〉에 기재된 방법대로 이행하지 않아 생기는 불이익은 수험생 당사자의 책임임을 알려 드립니다.
- 문제의 조건은 한컴오피스 2022 버전으로 설정되어 있으니 유의하시기 바랍니다.
- 시험을 완료한 수험자는 답안파일이 전송되었는지 확인한 후 감독위원의 지시에 따라 문제지를 제출하고 퇴실합니다.

답 안 작 성 요 령

- **온라인 답안 작성 절차**

  수험자 등록 ⇒ 시험 시작 ⇒ 답안파일 저장 ⇒ 답안 전송 ⇒ 시험 종료

- **공통 부문**
- 글꼴에 대한 기본설정은 함초롬바탕, 10포인트, 검정, 줄간격 160%, 양쪽정렬로 합니다.
- 색상은 조건의 색을 적용하고 색의 구분이 안될 경우에는 RGB 값을 적용합니다(빨강 255,0,0 / 파랑 0,0,255 / 노랑 255,255,0).
- 각 문항에 주어진 ≪조건≫에 따라 작성하고 언급하지 않은 조건은 ≪출력형태≫와 같이 작성합니다.
- 용지여백은 왼쪽 · 오른쪽 11mm, 위쪽 · 아래쪽 · 머리말 · 꼬리말 10mm, 제본 0mm로 합니다.
- 그림 삽입 문제의 경우 「내 PC\문서\ITQ\Picture」 폴더에서 지정된 파일을 선택하여 삽입하십시오.
- 삽입한 그림은 반드시 문서에 포함하여 저장해야 합니다(미포함 시 감점 처리).
- 각 항목은 지정된 페이지에 출력형태와 같이 정확히 작성하시기 바라며, 그렇지 않을 경우에 해당 항목은 0점 처리됩니다.
- ※ 페이지 구분 : 1페이지 − 기능평가 I (문제번호 표시 : 1. 2.),
  2페이지 − 기능평가 II (문제번호 표시 : 3. 4.),
  3페이지 − 문서작성 능력평가

기능평가
- 문제와 ≪조건≫은 입력하지 않으며 문제번호와 답(≪출력형태≫)만 작성합니다.
- 4번 문제는 묶기를 했을 경우 0점 처리됩니다.

문서작성 능력평가
- A4 용지(210mm×297mm) 1매 크기, 세로 서식 문서로 작성합니다.
- ⌐ ¬ 표시는 문서작성에 대한 지시사항이므로 작성하지 않습니다.

1. 다음의 ≪조건≫에 따라 스타일 기능을 적용하여 ≪출력형태≫와 같이 작성하시오. (50점)

조건
(1) 스타일 이름 – leisure
(2) 문단 모양 – 왼쪽 여백 : 15pt, 문단 아래 간격 : 10pt
(3) 글자 모양 – 글꼴 : 한글(돋움)/영문(궁서), 크기 : 10pt, 장평 :105%, 자간 : 5%

출력형태

Whenever I become time, I haunt climbing. Because is fairly good in health in physical strength administration dimension.

풍요롭지 않지만 쫓기는 삶을 살지 않는 여유로운 여가생활을 즐기는 삶이야말로 현대인이 궁극적으로 바라고 지향하는 목표일 것입니다.

2. 다음의 ≪조건≫에 따라 ≪출력형태≫와 같이 표와 차트를 작성하시오. (100점)

표조건
(1) 표 전체(표, 캡션) – 돋움, 10pt
(2) 정렬 – 문자 : 가운데 정렬, 숫자 : 오른쪽 정렬
(3) 셀 배경(면색) : 노랑
(4) 한글의 계산 기능을 이용하여 빈칸에 합계를 구하고, 캡션 기능 사용할 것
(5) 선 모양은 ≪출력형태≫와 동일하게 처리할 것

출력형태

체육국 예산현황(단위 : 백만 원)

구분	2021년	2022년	2023년	2024년	합계
생활체육	30,764	31,047	35,882	42,904	
생활체육 진흥	74,108	88,201	103,335	123,845	
국가대표 양성	24,654	33,360	33,949	24,805	
국제교류 협력	2,987	3,655	3,658	3,794	✕

차트조건
(1) 차트 데이터는 표 내용에서 연도별 생활체육, 생활체육 진흥, 국가대표 양성의 값만 이용할 것
(2) 종류 – <묶은 세로 막대형>으로 작업할 것
(3) 제목 – 글꼴 : 돋움, 진하게, 12pt
       속성 : 채우기(밝은 색 : 하양), 테두리, 그림자(바깥쪽 : 아래쪽)
(4) 제목 이외의 전체 글꼴 – 돋움, 보통, 10pt
(5) 축제목과 범례는 ≪출력형태≫와 동일하게 처리할 것

출력형태

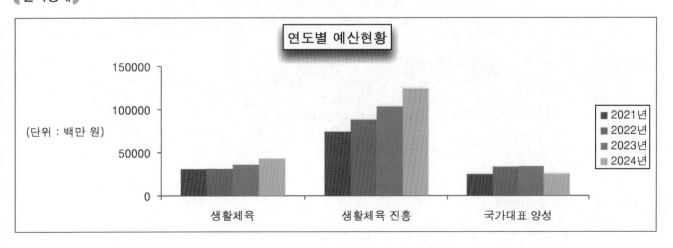

3. 다음 (1), (2)의 수식을 수식 편집기로 각각 입력하시오. (40점)

【출력형태】

(1) $h = \sqrt{k^2 - r^2}, \ S = \frac{1}{3}\pi r^2 h$

(2) $m = \frac{\triangle P}{K_a} = \frac{\triangle t_b}{K_b} = \frac{\triangle t_f}{K_f}$

4. 다음의 《조건》에 따라 《출력형태》와 같이 문서를 작성하시오. (110점)

【조건】 (1) 그리기 도구를 이용하여 작성하고, 모든 도형(글맵시, 지정된 그림 포함)을 《출력형태》와 같이
작성하시오.
(2) 도형의 면색은 지시사항이 없으면 색 없음을 제외하고 서로 다르게 임의로 지정하시오.

【출력형태】

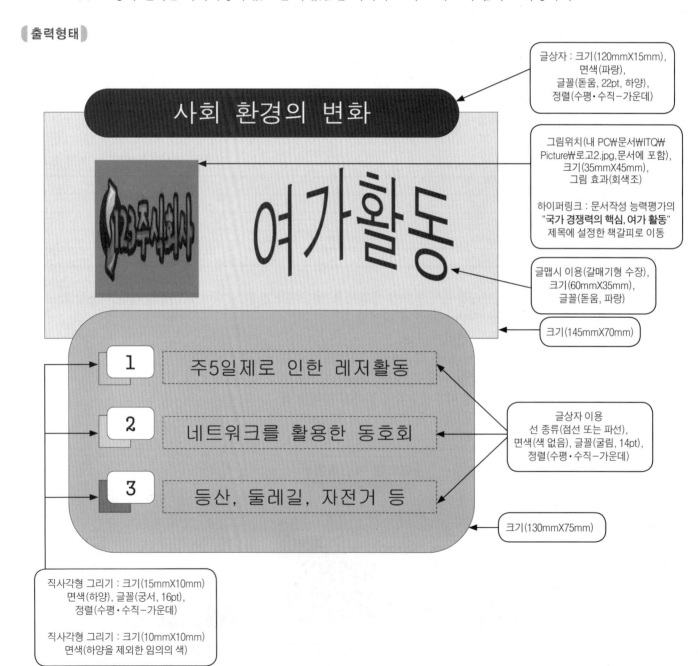

글꼴 : 돋움, 18pt, 진하게, 가운데 정렬,
책갈피 이름 : 관광자원, 덧말 넣기

머리말 기능
돋움, 10pt, 오른쪽 정렬 ➡ 관광자원 개발사업

문단 첫 글자 장식 기능
글꼴 : 돋움, 면색 : 노랑

삶의 질
국가 경쟁력의 핵심, 여가활동

그림위치(내 PC₩문서₩ITQ₩Picture₩
그림4.jpg, 문서에 포함),
자르기 기능 이용, 크기(40mmX30mm),
바깥 여백 왼쪽 : 2mm

경제 성장만이 국가의 주된 목표가 되던 시절을 지나 이제는 여가가 21세기 국가 경쟁력의 핵심이 되고 있다. 우리나라는 선진국 진입의 발판이라는 1인당 국민소득 2만 달러 시대에 접어들면서 여가에 대한 인식 및 가치관이 변화하고 있으며, 다양한 매체의 등장 및 컴퓨터의 대중화로 새로운 형태의 여가활동이 등장하면서 국민들의 다양한 여가생활 수요를 증대시키고 있다. 변화하는 사회, 경제, 정책적 환경은 새로운 여가의 흐름으로 나타나고 있으며, 국민의 삶의 질 향상과 국가경쟁력 증진 차원에서 여가의 중요성은 더욱 커지고 있다.

국민들의 행복에 대한 인식도 변화하면서 생존권, 재산권 보장 외에 삶의 질을 높이려는 행복추구권(幸福追求權)의 요구가 증대되고 있다. 단순 노동 중심에서 삶의 질 향상을 위한 생활 중심, 여가 중심 사회로의 변화가 확산되면서 전 세계 국정의 핵심 코드가 행복이 되고 있다. 과거 국내총생산 중심 시대에서 국민총행복의 시대로 전환되고 있으며, 이러한 흐름은 전 세계적으로 확대되어 프랑스는 행복경제를 주장하고 캐나다는 웰빙지수①를, 영국은 행복지수를 개발하는 등 적극적인 움직임을 보이고 있다.

각주

◆ **국내 여가 환경의 변화 요인**

글꼴 : 굴림, 18pt, 하양
음영색 : 파랑

1. 경제 환경의 변화
  가. 경제적 위기에 따른 소비 부진, 창조산업의 성장
  나. 생계형에서 가치형으로의 소비 패턴 변화
2. 정책 환경의 변화
  가. 국민행복시대를 위한 생활공감 정책
  나. 새로운 국가발전 패러다임으로서의 녹색 성장

문단 번호 기능 사용
1수준 : 20pt, 오른쪽 정렬
2수준 : 30pt, 오른쪽 정렬
줄 간격 : 180%

표 전체 글꼴 : 돋움, 10pt, 가운데 정렬,
셀 배경(그러데이션) : 유형(가로),
시작색(하양), 끝색(노랑)

◆ *문화센터 프로그램*

글꼴 : 굴림, 18pt,
기울임, 강조점

구분	작품명	공연 프로그램	공연장소
연극	제페토할아버지의 꿈	피노키오를 만든 할아버지의 이야기	양천문화회관 대극장 해누리타운 해누리홀
전시회	야생화 전시회	한국꽃꽂이협회 다원회 주관	
음악회	우리동네 음악회	베를리오즈, 로마의 사육제 서곡	
	양천 아리랑	한국의 무반주 합창, 한국의 선율, 한국의 얼	
뮤지컬	고흐즈	그림과 뮤지컬의 만남	
	인어공주	가족이 함께 즐기는 가족 뮤지컬	

글꼴 : 궁서, 25pt, 진하게,
장평 97%, 오른쪽 정렬 ➡ **양천 문화회관**

각주 구분선 : 5cm

쪽 번호 매기기
2로 시작

① 웰빙 체감 수준을 건강성, 환경성, 안전성, 충족성, 사회성으로 정량화하여 나타낸 웰빙 만족도 측정 지표

2

7회 기출유형 모의고사

과목	코드	문제유형	시험시간	수험번호	성 명
아래 한글	1111	A	60분	20228007	

수 험 자 유 의 사 항

- 수험자는 문제지를 받는 즉시 문제지와 **수험표상의 시험과목(프로그램)이 동일한지 반드시 확인**하여야 합니다.
- 파일명은 본인의 "수험번호-성명"으로 입력하여 답안폴더(내 PC\문서\ITQ)에 하나의 파일로 저장해야 하며, 답안문서 파일명이 "수험번호-성명"과 일치하지 않거나, 답안파일을 전송하지 않아 미제출로 처리될 경우 실격 처리합니다 (예 : 12345678-홍길동.hwpx).
- 답안 작성을 마치면 파일을 저장하고, '답안 전송' 버튼을 선택하여 감독위원 PC로 답안을 전송하십시오. 수험생 정보와 저장한 파일명이 다를 경우 전송되지 않으므로 주의하시기 바랍니다.
- 답안 작성 중에도 **주기적으로 저장하고 '답안 전송'** 하여야 문제 발생을 줄일 수 있습니다. 작업한 내용을 저장하지 않고 전송할 경우 이전에 저장된 내용이 전송되오니 이점 유의하시기 바랍니다.
- 답안문서는 지정된 경로 외의 다른 보조기억장치에 저장하는 경우, 지정된 시험 시간 외에 작성된 파일을 활용할 경우, 기타 통신 수단(이메일, 메신저, 네트워크 등)을 이용하여 타인에게 전달 또는 외부 반출하는 경우는 부정 처리합니다.
- 시험 중 부주의 또는 고의로 시스템을 파손한 경우는 수험자가 변상해야 하며, <수험자 유의사항>에 기재된 방법대로 이행하지 않아 생기는 불이익은 수험생 당사자의 책임임을 알려 드립니다.
- 문제의 조건은 한컴오피스 2022 버전으로 설정되어 있으니 유의하시기 바랍니다.
- 시험을 완료한 수험자는 답안파일이 전송되었는지 확인한 후 감독위원의 지시에 따라 문제지를 제출하고 퇴실합니다.

답 안 작 성 요 령

- **온라인 답안 작성 절차**
  수험자 등록 ⇒ 시험 시작 ⇒ 답안파일 저장 ⇒ 답안 전송 ⇒ 시험 종료

- **공통 부문**
  - 글꼴에 대한 기본설정은 함초롬바탕, 10포인트, 검정, 줄간격 160%, 양쪽정렬로 합니다.
  - 색상은 조건의 색을 적용하고 색의 구분이 안될 경우에는 RGB 값을 적용합니다(빨강 255,0,0 / 파랑 0,0,255 / 노랑 255,255,0).
  - 각 문항에 주어진 ≪조건≫에 따라 작성하고 언급하지 않은 조건은 ≪출력형태≫와 같이 작성합니다.
  - 용지여백은 왼쪽·오른쪽 11mm, 위쪽·아래쪽·머리말·꼬리말 10mm, 제본 0mm로 합니다.
  - 그림 삽입 문제의 경우 「내 PC\문서\ITQ\Picture」 폴더에서 지정된 파일을 선택하여 삽입하십시오.
  - 삽입한 그림은 반드시 문서에 포함하여 저장해야 합니다(미포함 시 감점 처리).
  - 각 항목은 지정된 페이지에 출력형태와 같이 정확히 작성하시기 바라며, 그렇지 않을 경우에 해당 항목은 0점 처리됩니다.
  - ※ 페이지 구분 : 1페이지 – 기능평가 I (문제번호 표시 : 1. 2.),
    2페이지 – 기능평가 II (문제번호 표시 : 3. 4.),
    3페이지 – 문서작성 능력평가

- **기능평가**
  - 문제와 ≪조건≫은 입력하지 않으며 문제번호와 답(≪출력형태≫)만 작성합니다.
  - 4번 문제는 묶기를 했을 경우 0점 처리됩니다.

- **문서작성 능력평가**
  - A4 용지(210mm×297mm) 1매 크기, 세로 서식 문서로 작성합니다.
  - ┌┈┐ 표시는 문서작성에 대한 지시사항이므로 작성하지 않습니다.

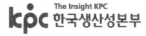

1. 다음의 ≪조건≫에 따라 스타일 기능을 적용하여 ≪출력형태≫와 같이 작성하시오. (50점)

【조건】 (1) 스타일 이름 – platform
(2) 문단 모양 – 왼쪽 여백 : 15pt, 문단 아래 간격 : 10pt
(3) 글자 모양 – 글꼴 : 한글(굴림)/영문(돋움), 크기 : 10pt, 장평 : 95%, 자간 : 5%

【출력형태】

Online PACK is the business Online platform for the makers, suppliers and specialists in packaging, cosmetic, pharmaceutical, bio industries from all over the world.

온라인 국제포장기자재전-국제제약 화장품위크는 전 세계의 포장, 화장품, 제약, 바이오산업의 제조업체, 공급 업체와 전문가를 위한 비즈니스 온라인 플랫폼이다.

2. 다음의 ≪조건≫에 따라 ≪출력형태≫와 같이 표와 차트를 작성하시오. (100점)

【표조건】 (1) 표 전체(표, 캡션) – 돋움, 10pt
(2) 정렬 – 문자 : 가운데 정렬, 숫자 : 오른쪽 정렬
(3) 셀 배경(면색) : 노랑
(4) 한글의 계산 기능을 이용하여 빈칸에 합계를 구하고, 캡션 기능 사용할 것
(5) 선 모양은 ≪출력형태≫와 동일하게 처리할 것

【출력형태】

국제물류산업대전 관람객 현황(단위 : 천 명)

구분	10회	11회	12회	13회	합계
1일차	7.4	8.1	7.9	8.5	
2일차	12.2	13.7	12.8	13.1	
3일차	10.1	10.5	11.2	11.9	
4일차	4.8	5.2	5.7	6.2	

【차트조건】 (1) 차트 데이터는 표 내용에서 횟수별 1일차, 2일차, 3일차의 값만 이용할 것
(2) 종류 – <묶은 세로 막대형>으로 작업할 것
(3) 제목 – 글꼴 : 굴림, 진하게, 12pt
속성 : 채우기(밝은 색 : 하양), 테두리, 그림자(바깥쪽 : 대각선 오른쪽 아래)
(4) 제목 이외의 전체 글꼴 – 굴림, 보통, 10pt
(5) 축제목과 범례는 ≪출력형태≫와 동일하게 처리할 것

【출력형태】

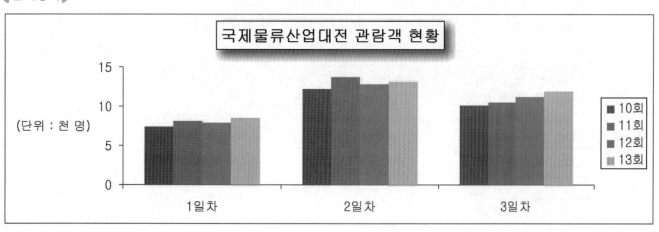

3. 다음 (1), (2)의 수식을 수식 편집기로 각각 입력하시오. (40점)

【출력형태】

(1) $R_n = \dfrac{(b-a)^n}{n!} f^{(n)}a + \theta(b-a), 0 < \theta \leq 1$

(2) $\left\| \dfrac{\overline{z_2}}{z_4} - \dfrac{\overline{z_2}}{z_4} \right\| = \dfrac{\overline{z_2}}{z_4} \Leftrightarrow |\alpha + \beta| \leq |a| + |\beta| (\alpha\beta \geq 0)$

4. 다음의 ≪조건≫에 따라 ≪출력형태≫와 같이 문서를 작성하시오. (110점)

【조건】 (1) 그리기 도구를 이용하여 작성하고, 모든 도형(글맵시, 지정된 그림 포함)을 ≪출력형태≫와 같이
작성하시오.
(2) 도형의 면색은 지시사항이 없으면 색 없음을 제외하고 서로 다르게 임의로 지정하시오.

【출력형태】

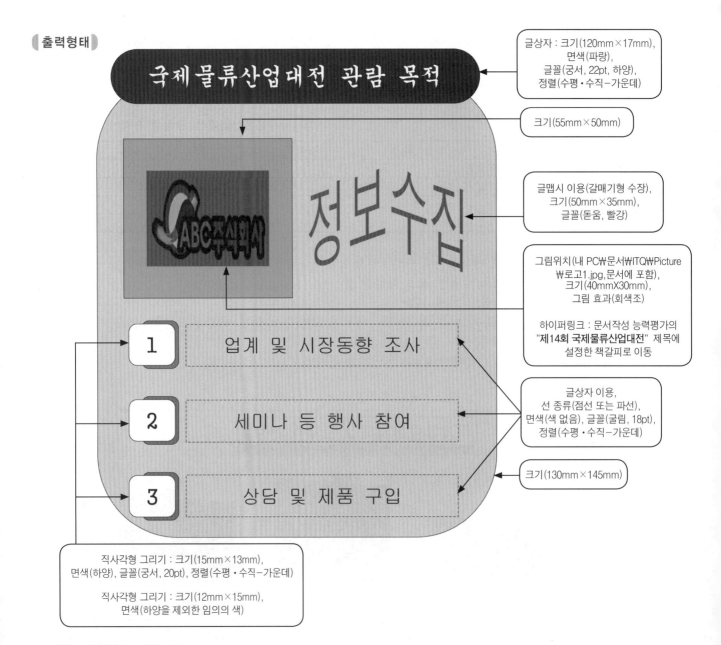

글상자 : 크기(120mm×17mm),
면색(파랑),
글꼴(궁서, 22pt, 하양),
정렬(수평·수직-가운데)

크기(55mm×50mm)

글맵시 이용(갈매기형 수장),
크기(50mm×35mm),
글꼴(돋움, 빨강)

그림위치(내 PC\문서\ITQ\Picture
\로고1.jpg,문서에 포함),
크기(40mmX30mm),
그림 효과(회색조)

하이퍼링크 : 문서작성 능력평가의
"제14회 국제물류산업대전" 제목에
설정한 책갈피로 이동

글상자 이용,
선 종류(점선 또는 파선),
면색(색 없음), 글꼴(굴림, 18pt),
정렬(수평·수직-가운데)

크기(130mm×145mm)

직사각형 그리기 : 크기(15mm×13mm),
면색(하양), 글꼴(궁서, 20pt), 정렬(수평·수직-가운데)

직사각형 그리기 : 크기(12mm×15mm),
면색(하양을 제외한 임의의 색)

돋움, 18pt, 진하게, 가운데 정렬
책갈피 이름 : 물류, 덧말 넣기

머리말 기능
굴림, 10pt, 오른쪽 정렬

미래 물류 기술

물류산업의 변화와 혁신
제14회 국제물류산업대전

그림위치(내 PC\문서\ITQ\Picture\
그림4.jpg,문서에 포함),
자르기 기능 이용, 크기(40mm×40mm),
바깥 여백 왼쪽 : 2mm

문단 첫 글자 장식 기능
글꼴 : 궁서, 면색 : 노랑

국제물류산업대전은 한국통합물류협회가 주최하고 국토교통부가 후원하는 운송, 서비스, 보관, 물류설비 분야를 아우르는 국내 최대 규모의 물류 전시회이다. 국제물류산업대전에서는 물류 IT, 물류 자동화 시스템, 유통 솔루션 및 기기, 콜드체인 솔루션 등 산업의 디지털 전환(轉換)을 이끌어가고 있는 국내외 기업들이 참가하여 제품 및 솔루션을 전시하고 물류산업의 트렌드를 한눈에 살펴볼 수 있는 자리이다. [각주]

이번 전시회에서는 물류 서비스 및 물류 스타트업㉮ 전용관을 통해 분야별 물류 전문가와의 만남의 장을 마련하고 글로벌 경쟁력을 갖춘 국내 화주(貨主) 및 물류기업의 해외 진출 지원을 위한 해외 투자 환경 정보 제공과 글로벌 네트워크 확보 기회를 제공한다. 별도로 마련된 국토교통 연구개발 홍보관과 스타트업관에서는 국가 물류 연구개발 사업에 관한 내용을 확인하고 물류 분야 창업 기업들을 만나볼 수 있으며, 전시회 방문 기업을 대상으로 스마트물류센터 인증제도 관련 설명회와 상담도 진행한다. 스마트물류센터 인증제도는 인공지능 기반 화물 처리와 물류센터 자동화 등 스마트 물류 기술을 활용하는 물류 시설에 투자비의 일부를 지원하는 제도이다.

글꼴 : 궁서, 18pt, 하양
음영색 : 빨강

♣ 제14회 국제물류산업대전 개요

가. 기간 362및 장소

① 기간 : 2024. 4. 23 - 26, 4일간

② 장소 : 킨텍스 제2전시장

나. 주최 및 후원

① 주최 : 한국통합물류협회, 산업전문전시회

② 후원 : 국토교통부, 경기도

문단 번호 기능 사용
1수준 : 20pt, 오른쪽 정렬
2수준 : 30pt, 오른쪽 정렬
줄 간격 : 180%

글꼴 : 궁서 , 18pt,
기울임, 강조점

표 전체 글꼴 : 돋움, 10pt, 가운데 정렬,
셀 배경(그러데이션) : 유형(가로),
시작색(하양), 끝색(노랑)

♣ 물류 분야 및 콜드체인 분야 세미나

분야	일자	발표 주제	장소
물류 분야	2024. 4. 23	물류 분야 글로벌 환경 세미나	제2전시장 205호
	2024. 4. 24	물류산업 변화, 물류 기술 혁신과 안전	제2전시장 212호
		다채널 물류센터의 도전과 미래지향적 자동화 솔루션	제2전시장 210호
	2024. 4. 25	모빌리티 혁신	제2전시장 212호
콜드체인 분야	2024. 4. 26	콜드체인 고도화를 위한 신기술 세미나	

각주 구분선 : 5cm

글꼴 : 돋움, 24pt, 진하게,
장평 105%, 오른쪽 정렬

국제물류산업대전사무국

㉮ 혁신적인 기술 또는 아이디어를 가진 신생 창업 기업들을 의미

쪽 번호 매기기
6으로 시작

VI

8회 기출유형 모의고사

과목	코드	문제유형	시험시간	수험번호	성 명
아래 한글	1111	A	60분	20228008	

수 험 자 유 의 사 항

◉ 수험자는 문제지를 받는 즉시 문제지와 **수험표상의 시험과목(프로그램)이 동일한지 반드시 확인**하여야 합니다.

◉ 파일명은 본인의 "수험번호-성명"으로 입력하여 답안폴더(내 PC₩문서₩ITQ)에 하나의 파일로 저장해야 하며, 답안문서 파일명이 "수험번호-성명"과 일치하지 않거나, 답안파일을 전송하지 않아 미제출로 처리될 경우 실격 처리합니다 (예 : 12345678-홍길동.hwpx).

◉ 답안 작성을 마치면 파일을 저장하고, '답안 전송' 버튼을 선택하여 감독위원 PC로 답안을 전송하십시오. 수험생 정보와 저장한 파일명이 다를 경우 전송되지 않으므로 주의하시기 바랍니다.

◉ 답안 작성 중에도 **주기적으로 저장하고 '답안 전송'** 하여야 문제 발생을 줄일 수 있습니다. 작업한 내용을 저장하지 않고 전송할 경우 이전에 저장된 내용이 전송되오니 이점 유의하시기 바랍니다.

◉ 답안문서는 지정된 경로 외의 다른 보조기억장치에 저장하는 경우, 지정된 시험 시간 외에 작성된 파일을 활용할 경우, 기타 통신 수단(이메일, 메신저, 네트워크 등)을 이용하여 타인에게 전달 또는 외부 반출하는 경우는 부정 처리합니다.

◉ 시험 중 부주의 또는 고의로 시스템을 파손한 경우는 수험자가 변상해야 하며, <수험자 유의사항>에 기재된 방법대로 이행하지 않아 생기는 불이익은 수험생 당사자의 책임임을 알려 드립니다.

◉ 문제의 조건은 한컴오피스 2022 버전으로 설정되어 있으니 유의하시기 바랍니다.

◉ 시험을 완료한 수험자는 답안파일이 전송되었는지 확인한 후 감독위원의 지시에 따라 문제지를 제출하고 퇴실합니다.

답 안 작 성 요 령

◉ 온라인 답안 작성 절차
　　수험자 등록 ⇒ 시험 시작 ⇒ 답안파일 저장 ⇒ 답안 전송 ⇒ 시험 종료

◉ 공통 부문
・글꼴에 대한 기본설정은 함초롬바탕, 10포인트, 검정, 줄간격 160%, 양쪽정렬로 합니다.
・색상은 조건의 색을 적용하고 색의 구분이 안될 경우에는 RGB 값을 적용합니다(빨강 255,0,0 / 파랑 0,0,255 / 노랑 255,255,0).
・각 문항에 주어진 ≪조건≫에 따라 작성하고 언급하지 않은 조건은 ≪출력형태≫와 같이 작성합니다.
・용지여백은 왼쪽・오른쪽 11㎜, 위쪽・아래쪽・머리말・꼬리말 10㎜, 제본 0㎜로 합니다.
・그림 삽입 문제의 경우 「내 PC₩문서₩ITQ₩Picture」 폴더에서 지정된 파일을 선택하여 삽입하십시오.
・삽입한 그림은 반드시 문서에 포함하여 저장해야 합니다(미포함 시 감점 처리).
・각 항목은 지정된 페이지에 출력형태와 같이 정확히 작성하시기 바라며, 그렇지 않을 경우에 해당 항목은 0점 처리됩니다.
※ 페이지 구분 : 1페이지 - 기능평가 I (문제번호 표시 : 1. 2.),
　　　　　　　　 2페이지 - 기능평가 II (문제번호 표시 : 3. 4.),
　　　　　　　　 3페이지 - 문서작성 능력평가

기능평가
・문제와 ≪조건≫은 입력하지 않으며 문제번호와 답(≪출력형태≫)만 작성합니다.
・4번 문제는 묶기를 했을 경우 0점 처리됩니다.

문서작성 능력평가
・A4 용지(210㎜×297㎜) 1매 크기, 세로 서식 문서로 작성합니다.
・ 표시는 문서작성에 대한 지시사항이므로 작성하지 않습니다.

1. 다음의 《조건》에 따라 스타일 기능을 적용하여 《출력형태》와 같이 작성하시오. (50점)

조건
(1) 스타일 이름 – intelligence
(2) 문단 모양 – 왼쪽 여백 : 15pt, 문단 아래 간격 : 10pt
(3) 글자 모양 – 글꼴 : 한글(돋움)/영문(굴림), 크기 : 10pt, 장평 : 95%, 자간 : 5%

출력형태

Current artificial intelligence is considered as life and culture, beyond the industry. Discussing life in the future will be impossible without mentioning artificial intelligence.

현재의 인공지능은 산업을 넘어 삶과 문화로 여겨지고 있다. 미래의 삶에 대한 논의는 인공지능에 대한 언급 없이는 불가능할 것이다.

2. 다음의 《조건》에 따라 《출력형태》와 같이 표와 차트를 작성하시오. (100점)

표조건
(1) 표 전체(표, 캡션) – 굴림, 10pt
(2) 정렬 – 문자 : 가운데 정렬, 숫자 : 오른쪽 정렬
(3) 셀 배경(면색) : 노랑
(4) 한글의 계산 기능을 이용하여 빈칸에 평균(소수점 두 자리)을 구하고, 캡션 기능 사용할 것
(5) 선 모양은 《출력형태》와 동일하게 처리할 것

출력형태

정보보호 산업 매출 현황(단위 : 백억 원)

구분	2021년	2022년	2023년	2024년	평균
네트워크 보안	65.3	72.9	75.2	82.5	
시스템 보안	44.4	48.8	53.4	57.2	
정보 유출 방지	46.6	42.6	43.1	45.9	
암호 및 인증	15.1	15.1	18.2	19.6	✕

차트조건
(1) 차트 데이터는 표 내용에서 분야별 정보통신업, 금융 및 보험업, 광업 및 제조업의 값만 이용할 것
(2) 종류 – <묶은 세로 막대형>으로 작업할 것
(3) 제목 – 글꼴 : 돋움, 진하게, 12pt
       속성 : 채우기(밝은 색 : 하양), 테두리, 그림자(바깥쪽 : 대각선 오른쪽 아래)
(4) 제목 이외의 전체 글꼴 – 돋움, 보통, 10pt
(5) 축제목과 범례는 《출력형태》와 동일하게 처리할 것

출력형태

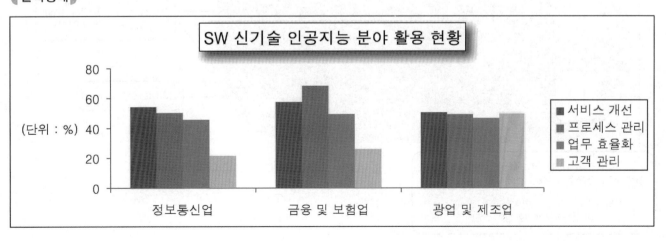

3. 다음 (1), (2)의 수식을 수식 편집기로 각각 입력하시오. (40점)

【출력형태】

(1) $G = 2 \int_{\frac{a}{2}}^{a} \frac{b\sqrt{a^2 - x^2}}{a} dx$

(2) $Q = \frac{F}{h^2} = \frac{1}{3} \frac{N}{h^3} m\overline{g^2}$

4. 다음의 ≪조건≫에 따라 ≪출력형태≫와 같이 문서를 작성하시오. (110점)

【조건】 (1) 그리기 도구를 이용하여 작성하고, 모든 도형(글맵시, 지정된 그림 포함)을 ≪출력형태≫와 같이 작성하시오.
(2) 도형의 면색은 지시사항이 없으면 색 없음을 제외하고 서로 다르게 임의로 지정하시오.

【출력형태】

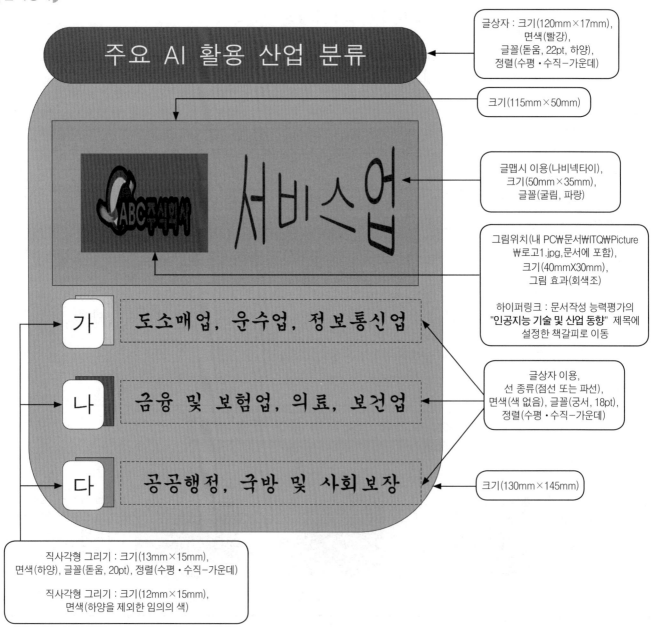

글꼴 : 굴림, 18pt, 진하게, 가운데 정렬
책갈피 이름 : 인간중심, 덧말 넣기

머리말 기능
돋움, 10pt, 오른쪽 정렬

인공지능 서비스

초거대 인공지능
인공지능 기술 및 산업 동향

그림위치(내 PC\문서\ITQ\Picture\
그림4.jpg, 문서에 포함),
자르기 기능 이용, 크기(40mm×35mm),
바깥 여백 왼쪽 : 2mm

문단 첫 글자 장식 기능
글꼴 : 궁서, 면색 : 노랑

미국의 오픈AI는 GPT-3으로 불리는 초거대 인공지능을 공개하며 많은 관심을 받았다. 특정 상황이 아닌 범용적으로 사용이 가능한 인공 일반지능을 목표로 국내외 기업들의 초거대 인공지능(人工知能) 개발 경쟁이 지속되고 있다.

　네이버의 경우 자체 개발한 초대규모 인공지능 하이퍼클로바의 성능을 향상시키고 있으며, 음성검색, 번역뿐만 아니라 서비스 범위를 확대해 가고 있다. LG AI 연구원은 엑사원을 통해 6,000억 개 이상의 말뭉치, 텍스트와 결합된 고해상도 이미지 2억 5,000만 장 이상을 학습하여 제조, 연구, 교육, 통신, 금융 등 전 산업 분야에서 최고 전문가의 지능 확보를 목표로 하고 있다. 카카오브레인은 2021년 11월 GPT-3 모델의 한국어 초거대 인공지능 언어모델 KoGPT를 공개했다. 긴 문장 요약, 문장 추론을 통한 결론 예측, 질문 문맥(文脈) 이해 등 모든 종류의 언어 과제 수행이 가능하며, 오픈 소스ⓐ로 개방함으로써 접근성을 높이고자 하였다. KT도 초거대 인공지능 컴퓨팅 인프라를 클라우드 기반으로 구성하고 주요 인공지능 모델을 원클릭으로 손쉽게 구성하고 활용이 가능하도록 서비스하고 있다.

각주

글꼴 : 돋움, 18pt, 하양
음영색 : 파랑

◆ 해외 주요국의 분야별 AI 적용 사례

　가. 미국

　　ⓐ 우즈홀 해양학 연구소 : 자율주행 로봇을 통한 심층 해양 탐사

　　ⓑ 국립암연구소 : 암 영상 검사를 위한 AI 연구

　나. 독일

　　ⓐ 막스 플랑크 지능시스템 연구소 : AI 기반 로봇 터치 감지 개선

　　ⓑ 드레스덴 대학 연구팀 : 질병 조기 발견 및 치료를 위한 이식형 AI 시스템

문단 번호 기능 사용
1수준 : 20pt, 오른쪽 정렬
2수준 : 30pt, 오른쪽 정렬
줄 간격 : 180%

표 전체 글꼴 : 굴림, 10pt, 가운데 정렬
셀 배경(그러데이션) : 유형(가로),
시작색(하양), 끝색(노랑)

◆ OECD의 주요 AI 적용 산업 및 영역

글꼴 : 돋움, 18pt, 밑줄, 강조점

구분	산업분류	주요 AI 적용 영역	핵심 내용
1	정보통신업	광고, AR, VR, 네트워크 보안, 소프트웨어 생산	
2	건설업	3D 빌딩 정보 모델링, 건물 시뮬레이터	OECD(2022) 정책 관점에서 AI 시스템 평가를 위한 도구 개발
3	제조업	제품 조립, 공급망 관리 및 계획	
4	교육	AI를 활용한 개인 학습, 챗봇, 시험 또는 채점 구성	
5	숙박 및 음식점업	AI 기반 챗봇, 고객 피드백 데이터 분석	

글꼴 : 궁서, 24pt, 진하게,
장평 105%, 오른쪽 정렬

한국지능정보사회진흥원

각주 구분선 : 5cm

ⓐ 소스 프로그램이 공개되어 자유롭게 수정하고 재배포할 수 있는 프로그램

쪽 번호 매기기
5로 시작 ➡ ⑤

9회 기출유형 모의고사

과목	코드	문제유형	시험시간	수험번호	성 명
아래 한글	1111	A	60분	20228009	

수 험 자 유 의 사 항

◎ 수험자는 문제지를 받는 즉시 문제지와 **수험표상의 시험과목(프로그램)이 동일한지 반드시 확인**하여야 합니다.

◎ 파일명은 본인의 "수험번호-성명"으로 입력하여 답안폴더(내 PC\문서\ITQ)에 하나의 파일로 저장해야 하며, 답안문서 파일명이 "수험번호-성명"과 일치하지 않거나, 답안파일을 전송하지 않아 미제출로 처리될 경우 실격 처리합니다 (예 : 12345678-홍길동.hwpx).

◎ 답안 작성을 마치면 파일을 저장하고, '답안 전송' 버튼을 선택하여 감독위원 PC로 답안을 전송하십시오. 수험생 정보와 저장한 파일명이 다를 경우 전송되지 않으므로 주의하시기 바랍니다.

◎ 답안 작성 중에도 **주기적으로 저장하고 '답안 전송'** 하여야 문제 발생을 줄일 수 있습니다. 작업한 내용을 저장하지 않고 전송할 경우 이전에 저장된 내용이 전송되오니 이점 유의하시기 바랍니다.

◎ 답안문서는 지정된 경로 외의 다른 보조기억장치에 저장하는 경우, 지정된 시험 시간 외에 작성된 파일을 활용할 경우, 기타 통신 수단(이메일, 메신저, 네트워크 등)을 이용하여 타인에게 전달 또는 외부 반출하는 경우는 부정 처리합니다.

◎ 시험 중 부주의 또는 고의로 시스템을 파손한 경우는 수험자가 변상해야 하며, <수험자 유의사항>에 기재된 방법대로 이행하지 않아 생기는 불이익은 수험생 당사자의 책임임을 알려 드립니다.

◎ 문제의 조건은 한컴오피스 2022 버전으로 설정되어 있으니 유의하시기 바랍니다.

◎ 시험을 완료한 수험자는 답안파일이 전송되었는지 확인한 후 감독위원의 지시에 따라 문제지를 제출하고 퇴실합니다.

답 안 작 성 요 령

◎ **온라인 답안 작성 절차**
  수험자 등록 ⇒ 시험 시작 ⇒ 답안파일 저장 ⇒ 답안 전송 ⇒ 시험 종료

◎ **공통 부문**
· 글꼴에 대한 기본설정은 함초롬바탕, 10포인트, 검정, 줄간격 160%, 양쪽정렬로 합니다.
· 색상은 조건의 색을 적용하고 색의 구분이 안될 경우에는 RGB 값을 적용합니다(빨강 255,0,0 / 파랑 0,0,255 / 노랑 255,255,0).
· 각 문항에 주어진 ≪조건≫에 따라 작성하고 언급하지 않은 조건은 ≪출력형태≫와 같이 작성합니다.
· 용지여백은 왼쪽 · 오른쪽 11㎜, 위쪽 · 아래쪽 · 머리말 · 꼬리말 10㎜, 제본 0㎜로 합니다.
· 그림 삽입 문제의 경우 「내 PC\문서\ITQ\Picture」 폴더에서 지정된 파일을 선택하여 삽입하십시오.
· 삽입한 그림은 반드시 문서에 포함하여 저장해야 합니다(미포함 시 감점 처리).
· 각 항목은 지정된 페이지에 출력형태와 같이 정확히 작성하시기 바라며, 그렇지 않을 경우에 해당 항목은 0점 처리됩니다.
※ 페이지 구분 : 1페이지 – 기능평가 I (문제번호 표시 : 1. 2.),
　　　　　　　　2페이지 – 기능평가 II (문제번호 표시 : 3. 4.),
　　　　　　　　3페이지 – 문서작성 능력평가

기능평가
· 문제와 ≪조건≫은 입력하지 않으며 문제번호와 답(≪출력형태≫)만 작성합니다.
· 4번 문제는 묶기를 했을 경우 0점 처리됩니다.

문서작성 능력평가
· A4 용지(210㎜×297㎜) 1매 크기, 세로 서식 문서로 작성합니다.
· [＿＿＿] 표시는 문서작성에 대한 지시사항이므로 작성하지 않습니다.

The Insight KPC
kpc 한국생산성본부

1. 다음의 ≪조건≫에 따라 스타일 기능을 적용하여 ≪출력형태≫와 같이 작성하시오. (50점)

조건　(1) 스타일 이름 – commander
　　　　(2) 문단모양 – 왼쪽 여백 : 15pt, 문단 아래 간격 : 10pt
　　　　(3) 글자모양 – 글꼴 : 한글(돋움)/영문(궁서), 크기 : 10pt, 장평 : 95%, 자간 : –5%

출력형태

Yi Sun-sin was a Korean naval commander, famed for his victories against the Japanese navy during the Imjin war in the Joseon Dynasty, and is well-respected for his exemplary conduct.

이순신은 한국인들이 존경하는 영웅으로 **23**전 이상의 전투에서 한 번도 패하지 않은 장수였다. 어떤 어려움 속에서도 굴복하지 않고 끝까지 백성과 나라를 사랑한 진정한 리더였다.

2. 다음의 ≪조건≫에 따라 ≪출력형태≫와 같이 표와 차트를 작성하시오. (100점)

표조건　(1) 표 전체(표, 캡션) – 돋움, 10pt
　　　　(2) 정렬 – 문자 : 가운데 정렬, 숫자 : 오른쪽 정렬
　　　　(3) 셀 배경(면색) : 노랑
　　　　(4) 한글의 계산 기능을 이용하여 빈칸에 합계를 구하고, 캡션 기능 사용할 것
　　　　(5) 선 모양은 ≪출력형태≫와 동일하게 처리할 것

출력형태　　　　　　　　　　　　　　　　　　　이순신축제 관람객 현황(단위 : 천 명)

구분	주제행사	체험행사	불꽃쇼	부대행사	합계
2021년	105	103	12	99	
2022년	99	98	10	86	
2023년	96	99	94	82	
2024년	98	82	79	79	

차트조건　(1) 차트 데이터는 표 내용에서 구분별 2021년, 2022년, 2023년의 값만 이용할 것
　　　　　(2) 종류 – <묶은 세로 막대형>으로 작업할 것
　　　　　(3) 제목 – 글꼴 : 굴림, 진하게, 12pt
　　　　　　　　　속성 : 채우기(밝은 색 : 하양), 테두리, 그림자(바깥쪽 : 대각선 오른쪽 아래)
　　　　　(4) 제목 이외의 전체 글꼴 – 굴림 보통 10pt
　　　　　(5) 축제목과 범례는 ≪출력형태≫와 동일하게 처리할 것

출력형태

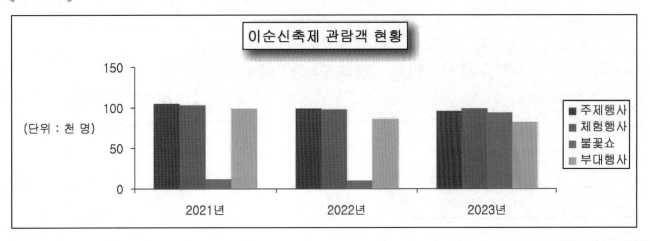

3. 다음 (1), (2)의 수식을 수식 편집기로 각각 입력하시오. (40점)

출력형태

(1) $m_2 - m_1 = \dfrac{5}{2}\log\dfrac{h_1}{h_2}$

(2) $\displaystyle\sum_{k=1}^{n} k^3 = \dfrac{n(n+1)}{2} = \sum_{k=1}^{n} k$

4. 다음의 ≪조건≫에 따라 ≪출력형태≫와 같이 문서를 작성하시오. (110점)

조건 (1) 그리기 도구를 이용하여 작성하고, 모든 도형(글맵시, 지정된 그림 포함)을 ≪출력형태≫와 같이 작성하시오.
(2) 도형의 면색은 지시사항이 없으면 색 없음을 제외하고 서로 다르게 임의로 지정하시오.

출력형태

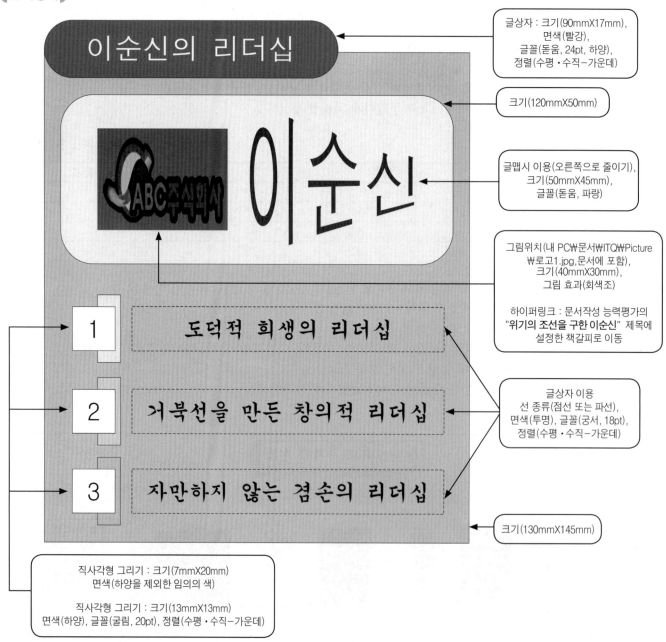

글꼴 : 돋움, 18pt, 진하게, 가운데 정렬,
책갈피 이름 : 충무공, 덧말 넣기

머리말 기능
굴림, 10pt, 오른쪽 정렬 → 성웅 이순신

애국애족정신
위기의 조선을 구한 이순신

그림위치(내 PC₩문서₩ITQ₩Picture₩
그림4.jpg,문서에 포함),
자르기 기능 이용, 크기(40mmX40mm),
바깥 여백 왼쪽 : 2mm

문단 첫 글자 장식 기능
글꼴 : 궁서, 면색 : 노랑

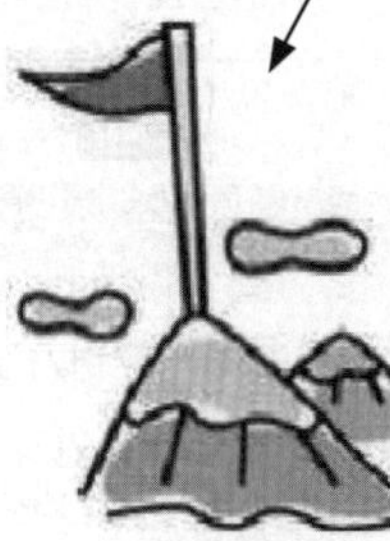

이 순신 장군은 조선 선조 때의 무신으로 일평생 정의를 실천(實踐)하면서 조금도 불의와 타협하지 않는 모습을 보여주었다. 옳다고 생각되는 일에는 상관이나 권력자에게도 서슴없이 오류를 지적하는 직언을 하였으며 늘 정의를 삶의 핵심 가치로 삼았다. 32세에 식년 무과의 병과에 급제한 뒤 권지훈련원봉사로 첫 관직에 올랐다. 이후 선전관과 정읍현감 등을 거쳐 절충장군과 진도군수 등을 지냈다. 같은 해 전라좌도수군절도사로 승진한 뒤 좌수영에 부임하여 군비 확충에 힘썼다.

이듬해 임진왜란이 일어나자 옥포에서 일본 수군과 첫 해전을 벌여 30여 척을 격파하였으며, 사천에서는 거북선을 처음 사용하여 적선 13척을 무찔렀다. 이어 1593년 남해안 일대의 일본 수군을 완전히 일소한 뒤 한산도로 진영을 옮겨 최초의 삼도수군통제사가 되었다. 이순신 장군은 시문에도 능하여 난중일기⊙와 한시 등 여러 뛰어난 작품을 남겼으며, 그의 삶 자체가 후세에 귀감이 되어 오늘날에도 이순신 장군과 그의 삶은 문학과 영화 등 예술 작품의 소재(素材)가 되고 있다. 또한 장검 등이 포함된 이충무공 유물은 보물 문화재로 지정되어 있고 이 밖에도 많은 유적이 사적으로 지정되어 있다.

각주

글꼴 : 궁서, 18pt, 하양
음영색 : 파랑

♣ **거북선의 구조**

1) 용머리와 화포

   가) 용머리 : 갑판과 수평으로 입에서 화포 발사

   나) 화포 : 움직이는 배 위에서도 사방을 향해 사격이 가능

2) 돛 지지대와 노

   가) 돛 지지대 : 돛 지지 기둥과 더불어 돛대를 고정하는 장치

   나) 노 : 배를 앞뒤로 움직이거나 제자리에서 회전

문단 번호 기능 사용
1수준 : 20pt, 오른쪽 정렬
2수준 : 30pt, 오른쪽 정렬
줄 간격 : 180%

글꼴 : 궁서 , 18pt,
기울임, 강조점

♣ *이순신 포럼 CEO 아카데미*

표 전체 글꼴 : 돋움, 10pt, 가운데 정렬,
셀 배경색(그라데이션) : 유형(가로),
시작색(하양), 끝색(노랑)

일자	주제	과정	강의 방법
5월 13일	해양 안보의 중요성과 대비 방향	개강식 및 지금 왜 이순신인가?	사례 강의 및 토의
	7년 전쟁의 종전 및 처리 과정	이순신의 파워인맥, 7년 전쟁을 승리로	
	시를 통해 본 이순신의 마음 경영	하늘을 감동하게 한 이순신의 진심	
5월 20일	경영의 지혜	이순신을 통해 본 깨어있는 의식경영	
	논어를 통해 본 이순신	수료식 및 임진왜란 전적지 답사	야외 세미나

각주 구분선 : 5cm

글꼴 : 굴림, 22pt, 진하게,
장평 105%, 오른쪽 정렬 → **국사편찬위원회**

⊙ 임진왜란 때의 일을 간결하고 명료하게 기록한 일기

쪽 번호 매기기
7로 시작 → G

10회 기출유형 모의고사

무료 동영상

과목	코드	문제유형	시험시간	수험번호	성 명
아래 한글	1111	A	60분	20228010	

수 험 자 유 의 사 항

- 수험자는 문제지를 받는 즉시 문제지와 **수험표상의 시험과목(프로그램)이 동일한지 반드시 확인**하여야 합니다.
- 파일명은 본인의 "수험번호-성명"으로 입력하여 답안폴더(내 PC\문서\ITQ)에 하나의 파일로 저장해야 하며, 답안문서 파일명이 "수험번호-성명"과 일치하지 않거나, 답안파일을 전송하지 않아 미제출로 처리될 경우 실격 처리합니다 (예 : 12345678-홍길동.hwpx).
- 답안 작성을 마치면 파일을 저장하고, '답안 전송' 버튼을 선택하여 감독위원 PC로 답안을 전송하십시오. 수험생 정보와 저장한 파일명이 다를 경우 전송되지 않으므로 주의하시기 바랍니다.
- 답안 작성 중에도 **주기적으로 저장하고 '답안 전송'** 하여야 문제 발생을 줄일 수 있습니다. 작업한 내용을 저장하지 않고 전송할 경우 이전에 저장된 내용이 전송되오니 이점 유의하시기 바랍니다.
- 답안문서는 지정된 경로 외의 다른 보조기억장치에 저장하는 경우, 지정된 시험 시간 외에 작성된 파일을 활용할 경우, 기타 통신 수단(이메일, 메신저, 네트워크 등)을 이용하여 타인에게 전달 또는 외부 반출하는 경우는 부정 처리합니다.
- 시험 중 부주의 또는 고의로 시스템을 파손한 경우는 수험자가 변상해야 하며, <수험자 유의사항>에 기재된 방법대로 이행하지 않아 생기는 불이익은 수험생 당사자의 책임임을 알려 드립니다.
- 문제의 조건은 한컴오피스 2022 버전으로 설정되어 있으니 유의하시기 바랍니다.
- 시험을 완료한 수험자는 답안파일이 전송되었는지 확인한 후 감독위원의 지시에 따라 문제지를 제출하고 퇴실합니다.

답 안 작 성 요 령

- **온라인 답안 작성 절차**
  수험자 등록 ⇒ 시험 시작 ⇒ 답안파일 저장 ⇒ 답안 전송 ⇒ 시험 종료
- **공통 부문**
- 글꼴에 대한 기본설정은 함초롬바탕, 10포인트, 검정, 줄간격 160%, 양쪽정렬로 합니다.
- 색상은 조건의 색을 적용하고 색의 구분이 안될 경우에는 RGB 값을 적용합니다(빨강 255,0,0 / 파랑 0,0,255 / 노랑 255,255,0).
- 각 문항에 주어진 ≪조건≫에 따라 작성하고 언급하지 않은 조건은 ≪출력형태≫와 같이 작성합니다.
- 용지여백은 왼쪽 · 오른쪽 11㎜, 위쪽 · 아래쪽 · 머리말 · 꼬리말 10㎜, 제본 0㎜로 합니다.
- 그림 삽입 문제의 경우 「내 PC\문서\ITQ\Picture」 폴더에서 지정된 파일을 선택하여 삽입하십시오.
- 삽입한 그림은 반드시 문서에 포함하여 저장해야 합니다(미포함 시 감점 처리).
- 각 항목은 지정된 페이지에 출력형태와 같이 정확히 작성하시기 바라며, 그렇지 않을 경우에 해당 항목은 0점 처리됩니다.
- ※ 페이지 구분 : 1페이지 – 기능평가 I (문제번호 표시 : 1. 2.),
  　　　　　　　2페이지 – 기능평가 II (문제번호 표시 : 3. 4.),
  　　　　　　　3페이지 – 문서작성 능력평가

기능평가
- 문제와 ≪조건≫은 입력하지 않으며 문제번호와 답(≪출력형태≫)만 작성합니다.
- 4번 문제는 묶기를 했을 경우 0점 처리됩니다.

문서작성 능력평가
- A4 용지(210㎜×297㎜) 1매 크기, 세로 서식 문서로 작성합니다.
- ┌┈┐ 표시는 문서작성에 대한 지시사항이므로 작성하지 않습니다.

The Insight KPC
kpc 한국생산성본부

1. 다음의 ≪조건≫에 따라 스타일 기능을 적용하여 ≪출력형태≫와 같이 작성하시오. (50점)

조건
(1) 스타일 이름 – security
(2) 문단 모양 – 왼쪽 여백 : 15pt, 문단 아래 간격 : 10pt
(3) 글자 모양 – 글꼴 : 한글(굴림)/영문(바탕), 크기 : 10pt, 장평 : 95%, 자간 : 5%

출력형태

Illegal leakage of personal information can fall in the wrong hands for identity theft and illegal spam causing mental and financial damages.

초고속 인터넷에 연결된 컴퓨터 사용자들은 자신들이 분마다 발생하는 사이버 위협의 잠재적인 목표물이라는 사실을 모르고 인터넷을 이용하고 있다.

2. 다음의 ≪조건≫에 따라 ≪출력형태≫와 같이 표와 차트를 작성하시오. (100점)

표조건
(1) 표 전체(표, 캡션) – 돋움, 10pt
(2) 정렬 – 문자 : 가운데 정렬, 숫자 : 오른쪽 정렬
(3) 셀 배경(면색) : 노랑
(4) 한글의 계산 기능을 이용하여 빈칸에 평균(소수점 두 자리)을 구하고, 캡션 기능 사용할 것
(5) 선 모양은 ≪출력형태≫와 동일하게 처리할 것

출력형태

정보보호 산업 매출 현황(단위 : 백억 원)

구분	2021년	2022년	2023년	2024년	평균
네트워크 보안	65.3	72.9	75.2	82.5	
시스템 보안	44.4	48.8	53.4	57.2	
정보 유출 방지	46.6	42.6	43.1	45.9	
암호 및 인증	15.1	15.1	18.2	19.6	

차트조건
(1) 차트 데이터는 표 내용에서 연도별 네트워크 보안, 시스템 보안, 정보 유출 방지의 값만 이용할 것
(2) 종류 – <묶은 세로 막대형>으로 작업할 것
(3) 제목 – 글꼴 : 굴림, 진하게, 12pt
　　　　속성 : 채우기(밝은 색 : 하양), 테두리, 그림자(바깥쪽 : 대각선 오른쪽 아래)
(4) 제목 이외의 전체 글꼴 – 굴림, 보통, 10pt
(5) 축제목과 범례는 ≪출력형태≫와 동일하게 처리할 것

출력형태

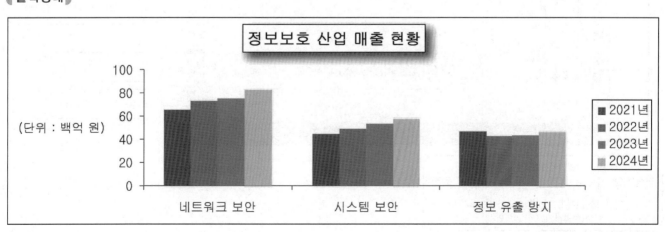

3. 다음 (1), (2)의 수식을 수식 편집기로 각각 입력하시오. (40점)

출력형태

(1) $\displaystyle\sum_{k=1}^{10}\left(k^3+6k^2+4k+3\right)=256$

(2) $R_H=\dfrac{1}{hc}\times\dfrac{2\pi^2K^2me^4}{h^2}$

4. 다음의 《조건》에 따라 《출력형태》와 같이 문서를 작성하시오. (110점)

조건 (1) 그리기 도구를 이용하여 작성하고, 모든 도형(글맵시, 지정된 그림 포함)을 《출력형태》와 같이 작성하시오.
(2) 도형의 면색은 지시사항이 없으면 색 없음을 제외하고 서로 다르게 임의로 지정하시오.

출력형태

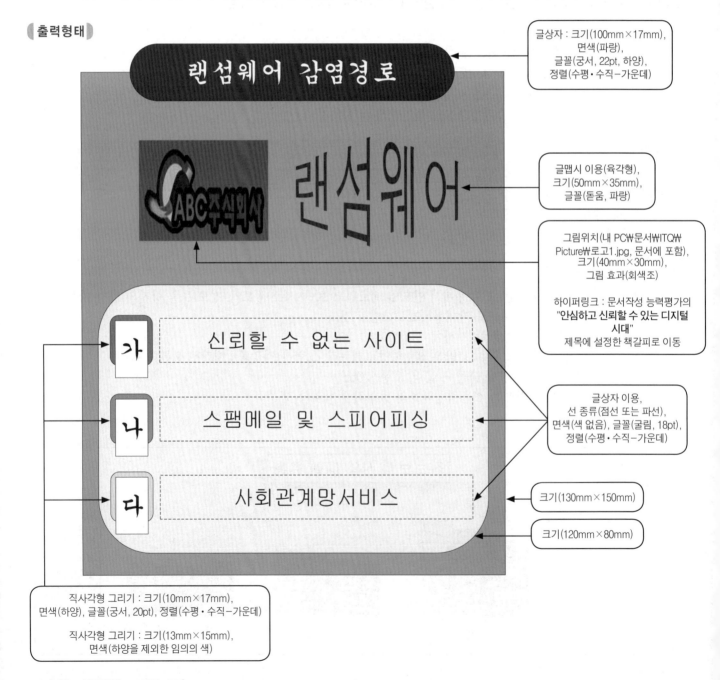

글상자 : 크기(100mm×17mm), 면색(파랑), 글꼴(궁서, 22pt, 하양), 정렬(수평·수직-가운데)

글맵시 이용(육각형), 크기(50mm×35mm), 글꼴(돋움, 파랑)

그림위치(내 PC₩문서₩ITQ₩Picture₩로고1.jpg, 문서에 포함), 크기(40mm×30mm), 그림 효과(회색조)

하이퍼링크 : 문서작성 능력평가의 **"안심하고 신뢰할 수 있는 디지털 시대"** 제목에 설정한 책갈피로 이동

글상자 이용, 선 종류(점선 또는 파선), 면색(색 없음), 글꼴(굴림, 18pt), 정렬(수평·수직-가운데)

크기(130mm×150mm)

크기(120mm×80mm)

직사각형 그리기 : 크기(10mm×17mm), 면색(하양), 글꼴(궁서, 20pt), 정렬(수평·수직-가운데)

직사각형 그리기 : 크기(13mm×15mm), 면색(하양을 제외한 임의의 색)

머리말 기능
굴림, 10pt, 오른쪽 정렬

사이버 위협

글꼴 : 돋움, 18pt, 진하게, 가운데 정렬
책갈피 이름 : 개인정보, 덧말 넣기

그림위치(내 PC\문서\ITQ\Picture\그림4.jpg, 문서에 포함)
자르기 기능 이용,
크기(40mm×40mm), 바깥 여백
왼쪽 : 2mm

개인정보 보호
안심하고 신뢰할 수 있는 디지털 시대

문단 첫 글자 장식 기능
글꼴 : 궁서, 면색 : 노랑

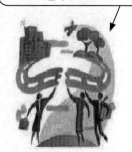

개인정보란 살아 있는 개인에 관한 정보로서 성명, 주민등록번호 및 영상 등을 통하여 개인을 알아볼 수 있는 정보, 즉 해당 정보만으로는 특정 개인을 알아볼 수 없더라도 다른 정보와 결합(結合)하여 알아볼 수 있는 것을 말한다. 2018년에는 가상통화 열풍을 타고 채굴형 악성코드 및 가상통화 거래소를 대상으로 한 스피어피싱 공격이 증가할 것으로 보인다. 2017년 하반기부터 가상통화 이용자가 증가함에 따라 각 거래소들의 규모가 점점 거대화되고 있다. 각 거래소들의 신규 인원 채용을 악용하여 한글 이력서 등으로 위장한 원격제어 및 정보유출 악성코드 감염 시도가 급증할 것으로 예상된다. 이러한 스피어피싱 공격은 일반 이용자들에게까지 전파(傳播)되어 메일 내 첨부파일을 열람할 경우 악성코드 감염에 노출될 수 있다.

각주

가상통화의 인기는 앞으로도 지속될 것으로 전망되고 있으므로 가상통화ⓐ 채굴을 위한 해커들의 공격은 멈추지 않을 것으로 보인다. 따라서 안전한 인터넷 이용을 위해서는 철저한 소프트웨어 보안 업데이트와 더불어 중요 정보를 개인 컴퓨터에 보관하지 않는 등 관리적 측면의 보안에 더욱 주의를 기울여야 할 것이다.

♠ 주요 랜섬웨어

글꼴 : 궁서, 18pt, 하양
음영색 : 빨강

  I. 워너크라이

    A. 사용자의 중요 파일을 암호화한 뒤 이를 푸는 대가로 금전을 요구

    B. 다양한 문서파일 외 다수의 파일을 암호화

  II. 록키

    A. 이메일의 수신인을 속이기 위해 인보이스, 환불 등의 제목 사용

    B. 확장자가 변하며 복구 관련 메시지 출력

문단 번호 기능 사용
1수준 : 20pt, 오른쪽 정렬
2수준 : 30pt, 오른쪽 정렬
줄 간격 : 180%

♠ 정보보호 침해사고 신고 방법

글꼴 : 궁서, 18pt, 밑줄, 강조점

표 전체 글꼴 : 굴림, 10pt, 가운데 정렬
셀 배경(그러데이션) : 유형(가로),
시작색(하양), 끝색(노랑)

구분	신고 내용	신고 대상	신고 기관	신고 기한
정보시스템 운영 기업 및 기관	개인정보 유출	공공기관, 민간기업	행정안전부 및 한국인터넷진흥원	5일 이내
		서비스 제공자	방송통신위원회 및 한국인터넷진흥원	24시간 이내
	침해사고	서비스 제공자, 사업자	과학기술정보통신부 및 한국인터넷진흥원	즉시
일반 이용자 (정보 주체)	개인정보 침해	서비스 이용자	개인정보침해신고센터	없음

글꼴 : 돋움, 24pt, 진하게,
장평 105%, 오른쪽 정렬

→ **한국인터넷진흥원**

각주 구분선 : 5cm

ⓐ 컴퓨터 등에 정보 형태로 남아 실물 없이 인터넷상으로만 거래되는 전자화폐의 일종

쪽 번호 매기기
6으로 시작

⑥

2. 문서 편집 기능-2

기능	메뉴	리본 메뉴	단축키
특수문자 입력	[입력] 탭-[문자표]	[입력] 탭-[문자표 ※]	Ctrl + F10
글자 겹치기	[입력] 탭-[입력 도우미]-[글자 겹치기]	[입력] 탭-[입력 도우미]-[글자 겹치기 ㉑]	
수식 입력	[입력] 탭-[수식]	[입력] 탭-[수식 $\sqrt{x}$]	Ctrl + N , M
각주	[입력] 탭-[주석]-[각주]	[입력] 탭-[각주 ▤]	Ctrl + N , N
차트	[입력] 탭-[차트]	[입력] 탭-[차트 ▥] [편집] 탭-[차트 ▥]	
글상자	[입력] 탭-[글상자]	[입력] 탭-[가로 글상자 ▤]	Ctrl + N , B
그림 삽입	[입력] 탭-[그림]	[입력] 탭-[그림 ▣]	Ctrl + N , I
그리기마당	[입력] 탭-[그림]-[그리기마당]	[입력] 탭-[그림 ▣]-[그리기마당 ▣]	
글맵시	[입력] 탭-[개체]-[글맵시]	[입력] 탭-[글맵시 ▨]	
글자 모양	[서식] 탭-[글자 모양]	[편집] 탭-[글자 모양 가] [서식] 탭-[글자 모양 가]	Alt + L
문단 모양	[서식] 탭-[문단 모양]	[편집] 탭-[문단 모양 ▤] [서식] 탭-[문단 모양 ▤]	Alt + T
스타일	[서식] 탭-[스타일]	[편집] 탭-[스타일 ▤]	F6
문단 번호	[서식] 탭-[문단 번호 모양]	[서식] 탭-[문단 번호 ▤]	Ctrl + K , N
머리말/꼬리말	[쪽] 탭-[머리말/꼬리말]	[쪽] 탭-[머리말 ▤] [쪽] 탭-[꼬리말 ▤]	Ctrl + N , H
쪽 번호 매기기	[쪽] 탭-[쪽 번호 매기기]	[쪽] 탭-[쪽 번호 매기기 ▥]	Ctrl + N , P
맞춤법 검사	[도구] 탭-[맞춤법]	[도구] 탭-[맞춤법 ▥]	F8
정렬	[편집] 탭-[정렬]	[편집] 탭-[정렬 ▤]	
그림 자르기		[그림 ▣] 탭-[자르기 ▣]	
개체 묶기		[그림 ▣] 탭-[그룹 ▣]	
되돌리기	[편집] 탭-[되돌리기 ▤]		Ctrl + Z
다시 실행	[편집] 탭-[다시 실행 ▤]		Ctrl + Shift + Z
한자 변환			한자 키 또는 F9 키

PART 3

기출문제

기출문제를 풀어봄으로써 최근 출제경향을 파악하고
수검자의 실력을 확인하도록 합니다.

※정답 파일과 동영상 강의는 [자료실]에서 다운로드하세요.

기출문제

과목	코드	문제유형	시험시간	수험번호	성 명
아래 한글	1111	A	60분	20228011	

수 험 자 유 의 사 항

◎ 수험자는 문제지를 받는 즉시 문제지와 **수험표상의 시험과목(프로그램)이 동일한지 반드시 확인**하여야 합니다.

◎ 파일명은 본인의 "수험번호-성명"으로 입력하여 답안폴더(내 PC₩문서₩ITQ)에 하나의 파일로 저장해야 하며, 답안문서 파일명이 "수험번호-성명"과 일치하지 않거나, 답안파일을 전송하지 않아 미제출로 처리될 경우 실격 처리합니다 (예 : 12345678-홍길동.hwpx).

◎ 답안 작성을 마치면 파일을 저장하고, '답안 전송' 버튼을 선택하여 감독위원 PC로 답안을 전송하십시오. 수험생 정보와 저장한 파일명이 다를 경우 전송되지 않으므로 주의하시기 바랍니다.

◎ 답안 작성 중에도 **주기적으로 저장하고 '답안 전송'** 하여야 문제 발생을 줄일 수 있습니다. 작업한 내용을 저장하지 않고 전송할 경우 이전에 저장된 내용이 전송되오니 이점 유의하시기 바랍니다.

◎ 답안문서는 지정된 경로 외의 다른 보조기억장치에 저장하는 경우, 지정된 시험 시간 외에 작성된 파일을 활용할 경우, 기타 통신 수단(이메일, 메신저, 네트워크 등)을 이용하여 타인에게 전달 또는 외부 반출하는 경우는 부정 처리합니다.

◎ 시험 중 부주의 또는 고의로 시스템을 파손한 경우는 수험자가 변상해야 하며, <수험자 유의사항>에 기재된 방법대로 이행하지 않아 생기는 불이익은 수험생 당사자의 책임임을 알려 드립니다.

◎ 문제의 조건은 한컴오피스 2022 버전으로 설정되어 있으니 유의하시기 바랍니다.

◎ 시험을 완료한 수험자는 답안파일이 전송되었는지 확인한 후 감독위원의 지시에 따라 문제지를 제출하고 퇴실합니다.

답 안 작 성 요 령

◎ 온라인 답안 작성 절차
수험자 등록 ⇒ 시험 시작 ⇒ 답안파일 저장 ⇒ 답안 전송 ⇒ 시험 종료

◎ 공통 부문
· 글꼴에 대한 기본설정은 함초롬바탕, 10포인트, 검정, 줄간격 160%, 양쪽정렬로 합니다.
· 색상은 조건의 색을 적용하고 색의 구분이 안될 경우에는 RGB 값을 적용합니다(빨강 255,0,0 / 파랑 0,0,255 / 노랑 255,255,0).
· 각 문항에 주어진 ≪조건≫에 따라 작성하고 언급하지 않은 조건은 ≪출력형태≫와 같이 작성합니다.
· 용지여백은 왼쪽 · 오른쪽 11㎜, 위쪽 · 아래쪽 · 머리말 · 꼬리말 10㎜, 제본 0㎜로 합니다.
· 그림 삽입 문제의 경우 「내 PC₩문서₩ITQ₩Picture」 폴더에서 지정된 파일을 선택하여 삽입하십시오.
· 삽입한 그림은 반드시 문서에 포함하여 저장해야 합니다(미포함 시 감점 처리).
· 각 항목은 지정된 페이지에 출력형태와 같이 정확히 작성하시기 바라며, 그렇지 않을 경우에 해당 항목은 0점 처리됩니다.
※ 페이지 구분 : 1페이지 – 기능평가 I (문제번호 표시 : 1. 2.),
　　　　　　　 2페이지 – 기능평가 II (문제번호 표시 : 3. 4.),
　　　　　　　 3페이지 – 문서작성 능력평가

기능평가
· 문제와 ≪조건≫은 입력하지 않으며 문제번호와 답(≪출력형태≫)만 작성합니다.
· 4번 문제는 묶기를 했을 경우 0점 처리됩니다.

문서작성 능력평가
· A4 용지(210㎜×297㎜) 1매 크기, 세로 서식 문서로 작성합니다.
· ┊┊ 표시는 문서작성에 대한 지시사항이므로 작성하지 않습니다.

The Insight KPC
kpc 한국생산성본부

1. 다음의 ≪조건≫에 따라 스타일 기능을 적용하여 ≪출력형태≫와 같이 작성하시오. (50점)

조건
　(1) 스타일 이름 – global
　(2) 문단 모양 – 왼쪽 여백 : 15pt, 문단 아래 간격 : 10pt
　(3) 글자 모양 – 글꼴 : 한글(굴림)/영문(돋움), 크기 : 10pt, 장평 : 95%, 자간 : –5%

출력형태

Since its establishment in 2008, it has been commissioned by the Korea Youth Activity Promotion Agency and has operated various international exchange programs to help teenagers grow into global leaders.

청소년들이 글로벌 리더로 성장하도록 다양한 국제교류 프로그램을 운영하고 있으며, 2008년 설치 이후 2013년부터 현재까지 한국청소년활동진흥원에서 위탁 운영하고 있다.

2. 다음의 ≪조건≫에 따라 ≪출력형태≫와 같이 표와 차트를 작성하시오. (100점)

표조건
　(1) 표 전체(표, 캡션) – 굴림, 10pt
　(2) 정렬 – 문자 : 가운데 정렬, 숫자 : 오른쪽 정렬
　(3) 셀 배경(면색) : 노랑
　(4) 한글의 계산 기능을 이용하여 빈칸에 평균(소수점 두 자리)을 구하고, 캡션 기능 사용할 것
　(5) 선 모양은 ≪출력형태≫와 동일하게 처리할 것

출력형태

청소년국제교류 사업 효과성 변화(단위 : 점)

연도	2020년	2021년	2022년	2023년	평균
이해증진도	2.8	3.1	3.3	3.5	
시민의식	4.2	4.1	4.3	4.1	
가치관	3.6	4.2	4.7	4.1	
문화 개방성	3.5	4.1	4.4	4.9	

차트조건
　(1) 차트 데이터는 표 내용에서 연도별 이해증진도, 시민의식, 가치관의 값만 이용할 것
　(2) 종류 – ＜묶은 세로 막대형＞으로 작업할 것
　(3) 제목 – 글꼴 : 돋움, 진하게, 12pt
　　　　　속성 : 채우기(밝은 색 : 하양), 테두리, 그림자(바깥쪽 : 대각선 오른쪽 아래)
　(4) 제목 이외의 전체 글꼴 – 돋움, 보통, 10pt
　(5) 축제목과 범례는 ≪출력형태≫와 동일하게 처리할 것

출력형태

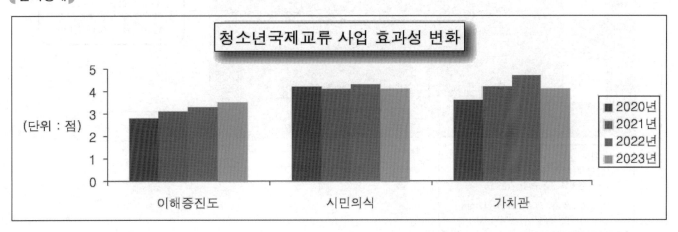

3. 다음 (1), (2)의 수식을 수식 편집기로 각각 입력하시오. (40점)

【출력형태】

(1) $1 + \sqrt{3} = \dfrac{x^3 - (2x+5)^2}{x^3 - (x-2)}$

(2) $\Delta W = \dfrac{1}{2}m(f_x)^2 + \dfrac{1}{2}m(f_y)^2$

4. 다음의 ≪조건≫에 따라 ≪출력형태≫와 같이 문서를 작성하시오. (110점)

【조건】 (1) 그리기 도구를 이용하여 작성하고, 모든 도형(글맵시, 지정된 그림 포함)을 ≪출력형태≫와 같이 작성하시오.

(2) 도형의 면색은 지시사항이 없으면 색 없음을 제외하고 서로 다르게 임의로 지정하시오.

【출력형태】

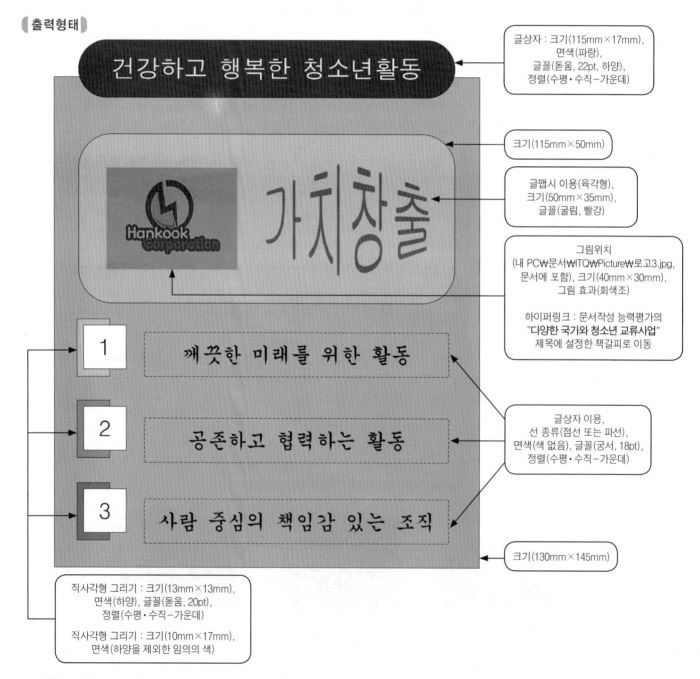

글꼴 : 궁서, 18pt, 진하게, 가운데 정렬
책갈피 이름 : 국제의식, 덧말 넣기

머리말 기능
굴림, 10pt, 오른쪽 정렬 ▶ 청소년 국제교류

문단 첫 글자 장식 기능
글꼴 : 돋움, 면색 : 노랑

글로벌 리더십
다양한 국가와 청소년 교류사업

그림위치(내 PC￦문서￦ITQ￦Picture￦
그림4.jpg, 문서에 포함)
자르기 기능 이용, 크기(35mm×45mm),
바깥 여백 왼쪽 : 2mm

우리 사회가 점점 세계화 되어감에 따라 서로 다른 문화(文化) 배경을 지닌 사람들에 대하여 서로의 문화를 존중하고 공감할 줄 아는 능력이 점차 중요한 사회적 역량으로 대두되고 있다. 특히 청소년(靑少年)들은 우리 사회의 미래를 이끌어 나갈 것이므로 우리의 청소년들이 국제교류 활동을 통하여 국제 감각을 갖춘 글로벌 인재로 성장할 수 있는 환경을 조성하는 일은 더더욱 중요한 과제이다. 청소년의 국제 감각 함양 및 글로벌 역량 강화에 대한 중요성은 일찍이 인식되었다.

각주

외교부의 국제교류사업은 매우 방대하며 특정 나이, 대상은 없다. 주로 한국국제협력단⊙을 중심으로 이루어지고 있으며 지역이나 주제, 프로그램의 유형별로 기획이 되는데, 그중 청소년과 직접적으로 관련 있는 사업으로는 글로벌 인재 양성 사업이라고 볼 수 있다. 그간 활발히 추진되어 온 청소년 국제교류사업이 최근 들어 나타난 코로나 사태로 인하여 기존의 청소년 국제교류 활동을 위축시키는 결과를 낳았고, 기존의 방식과 같은 교류국 방문 형태의 교류가 사실상 어렵게 됨에 따라, 이에 대한 대응의 차원에서도 새로운 국제교류 운영방안이 필요한 실정이다.

글꼴 : 굴림, 18pt, 하양
음영색 : 빨강

♣ 청소년 교류센터의 역할

A. 사업추진 방향

ⓐ 청소년의 국제이해 증진 및 세계시민으로서 역량 강화

ⓑ 국내외 청소년의 교류 다양화를 통한 상호이해와 신뢰 증진 등

B. 주요 기능

ⓐ 국제활동 중장기 계획 수립 및 연구

ⓑ 국내외 청소년 교류활동 운영 및 협력에 관한 사항 등

문단 번호 기능 사용
1수준 : 20pt, 오른쪽 정렬
2수준 : 30pt, 오른쪽 정렬
줄 간격 : 180%

표 전체 글꼴 : 돋움, 10pt, 가운데 정렬
셀 배경(그러데이션) : 유형(가로),
시작색(하양), 끝색(노랑)

♣ 청소년 국제교류사업 개요

글꼴 : 굴림, 18pt,
기울임, 강조점

사업명	대상	규모	근거
국가 간 청소년 교류	만 16세 – 만 24세	초청 150명, 파견 150명	청소년활동 진흥법 제54조 (국제 청소년 교류 활동의 지원)
국제회의 및 행사 파견	만 16세 – 만 24세	33명 내외	청소년활동 진흥법 제54조 (국제 청소년 교류 활동의 지원)
해외자원 봉사단	만 15세 – 만 20세	약 140명	청소년활동 진흥법 제54조 (국제 청소년 교류 활동의 지원)
국제 청소년 포럼	만 18세 – 만 24세	10여 개국 200명	청소년활동 진흥법 제54조 (국제 청소년 교류 활동의 지원)
국제 청소년 캠페스트	초중고 청소년 및 지도자	20여 개국 5,000명	청소년활동 진흥법 제54조 (국제 청소년 교류 활동의 지원)

각주 구분선 : 5cm

글꼴 : 궁서, 24pt, 진하게,
장평 105%, 오른쪽 정렬 ▶ **청소년 교류센터**

⊙ KOICA: 대한민국의 국제개발 사업을 주관하는 외교부 산하 위탁집행형 준정부기관

쪽 번호 매기기
5로 시작 ▶ ⑤

2 회 기출문제

무료 동영상

과목	코드	문제유형	시험시간	수험번호	성 명
아래 한글	1111	A	60분	20228012	

수 험 자 유 의 사 항

- 수험자는 문제지를 받는 즉시 문제지와 **수험표상의 시험과목(프로그램)이 동일한지 반드시 확인**하여야 합니다.
- 파일명은 본인의 "수험번호-성명"으로 입력하여 답안폴더(내 PC₩문서₩ITQ)에 하나의 파일로 저장해야 하며, 답안문서 파일명이 "수험번호-성명"과 일치하지 않거나, 답안파일을 전송하지 않아 미제출로 처리될 경우 실격 처리합니다 (예 : 12345678-홍길동.hwpx).
- 답안 작성을 마치면 파일을 저장하고, '답안 전송' 버튼을 선택하여 감독위원 PC로 답안을 전송하십시오. 수험생 정보와 저장한 파일명이 다를 경우 전송되지 않으므로 주의하시기 바랍니다.
- 답안 작성 중에도 **주기적으로 저장하고 '답안 전송'** 하여야 문제 발생을 줄일 수 있습니다. 작업한 내용을 저장하지 않고 전송할 경우 이전에 저장된 내용이 전송되오니 이점 유의하시기 바랍니다.
- 답안문서는 지정된 경로 외의 다른 보조기억장치에 저장하는 경우, 지정된 시험 시간 외에 작성된 파일을 활용할 경우, 기타 통신 수단(이메일, 메신저, 네트워크 등)을 이용하여 타인에게 전달 또는 외부 반출하는 경우는 부정 처리합니다.
- 시험 중 부주의 또는 고의로 시스템을 파손한 경우는 수험자가 변상해야 하며, <수험자 유의사항>에 기재된 방법대로 이행하지 않아 생기는 불이익은 수험생 당사자의 책임임을 알려 드립니다.
- 문제의 조건은 한컴오피스 2022 버전으로 설정되어 있으니 유의하시기 바랍니다.
- 시험을 완료한 수험자는 답안파일이 전송되었는지 확인한 후 감독위원의 지시에 따라 문제지를 제출하고 퇴실합니다.

답 안 작 성 요 령

- **온라인 답안 작성 절차**
  수험자 등록 ⇒ 시험 시작 ⇒ 답안파일 저장 ⇒ 답안 전송 ⇒ 시험 종료
- **공통 부문**
- 글꼴에 대한 기본설정은 함초롬바탕, 10포인트, 검정, 줄간격 160%, 양쪽정렬로 합니다.
- 색상은 조건의 색을 적용하고 색의 구분이 안될 경우에는 RGB 값을 적용합니다(빨강 255,0,0 / 파랑 0,0,255 / 노랑 255,255,0).
- 각 문항에 주어진 ≪조건≫에 따라 작성하고 언급하지 않은 조건은 ≪출력형태≫와 같이 작성합니다.
- 용지여백은 왼쪽·오른쪽 11㎜, 위쪽·아래쪽·머리말·꼬리말 10㎜, 제본 0㎜로 합니다.
- 그림 삽입 문제의 경우 「내 PC₩문서₩ITQ₩Picture」 폴더에서 지정된 파일을 선택하여 삽입하십시오.
- 삽입한 그림은 반드시 문서에 포함하여 저장해야 합니다(미포함 시 감점 처리).
- 각 항목은 지정된 페이지에 출력형태와 같이 정확히 작성하시기 바라며, 그렇지 않을 경우에 해당 항목은 0점 처리됩니다.
- ※ 페이지 구분 : 1페이지 – 기능평가 I (문제번호 표시 : 1. 2.),
  2페이지 – 기능평가 II (문제번호 표시 : 3. 4.),
  3페이지 – 문서작성 능력평가
- **기능평가**
- 문제와 ≪조건≫은 입력하지 않으며 문제번호와 답(≪출력형태≫)만 작성합니다.
- 4번 문제는 묶기를 했을 경우 0점 처리됩니다.
- **문서작성 능력평가**
- A4 용지(210㎜×297㎜) 1매 크기, 세로 서식 문서로 작성합니다.
- ⌜‾‾‾⌝ 표시는 문서작성에 대한 지시사항이므로 작성하지 않습니다.

The Insight KPC
kpc 한국생산성본부

1. 다음의 《조건》에 따라 스타일 기능을 적용하여 《출력형태》와 같이 작성하시오. (50점)

[조건]
(1) 스타일 이름 – metaverse
(2) 문단 모양 – 왼쪽 여백 : 15pt, 문단 아래 간격 : 10pt
(3) 글자 모양 – 글꼴 : 한글(돋움)/영문(굴림), 크기 : 10pt, 장평 : 95%, 자간 : 5%

[출력형태]

In order to revitalize and continue to grow various industrial ecosystems, it is necessary to establish leading governance and establish and operate a metaverse partnership organization that can lead.

다양한 산업 생태계의 활성화와 지속적인 성장을 위해서는 선도적 거버넌스의 정립이 필요하며 견인할 수 있는 메타버스 파트너십 기구를 설치하고 운영할 필요가 있다.

2. 다음의 《조건》에 따라 《출력형태》와 같이 표와 차트를 작성하시오. (100점)

[표조건]
(1) 표 전체(표, 캡션) – 돋움, 10pt
(2) 정렬 – 문자 : 가운데 정렬, 숫자 : 오른쪽 정렬
(3) 셀 배경(면색) : 노랑
(4) 한글의 계산 기능을 이용하여 빈칸에 합계를 구하고, 캡션 기능 사용할 것
(5) 선 모양은 《출력형태》와 동일하게 처리할 것

[출력형태]

글로벌 메타버스 시장 전망(단위 : 10억 달러)

구분	2022	2023	2024	2025	합계
가상현실(VR)	13.4	27.8	79.4	138.3	
증강현실(AR)	33.0	67.9	193.8	338.1	
VR+AR	46.5	95.7	273.2	476.4	
기타	7.5	9.2	21.4	85.3	

[차트조건]
(1) 차트 데이터는 표 내용에서 연도별 가상현실(VR), 증강현실(AR), VR+AR의 값만 이용할 것
(2) 종류 – <묶은 세로 막대형>으로 작업할 것
(3) 제목 – 글꼴 : 굴림, 진하게, 12pt
         속성 : 채우기(밝은 색 : 하양), 테두리, 그림자(바깥쪽 : 대각선 오른쪽 아래)
(4) 제목 이외의 전체 글꼴 – 굴림, 보통, 10pt
(5) 축제목과 범례는 《출력형태》와 동일하게 처리할 것

[출력형태]

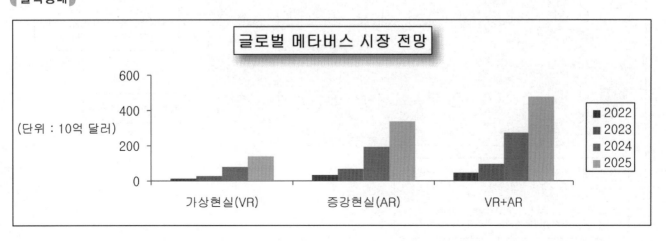

3. 다음 (1), (2)의 수식을 수식 편집기로 각각 입력하시오. (40점)

〖출력형태〗

(1) $K = \dfrac{a(1+r)((1+r)^n - 1)}{r}$

(2) $\displaystyle\int_a^b xf(x)dx = \frac{1}{b-a}\int_a^b xdx = \frac{a+b}{2}$

4. 다음의 ≪조건≫에 따라 ≪출력형태≫와 같이 문서를 작성하시오. (110점)

〖조건〗 (1) 그리기 도구를 이용하여 작성하고, 모든 도형(글맵시, 지정된 그림 포함)을 ≪출력형태≫와 같이
작성하시오.

      (2) 도형의 면색은 지시사항이 없으면 색 없음을 제외하고 서로 다르게 임의로 지정하시오.

〖출력형태〗

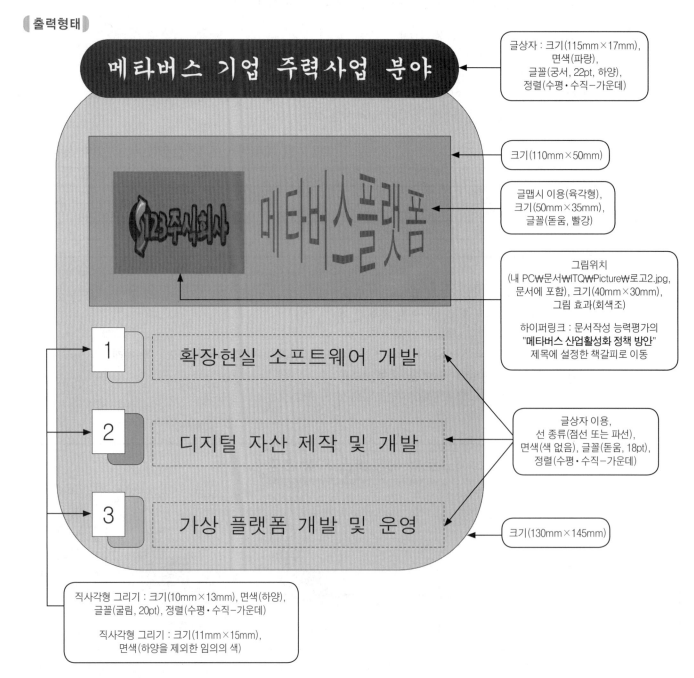

글꼴 : 굴림, 18pt, 진하게, 가운데 정렬
책갈피 이름 : 메타버스, 덧말 넣기

머리말 기능
돋움, 10pt, 오른쪽 정렬 ▶메타버스 산업육성

문단 첫 글자 장식 기능
글꼴 : 굴림, 면색 : 노랑

서울연구원
메타버스 산업활성화 정책 방안

그림위치(내 PC₩문서₩ITQ₩Picture₩
그림4.jpg, 문서에 포함)
자르기 기능 이용, 크기(40mm×40mm),
바깥 여백 왼쪽 : 2mm

메타버스 산업활성화를 견인(牽引)하는 정책 거버넌스 확립을 위해 다원화된 주체가 참여하고 다양한 부문의 기업이 연계(連繫)하는 메타버스와 같은 산업에서는 산업발전을 선도하는 거버넌스가 긴요하다. 다양한 가치와 이해관계를 지닌 다수의 주체가 메타버스 세계에 참여해 콘텐츠 및 서비스 생산과 활용, 소비와 거래에 관여한다. 민관협력체계를 구축하여 메타버스 산업 활성화에 기여하고자 정부 주도의 메타버스 관련 거버넌스 기구로 '메타버스 얼라이언스'ⓐ가 설치되어 운영 중이다. 각주

메타버스 얼라이언스는 운영위원회와 분과 및 프로젝트 그룹 운영 등을 통해 기업의 의견수렴과 신규과제 발굴, 협력활동을 지원하는 등의 역할을 수행한다. 메타버스 산업의 중심성 및 선도성을 지닌 서울시도 산업발전을 견인할 수 있는 자체적인 정책 거버넌스 확립이 필요하다. 다양한 정책 방안을 추진하기 위해서는 메타버스 산업육성 및 활성화를 뒷받침하는 조례의 마련, 메타버스 이용 활성화를 위한 제도적 환경의 재정비이다. 메타버스 이용을 제약할 수 있는 불합리한 요소를 최소화하고 이용을 촉진할 수 있는 적극적 환경을 조성하기 위한 관련 조례 제정, 법률 및 제도 정비, 공용플랫폼의 건전한 이용 환경 조성이 있다.

◆ 서울시 메타버스 산업 전략적 방안

글꼴 : 굴림, 18pt, 하양
음영색 : 빨강

가. 산업생태계 육성 및 기업 경쟁력 강화
　　㉠ 생태계에 속한 부문이나 업종의 균형적 성장
　　㉡ 기업들의 경쟁력 강화 지원
나. 메타버스 우수 인적자원 개발 지원
　　㉠ 메타버스 크리에이터 양성과정 설치 운영
　　㉡ 교육 훈련 과정을 이수한 인적자원 DB 구축

문단 번호 기능 사용
1수준 : 20pt, 오른쪽정렬
2수준 : 30pt, 오른쪽정렬
줄 간격 : 180%

◆ 조사분석에 활용한 자료원

글꼴 : 굴림, 18pt,
기울임, 강조점

표 전체 글꼴 : 굴림, 10pt, 가운데 정렬
셀 배경(그러데이션) : 유형(가로),
시작색(하양), 끝색(노랑)

자료원	보유기관	자료원의 설명	기업 수
메타버스	얼라이언스	2021년 5월에 출범, 프로젝트 단위로 기업과 유관기관 참여 중	654개
	산업협회	가상현실산업협회와 모바일산업협회 공동 출범으로 회원사 모집	약 80개
	허브 입주기업	콘텐츠, 플랫폼, 디바이스 솔루션 기업 인큐베이팅 공간 입주	46개
스타트업	혁신의 숲	'메타버스/AR/VR' 관련 사업 등록된 스타트업 데이터베이스 활용	148개
서울경제진흥원		유관기관 협력을 통해 서울XR실증센터 운영	39개

각주 구분선 : 5cm

글꼴 : 궁서, 24pt, 진하게,
장평 105%, 오른쪽 정렬

경제연구실

ⓐ 정부 주도 민관협력체계 구축, 메타버스 산업 활성화 기여하고자 출범한 기구

쪽 번호 매기기
6으로 시작 ▶ ⑥

과목	코드	문제유형	시험시간	수험번호	성 명
아래 한글	1111	A	60분	20228013	

수 험 자 유 의 사 항

◉ 수험자는 문제지를 받는 즉시 문제지와 **수험표상의 시험과목(프로그램)이 동일한지 반드시 확인**하여야 합니다.

◉ 파일명은 본인의 "수험번호-성명"으로 입력하여 답안폴더(내 PC₩문서₩ITQ)에 하나의 파일로 저장해야 하며, 답안문서 파일명이 "수험번호-성명"과 일치하지 않거나, 답안파일을 전송하지 않아 미제출로 처리될 경우 실격 처리합니다 (예 : 12345678-홍길동.hwpx).

◉ 답안 작성을 마치면 파일을 저장하고, '답안 전송' 버튼을 선택하여 감독위원 PC로 답안을 전송하십시오. 수험생 정보와 저장한 파일명이 다를 경우 전송되지 않으므로 주의하시기 바랍니다.

◉ 답안 작성 중에도 **주기적으로 저장하고 '답안 전송'** 하여야 문제 발생을 줄일 수 있습니다. 작업한 내용을 저장하지 않고 전송할 경우 이전에 저장된 내용이 전송되오니 이점 유의하시기 바랍니다.

◉ 답안문서는 지정된 경로 외의 다른 보조기억장치에 저장하는 경우, 지정된 시험 시간 외에 작성된 파일을 활용할 경우, 기타 통신 수단(이메일, 메신저, 네트워크 등)을 이용하여 타인에게 전달 또는 외부 반출하는 경우는 부정 처리합니다.

◉ 시험 중 부주의 또는 고의로 시스템을 파손한 경우는 수험자가 변상해야 하며, <수험자 유의사항>에 기재된 방법대로 이행하지 않아 생기는 불이익은 수험생 당사자의 책임임을 알려 드립니다.

◉ 문제의 조건은 한컴오피스 2022 버전으로 설정되어 있으니 유의하시기 바랍니다.

◉ 시험을 완료한 수험자는 답안파일이 전송되었는지 확인한 후 감독위원의 지시에 따라 문제지를 제출하고 퇴실합니다.

답 안 작 성 요 령

◉ **온라인 답안 작성 절차**
수험자 등록 ⇒ 시험 시작 ⇒ 답안파일 저장 ⇒ 답안 전송 ⇒ 시험 종료

◉ **공통 부문**
· 글꼴에 대한 기본설정은 함초롬바탕, 10포인트, 검정, 줄간격 160%, 양쪽정렬로 합니다.
· 색상은 조건의 색을 적용하고 색의 구분이 안될 경우에는 RGB 값을 적용합니다(빨강 255,0,0 / 파랑 0,0,255 / 노랑 255,255,0).
· 각 문항에 주어진 ≪조건≫에 따라 작성하고 언급하지 않은 조건은 ≪출력형태≫와 같이 작성합니다.
· 용지여백은 왼쪽 · 오른쪽 11㎜, 위쪽 · 아래쪽 · 머리말 · 꼬리말 10㎜, 제본 0㎜로 합니다.
· 그림 삽입 문제의 경우 「내 PC₩문서₩ITQ₩Picture」 폴더에서 지정된 파일을 선택하여 삽입하십시오.
· 삽입한 그림은 반드시 문서에 포함하여 저장해야 합니다(미포함 시 감점 처리).
· 각 항목은 지정된 페이지에 출력형태와 같이 정확히 작성하시기 바라며, 그렇지 않을 경우에 해당 항목은 0점 처리됩니다.
※ 페이지 구분 : 1페이지 - 기능평가 I (문제번호 표시 : 1. 2.),
　　　　　　　　2페이지 - 기능평가 II (문제번호 표시 : 3. 4.),
　　　　　　　　3페이지 - 문서작성 능력평가

기능평가
· 문제와 ≪조건≫은 입력하지 않으며 문제번호와 답(≪출력형태≫)만 작성합니다.
· 4번 문제는 묶기를 했을 경우 0점 처리됩니다.

문서작성 능력평가
· A4 용지(210㎜×297㎜) 1매 크기, 세로 서식 문서로 작성합니다.
· ┆┄┄┆ 표시는 문서작성에 대한 지시사항이므로 작성하지 않습니다.

1. 다음의 ≪조건≫에 따라 스타일 기능을 적용하여 ≪출력형태≫와 같이 작성하시오. (50점)

조건   (1) 스타일 이름 – future
       (2) 문단 모양 – 첫 줄 들여쓰기 : 10pt, 문단 아래 간격 : 10pt
       (3) 글자 모양 – 글꼴 : 한글(궁서)/영문(돋움), 크기 : 10pt, 장평 : 105%, 자간 : −5%

출력형태

   The purpose of this report is to analyze the major issues that our society faces in the present so that we can brace ourselves for the future by understanding the significance.

   미래는 현재와 공유될 때 구체적인 현실로 창조되고 다음 세대에 공유될 때 구현 가능한 현실로 다시 태어날 것이므로 마음이 미래에 닿아 있는 우리에게 흥미로운 자극제가 되길 바란다.

2. 다음의 ≪조건≫에 따라 ≪출력형태≫와 같이 표와 차트를 작성하시오. (100점)

표조건   (1) 표 전체(표, 캡션) – 굴림, 10pt
       (2) 정렬 – 문자 : 가운데 정렬, 숫자 : 오른쪽 정렬
       (3) 셀 배경(면색) : 노랑
       (4) 한글의 계산 기능을 이용하여 빈칸에 평균(소수점 두 자리)을 구하고, 캡션 기능 사용할 것
       (5) 선 모양은 ≪출력형태≫와 동일하게 처리할 것

출력형태

세계 에너지 수요 전망(단위 : 백만 톤)

구분	2010년	2020년	2030년	2040년	평균
수력	321	394	471	542	
신재생	142	313	586	923	
원자력	642	855	1,052	1,211	
석유	4,194	4,491	4,692	4,764	

차트조건   (1) 차트 데이터는 표 내용에서 연도별 수력, 신재생, 원자력의 값만 이용할 것
         (2) 종류 – <묶은 세로 막대형>으로 작업할 것
         (3) 제목 – 글꼴 : 돋움, 진하게, 12pt
                    속성 : 채우기(밝은 색 : 하양), 테두리, 그림자(바깥쪽 : 아래쪽)
         (4) 제목 이외의 전체 글꼴 – 돋움, 보통, 10pt
         (5) 축제목과 범례는 ≪출력형태≫와 동일하게 처리할 것

출력형태

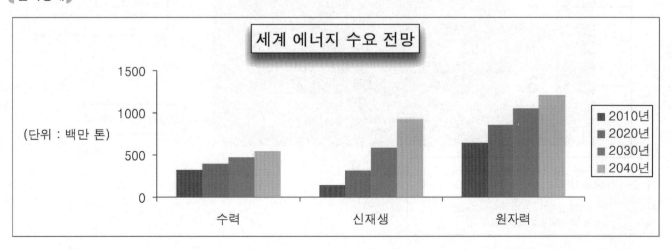

3. 다음 (1), (2)의 수식을 수식 편집기로 각각 입력하시오. (40점)

【출력형태】

(1) $E = \sqrt{\dfrac{GM}{R}}$, $\dfrac{R^3}{T^2} = \dfrac{GM}{4\pi^2}$

(2) $\displaystyle\sum_{k=1}^{n} k^3 = \frac{n(n+1)}{2} = \sum_{k=1}^{n} k$

4. 다음의 ≪조건≫에 따라 ≪출력형태≫와 같이 문서를 작성하시오. (110점)

【조건】 (1) 그리기 도구를 이용하여 작성하고, 모든 도형(글맵시, 지정된 그림 포함)을 ≪출력형태≫와 같이
작성하시오.
(2) 도형의 면색은 지시사항이 없으면 색 없음을 제외하고 서로 다르게 임의로 지정하시오.

【출력형태】

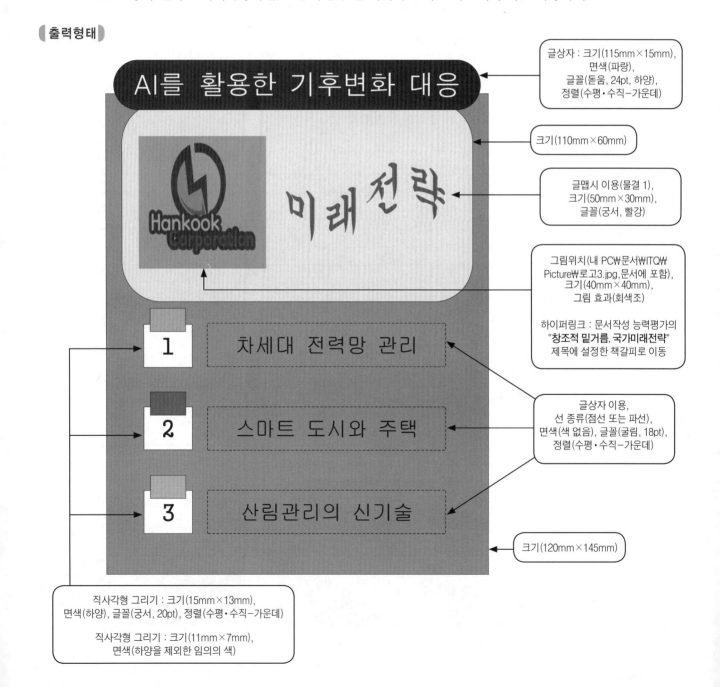

글상자 : 크기(115mm×15mm),
면색(파랑),
글꼴(돋움, 24pt, 하양),
정렬(수평·수직-가운데)

크기(110mm×60mm)

글맵시 이용(물결 1),
크기(50mm×30mm),
글꼴(궁서, 빨강)

그림위치(내 PC\문서\ITQ\
Picture\로고3.jpg,문서에 포함),
크기(40mm×40mm),
그림 효과(회색조)

하이퍼링크 : 문서작성 능력평가의
"창조적 밑거름, 국가미래전략"
제목에 설정한 책갈피로 이동

글상자 이용,
선 종류(점선 또는 파선),
면색(색 없음), 글꼴(굴림, 18pt),
정렬(수평·수직-가운데)

크기(120mm×145mm)

직사각형 그리기 : 크기(15mm×13mm),
면색(하양), 글꼴(궁서, 20pt), 정렬(수평·수직-가운데)

직사각형 그리기 : 크기(11mm×7mm),
면색(하양을 제외한 임의의 색)

글꼴 : 굴림, 18pt, 진하게, 가운데 정렬
책갈피 이름 : 미래, 덧말 넣기

문단 첫 글자 장식 기능
글꼴 : 궁서, 면색 : 노랑

위기 극복을 위한
창조적 밑거름, 국가미래전략

그림위치(내 PC₩문서₩ITQ₩Picture₩
그림4.jpg, 문서에 포함)
자르기 기능 이용, 크기(40mm×40mm),
바깥 여백 왼쪽 : 2mm

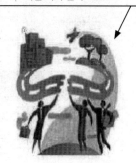

코로나19의 전 세계적 확산은 인간이 야생동물 서식지를 훼손(毀損)한 것이 하나의 원인이라는 지적이 나오고 있다. 이렇게 생태계의 파괴와 무분별한 사용에 따른 부작용은 부메랑이 되어 인간에게 되돌아오고 있다. 환경 생태의 중요성이 새삼 커지고 있는 가운데, 첨단기술이 환경 생태 분야에 적용될 경우 생물다양성, 기후변화, 생태계 서비스, 생태 복지 등에도 긍정적 영향을 끼칠 것이다. 환경의 변화가 기후변화를 가져오고, 다시 기후변화가 환경 변화를 일으키는 양방향의 상관관계에 대한 고찰을 통해 국토의 생태적 기능 증진, 생활환경 관련 이슈 해결 그리고 환경 변화에 대응한 회복력 확보 전략이 필요하다. 향후 대한민국 국민들이 경쟁주의와 경제성장 중심의 사고에서 벗어나 보다 물질적 풍요로움과 정신적 행복을 함께 추구하는 삶을 위해 노력해야 한다.

개인의 건강과 여가의 다양한 활용(活用)은 삶의 질을 중시하는 사회가 필수적으로 가져야 할 덕목이라는 점에는 이견이 없다. 환경과 에너지 측면에서 깨끗하고 청정한 사회, 범죄와 재난의 위험으로부터 안전한 사회가 삶의 질을 담보한다는 데도 이견은 없다. 그리고 이를 위한 미래전략Ⓐ은 필수이다.

각주

♣ 미래전략 및 중점 과제

글꼴 : 돋움, 18pt, 하양
음영색 : 파랑

I. 다양성 존중 및 지속 가능한 공존 사회 실현
　A. 개인화 및 가족 형태 다양화에 따른 존중 문화 형성
　B. 환경적 지속 가능성을 동반한 미래지향적 가치 추구
II. 미래사회 삶의 질 인프라 선진화
　A. 쾌적한 생활환경 인프라 조성
　B. 안전하고 편리한 사회 구축 및 인프라 확충

문단 번호 기능 사용
1수준 : 20pt, 오른쪽 정렬
2수준 : 30pt, 오른쪽 정렬
줄 간격 : 180%

♣ 과학기술 기반 가치 체계

글꼴 : 돋움, 18pt,
밑줄, 강조점

표 전체 글꼴 : 굴림, 10pt, 가운데 정렬
셀 배경(그러데이션) : 유형(가로),
시작색(하양), 끝색(노랑)

정보통신 기술		생명공학 기술	
감성공학 로봇	웨어러블 디바이스	질병 예측 기술	인공장기
빅 데이터	스마트 카	줄기세포	유전자 치료
AI 공통플랫폼	교통예측, 가상비서	유전형질 변환	메모리 임플란트
소프트웨어 기술을 이용하여 정보를 수집, 생산, 가공, 보존, 활용하는 모든 방법		생물체의 기능을 이용하여 유용물질을 생산하는 등 인류 사회에 공헌하는 과학기술	

글꼴 : 궁서, 24pt, 진하게,
장평 95%, 오른쪽 정렬

과학기술정보통신부

각주 구분선 : 5cm

Ⓐ 양적 성장의 시대를 지나 삶의 질을 중시하는 라이프 스타일의 시대로 도약

쪽 번호 매기기
5로 시작 ▶ E

4회 기출문제

과목	코드	문제유형	시험시간	수험번호	성 명
아래 한글	1111	A	60분	20228014	

수 험 자 유 의 사 항

◉ 수험자는 문제지를 받는 즉시 문제지와 **수험표상의 시험과목(프로그램)이 동일한지 반드시 확인**하여야 합니다.

◉ 파일명은 본인의 "수험번호-성명"으로 입력하여 답안폴더(내 PC\문서\ITQ)에 하나의 파일로 저장해야 하며, 답안문서 파일명이 "수험번호-성명"과 일치하지 않거나, 답안파일을 전송하지 않아 미제출로 처리될 경우 실격 처리합니다 (예 : 12345678-홍길동.hwpx).

◉ 답안 작성을 마치면 파일을 저장하고, '답안 전송' 버튼을 선택하여 감독위원 PC로 답안을 전송하십시오. 수험생 정보와 저장한 파일명이 다를 경우 전송되지 않으므로 주의하시기 바랍니다.

◉ 답안 작성 중에도 **주기적으로 저장하고 '답안 전송'** 하여야 문제 발생을 줄일 수 있습니다. 작업한 내용을 저장하지 않고 전송할 경우 이전에 저장된 내용이 전송되오니 이점 유의하시기 바랍니다.

◉ 답안문서는 지정된 경로 외의 다른 보조기억장치에 저장하는 경우, 지정된 시험 시간 외에 작성된 파일을 활용할 경우, 기타 통신 수단(이메일, 메신저, 네트워크 등)을 이용하여 타인에게 전달 또는 외부 반출하는 경우는 부정 처리합니다.

◉ 시험 중 부주의 또는 고의로 시스템을 파손한 경우는 수험자가 변상해야 하며, <수험자 유의사항>에 기재된 방법대로 이행하지 않아 생기는 불이익은 수험생 당사자의 책임임을 알려 드립니다.

◉ 문제의 조건은 한컴오피스 2022 버전으로 설정되어 있으니 유의하시기 바랍니다.

◉ 시험을 완료한 수험자는 답안파일이 전송되었는지 확인한 후 감독위원의 지시에 따라 문제지를 제출하고 퇴실합니다.

답 안 작 성 요 령

◉ **온라인 답안 작성 절차**
　수험자 등록 ⇒ 시험 시작 ⇒ 답안파일 저장 ⇒ 답안 전송 ⇒ 시험 종료

◉ **공통 부문**
· 글꼴에 대한 기본설정은 함초롬바탕, 10포인트, 검정, 줄간격 160%, 양쪽정렬로 합니다.
· 색상은 조건의 색을 적용하고 색의 구분이 안될 경우에는 RGB 값을 적용합니다(빨강 255,0,0 / 파랑 0,0,255 / 노랑 255,255,0).
· 각 문항에 주어진 ≪조건≫에 따라 작성하고 언급하지 않은 조건은 ≪출력형태≫와 같이 작성합니다.
· 용지여백은 왼쪽 · 오른쪽 11mm, 위쪽 · 아래쪽 · 머리말 · 꼬리말 10mm, 제본 0mm로 합니다.
· 그림 삽입 문제의 경우 「내 PC\문서\ITQ\Picture」 폴더에서 지정된 파일을 선택하여 삽입하십시오.
· 삽입한 그림은 반드시 문서에 포함하여 저장해야 합니다(미포함 시 감점 처리).
· 각 항목은 지정된 페이지에 출력형태와 같이 정확히 작성하시기 바라며, 그렇지 않을 경우에 해당 항목은 0점 처리됩니다.
※ 페이지 구분 : 1페이지 – 기능평가Ⅰ(문제번호 표시 : 1. 2.),
　　　　　　　　2페이지 – 기능평가Ⅱ(문제번호 표시 : 3. 4.),
　　　　　　　　3페이지 – 문서작성 능력평가

◉ **기능평가**
· 문제와 ≪조건≫은 입력하지 않으며 문제번호와 답(≪출력형태≫)만 작성합니다.
· 4번 문제는 묶기를 했을 경우 0점 처리됩니다.

◉ **문서작성 능력평가**
· A4 용지(210mm×297mm) 1매 크기, 세로 서식 문서로 작성합니다.
· ⌐¯¯¬ 표시는 문서작성에 대한 지시사항이므로 작성하지 않습니다.

1. 다음의 ≪조건≫에 따라 스타일 기능을 적용하여 ≪출력형태≫와 같이 작성하시오. (50점)

조건　(1) 스타일 이름 - expo
　　　　(2) 문단 모양 - 왼쪽 여백 : 15pt, 문단 아래 간격 : 10pt
　　　　(3) 글자 모양 - 글꼴 : 한글(굴림)/영문(돋움), 크기 : 10pt, 장평 : 95%, 자간 : 5%

출력형태

K-SAFETY EXPO 2024 is the largest market place of safety industry in Korea to introduce advanced technologies in safety industry of Korea to public.

대한민국 안전산업박람회는 우리나라의 선진안전산업을 선보이고 국내외 공공 바이어와 민간 바이어가 한자리에 모이는 국내 최대의 안전산업 마켓 플레이스이다.

2. 다음의 ≪조건≫에 따라 ≪출력형태≫와 같이 표와 차트를 작성하시오. (100점)

표조건　(1) 표 전체(표, 캡션) - 돋움, 10pt
　　　　(2) 정렬 - 문자 : 가운데 정렬, 숫자 : 오른쪽 정렬
　　　　(3) 셀 배경(면색) : 노랑
　　　　(4) 한글의 계산 기능을 이용하여 빈칸에 합계를 구하고, 캡션 기능 사용할 것
　　　　(5) 선 모양은 ≪출력형태≫와 동일하게 처리할 것

출력형태

연도별 안전산업박람회 참관객(단위 : 천 명)

구분	2020년	2021년	2022년	2023년	합계
20대	5.6	7.5	8.4	15.4	
30대	7.3	13.6	12.2	14.8	
40대	14.5	12.8	14.6	16.4	
50대 이상	6.2	7.4	9.2	11.7	

차트조건　(1) 차트 데이터는 표 내용에서 연도별 20대, 30대, 40대의 값만 이용할 것
　　　　(2) 종류 - <묶은 세로 막대형>으로 작업할 것
　　　　(3) 제목 - 글꼴 : 굴림, 진하게, 12pt
　　　　　　　속성 : 채우기(밝은 색 : 하양), 테두리, 그림자(바깥쪽 : 대각선 오른쪽 아래)
　　　　(4) 제목 이외의 전체 글꼴 - 굴림, 보통, 10pt
　　　　(5) 축제목과 범례는 ≪출력형태≫와 동일하게 처리할 것

출력형태

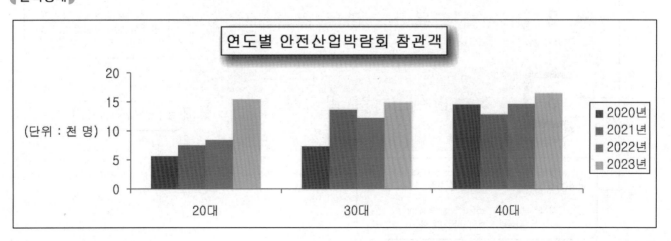

3. 다음 (1), (2)의 수식을 수식 편집기로 각각 입력하시오. (40점)

출력형태

(1) $\int_a^b A(x-a)(x-b)dx = -\frac{A}{6}(b-a)^3$
(2) $A^3 + \sqrt{\frac{gL}{2\pi}} = \frac{gT}{2\pi}$

4. 다음의 ≪조건≫에 따라 ≪출력형태≫와 같이 문서를 작성하시오. (110점)

조건 (1) 그리기 도구를 이용하여 작성하고, 모든 도형(글맵시, 지정된 그림 포함)을 ≪출력형태≫와 같이 작성하시오.
        (2) 도형의 면색은 지시사항이 없으면 색 없음을 제외하고 서로 다르게 임의로 지정하시오.

출력형태

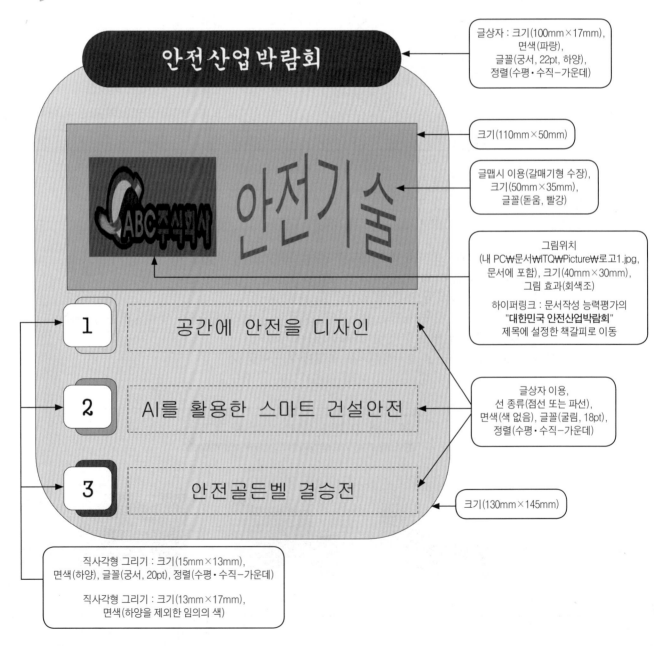

글상자 : 크기(100mm×17mm),
        면색(파랑),
        글꼴(궁서, 22pt, 하양),
        정렬(수평·수직—가운데)

크기(110mm×50mm)

글맵시 이용(갈매기형 수장),
크기(50mm×35mm),
글꼴(돋움, 빨강)

그림위치
(내 PC₩문서₩ITQ₩Picture₩로고1.jpg,
문서에 포함), 크기(40mm×30mm),
그림 효과(회색조)

하이퍼링크 : 문서작성 능력평가의
"**대한민국 안전산업박람회**"
제목에 설정한 책갈피로 이동

글상자 이용,
선 종류(점선 또는 파선),
면색(색 없음), 글꼴(굴림, 18pt),
정렬(수평·수직—가운데)

크기(130mm×145mm)

직사각형 그리기 : 크기(15mm×13mm),
면색(하양), 글꼴(궁서, 20pt), 정렬(수평·수직—가운데)

직사각형 그리기 : 크기(13mm×17mm),
면색(하양을 제외한 임의의 색)

글꼴 : 돋움, 18pt, 진하게, 가운데 정렬
책갈피 이름 : 안전, 덧말 넣기

머리말 기능
굴림, 10pt, 오른쪽 정렬 → 재난안전산업

안전문화 확산
대한민국 안전산업박람회

문단 첫 글자 장식 기능
글꼴 : 궁서, 면색 : 노랑

그림위치(내 PC₩문서₩ITQ₩Picture₩
그림4.jpg, 문서에 포함)
자르기 기능 이용, 크기(40mm×40mm),
바깥 여백 왼쪽 : 2mm

4차 산업혁명이 세계적인 흐름으로 이어지면서 안전산업 분야에도 태풍, 지진 등의 자연재해 예측(豫測)부터 화재, 추락 등의 산업 안전사고 대비까지 이전에는 없었던 새로운 방향의 기술이 등장해 접목되고 있다. 4차 산업혁명 기술을 접목한 첨단 안전제품들을 한자리에서 볼 수 있는 대한민국 안전산업박람회는 안전관련 정부부처, 지자체, 공공기관이 참여하여 범정부적으로 추진되는 국내 최대 규모의 안전산업 종합박람회로 부처별 안전관련 사업 정책, R&D, 콘퍼런스 등을 연계하여 전시회를 개최한다.

　첨단기술을 활용한 혁신(革新) 안전제품을 선보이며 사회 전반의 안전에 대한 경각심을 고취하고 안전 관련 기업의 판로를 지원하는 대한민국 안전산업박람회는 로봇, 무인기, 생체인식, 인공지능, 사물인터넷 등의 다양한 신기술이 접목된 제품이 선보여지는 혁신성장관과 방재, 산업, 생활, 교통, 치안 등 분야별 안전제품을 볼 수 있는 안전제품관으로 나뉘어 진행된다. 또한 안전산업 관련 기관 및 기업들의 수출상담회를 통해 양질의 해외 바이어를 만날 수 있는 비즈니스존과 VR㉠, AR 등을 활용한 지진체험, 항공기 안전체험 등을 할 수 있는 안전체험마을 등을 부대행사로 운영한다.

각주

♥ **대한민국 안전산업박람회 개요**

글꼴 : 궁서, 18pt, 하양
음영색 : 빨강

　가. 기간 및 장소

　　① 기간 : 2024. 1. 8 - 1. 11, 4일간

　　② 장소 : 킨텍스 제1전시장

　나. 주최 및 프로그램

　　① 주최 : 행정안전부, 산업통상자원부, 경기도

　　② 프로그램 : 전시, 컨퍼런스, 안전체험마을 등

문단 번호 기능 사용
1수준 : 20pt, 오른쪽 정렬
2수준 : 30pt, 오른쪽 정렬
줄 간격 : 180%

♥ <u>국민안전체험관 체험안내</u>

글꼴 : 궁서, 18pt,
밑줄, 강조점

표 전체 글꼴 : 돋움, 10pt, 가운데 정렬
셀 배경(그러데이션) : 유형(가로),
시작색(하양), 끝색(노랑)

안전체험	세부코너	체험인원	체험연령
산악안전	바위타기-흔들다리건너기-계곡횡단하기	20명	초등생 이상
호우안전	침수공간탈출-침수계단탈출-침수차량탈출-수난구조체험		
지진안전	지진VR-지진붕괴대피-72시간생존		
응급안전	영유아 심폐소생술 및 기도폐쇄처치, 생활응급처치	30명	미취학 아동
키즈안전	지진대피-가정 내 안전사고-화재 대피-119신고-차량안전		

글꼴 : 돋움, 24pt, 진하게,
장평 105%, 오른쪽 정렬

안전산업박람회사무국

각주 구분선 : 5cm

㉠ 현실이 아닌데도 실제처럼 생각하고 보이게 하는 가상현실

쪽 번호 매기기
6으로 시작 → ⑥

과목	코드	문제유형	시험시간	수험번호	성 명
아래 한글	1111	A	60분	20228015	

수 험 자 유 의 사 항

- 수험자는 문제지를 받는 즉시 문제지와 **수험표상의 시험과목(프로그램)이 동일한지 반드시 확인**하여야 합니다.
- 파일명은 본인의 "수험번호-성명"으로 입력하여 답안폴더(내 PC₩문서₩ITQ)에 하나의 파일로 저장해야 하며, 답안문서 파일명이 "수험번호-성명"과 일치하지 않거나, 답안파일을 전송하지 않아 미제출로 처리될 경우 실격 처리합니다 (예 : 12345678-홍길동.hwpx).
- 답안 작성을 마치면 파일을 저장하고, '답안 전송' 버튼을 선택하여 감독위원 PC로 답안을 전송하십시오. 수험생 정보와 저장한 파일명이 다를 경우 전송되지 않으므로 주의하시기 바랍니다.
- 답안 작성 중에도 **주기적으로 저장하고 '답안 전송'**하여야 문제 발생을 줄일 수 있습니다. 작업한 내용을 저장하지 않고 전송할 경우 이전에 저장된 내용이 전송되오니 이점 유의하시기 바랍니다.
- 답안문서는 지정된 경로 외의 다른 보조기억장치에 저장하는 경우, 지정된 시험 시간 외에 작성된 파일을 활용할 경우, 기타 통신 수단(이메일, 메신저, 네트워크 등)을 이용하여 타인에게 전달 또는 외부 반출하는 경우는 부정 처리합니다.
- 시험 중 부주의 또는 고의로 시스템을 파손한 경우는 수험자가 변상해야 하며, 〈수험자 유의사항〉에 기재된 방법대로 이행하지 않아 생기는 불이익은 수험생 당사자의 책임임을 알려 드립니다.
- 문제의 조건은 한컴오피스 2022 버전으로 설정되어 있으니 유의하시기 바랍니다.
- 시험을 완료한 수험자는 답안파일이 전송되었는지 확인한 후 감독위원의 지시에 따라 문제지를 제출하고 퇴실합니다.

답 안 작 성 요 령

- **온라인 답안 작성 절차**
  수험자 등록 ⇒ 시험 시작 ⇒ 답안파일 저장 ⇒ 답안 전송 ⇒ 시험 종료

- **공통 부문**
  - 글꼴에 대한 기본설정은 함초롬바탕, 10포인트, 검정, 줄간격 160%, 양쪽정렬로 합니다.
  - 색상은 조건의 색을 적용하고 색의 구분이 안될 경우에는 RGB 값을 적용합니다(빨강 255,0,0 / 파랑 0,0,255 / 노랑 255,255,0).
  - 각 문항에 주어진 ≪조건≫에 따라 작성하고 언급하지 않은 조건은 ≪출력형태≫와 같이 작성합니다.
  - 용지여백은 왼쪽·오른쪽 11㎜, 위쪽·아래쪽·머리말·꼬리말 10㎜, 제본 0㎜로 합니다.
  - 그림 삽입 문제의 경우「내 PC₩문서₩ITQ₩Picture」폴더에서 지정된 파일을 선택하여 삽입하십시오.
  - 삽입한 그림은 반드시 문서에 포함하여 저장해야 합니다(미포함 시 감점 처리).
  - 각 항목은 지정된 페이지에 출력형태와 같이 정확히 작성하시기 바라며, 그렇지 않을 경우에 해당 항목은 0점 처리됩니다.
  ※ 페이지 구분 : 1페이지 – 기능평가 I (문제번호 표시 : 1. 2.),
  　　　　　　　　 2페이지 – 기능평가 II (문제번호 표시 : 3. 4.),
  　　　　　　　　 3페이지 – 문서작성 능력평가

- **기능평가**
  - 문제와 ≪조건≫은 입력하지 않으며 문제번호와 답(≪출력형태≫)만 작성합니다.
  - 4번 문제는 묶기를 했을 경우 0점 처리됩니다.

- **문서작성 능력평가**
  - A4 용지(210㎜×297㎜) 1매 크기, 세로 서식 문서로 작성합니다.
  - ┌┄┄┐ 표시는 문서작성에 대한 지시사항이므로 작성하지 않습니다.

The Insight KPC
kpc 한국생산성본부

1. 다음의 ≪조건≫에 따라 스타일 기능을 적용하여 ≪출력형태≫와 같이 작성하시오. (50점)

조건　(1) 스타일 이름 – ceramics
　　　　(2) 문단 모양 – 왼쪽 여백 : 15pt, 문단 아래 간격 : 10pt
　　　　(3) 글자 모양 – 글꼴 : 한글(돋움)/영문(궁서), 크기 : 10pt, 장평 : 95%, 자간 : –5%

출력형태

KICB 2022 looks at the past of the ceramic biennale and roles and meanings of ceramic art in the post COVID-19 era, and aspires to deliver messages of consolation and hope to those tired.

경기세계도자비엔날레는 도자비엔날레의 과거와 '포스트 코로나' 이후 도자예술의 의미를 짚어보고, 코로나로 지친 이들에게 도자예술을 통한 위로와 희망을 전하고자 한다.

2. 다음의 ≪조건≫에 따라 ≪출력형태≫와 같이 표와 차트를 작성하시오. (100점)

표조건　(1) 표 전체(표, 캡션) – 돋움, 10pt
　　　　(2) 정렬 – 문자 : 가운데 정렬, 숫자 : 오른쪽 정렬
　　　　(3) 셀 배경(면색) : 노랑
　　　　(4) 한글의 계산 기능을 이용하여 빈칸에 평균(소수점 두 자리)을 구하고, 캡션 기능 사용할 것
　　　　(5) 선 모양은 ≪출력형태≫와 동일하게 처리할 것

출력형태

도자비엔날레 관람객 현황(단위 : 천 명)

구분	2018년	2019년	2020년	2021년	평균
전시관	56	55	57	63	
체험관	52	50	61	62	
공연	53	56	54	59	
부대행사	49	48	56	51	

차트조건　(1) 차트 데이터는 표 내용에서 연도별 전시관, 체험관, 공연의 값만 이용할 것
　　　　(2) 종류 – <묶은 세로 막대형>으로 작업할 것
　　　　(3) 제목 – 글꼴 : 굴림, 진하게, 12pt
　　　　　　　　속성 : 채우기(밝은 색 : 하양), 테두리, 그림자(바깥쪽 : 대각선 오른쪽 아래)
　　　　(4) 제목 이외의 전체 글꼴 – 굴림, 보통, 10pt
　　　　(5) 축제목과 범례는 ≪출력형태≫와 동일하게 처리할 것

출력형태

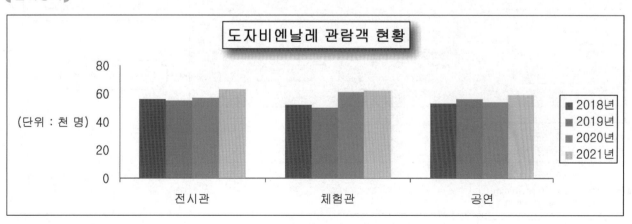

3. 다음 (1), (2)의 수식을 수식 편집기로 각각 입력하시오. (40점)

《출력형태》

(1) $R \times 3 = \dfrac{360h}{2\pi(\phi_A - \phi_B)} \times 3$

(2) $\dfrac{a^4}{T^2} - 1 = \dfrac{G}{4\pi^2}(M + m)$

4. 다음의 《조건》에 따라 《출력형태》와 같이 문서를 작성하시오. (110점)

《조건》
 (1) 그리기 도구를 이용하여 작성하고, 모든 도형(글맵시, 지정된 그림 포함)을 《출력형태》와 같이 작성하시오.
 (2) 도형의 면색은 지시사항이 없으면 색 없음을 제외하고 서로 다르게 임의로 지정하시오.

《출력형태》

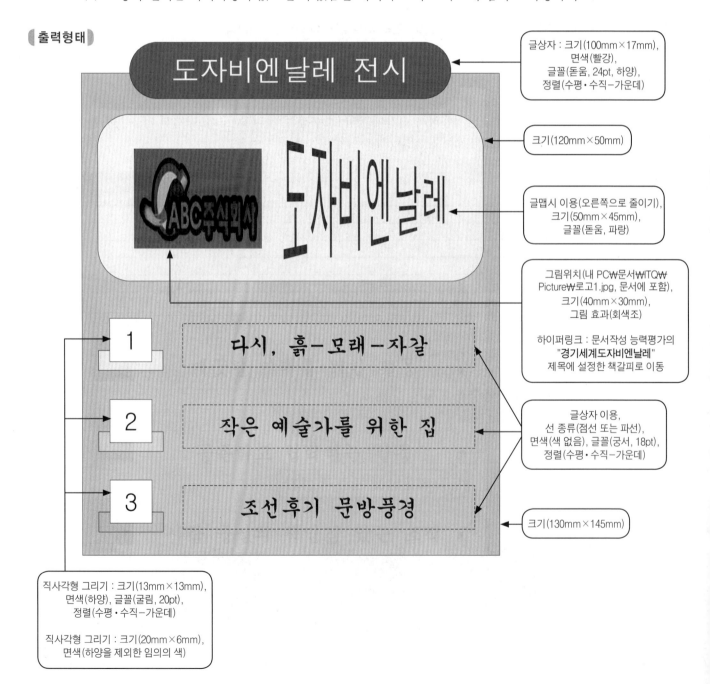

글상자 : 크기(100mm×17mm), 면색(빨강), 글꼴(돋움, 24pt, 하양), 정렬(수평·수직-가운데)

크기(120mm×50mm)

글맵시 이용(오른쪽으로 줄이기), 크기(50mm×45mm), 글꼴(돋움, 파랑)

그림위치(내 PC₩문서₩ITQ₩ Picture₩로고1.jpg, 문서에 포함), 크기(40mm×30mm), 그림 효과(회색조)

하이퍼링크 : 문서작성 능력평가의 "**경기세계도자비엔날레**" 제목에 설정한 책갈피로 이동

글상자 이용, 선 종류(점선 또는 파선), 면색(색 없음), 글꼴(궁서, 18pt), 정렬(수평·수직-가운데)

크기(130mm×145mm)

직사각형 그리기 : 크기(13mm×13mm), 면색(하양), 글꼴(굴림, 20pt), 정렬(수평·수직-가운데)

직사각형 그리기 : 크기(20mm×6mm), 면색(하양을 제외한 임의의 색)

글꼴 : 돋움, 18pt, 진하게, 가운데 정렬
책갈피 이름 : 도자, 덧말 넣기

머리말 기능
굴림, 10pt, 오른쪽 정렬 → 세계도자기엑스포

그림위치(내 PC₩문서₩ITQ₩Picture₩
그림5.jpg, 문서에 포함)
자르기 기능 이용, 크기(40mm×40mm),
바깥 여백 왼쪽 : 2mm

문단 첫 글자 장식 기능
글꼴 : 궁서, 면색 : 노랑

도자예술축제
경기세계도자비엔날레

경기세계도자비엔날레는 지난 2001년부터 개최되는 도자 분야의 최고 국제 행사이다. 전 세계 도예인들과 도자 애호가들이 한자리에 모여 도자 문화에 대해 교류하고 지구촌의 도자 흐름을 선도하는 창조의 장으로 자리매김한 본 축제는 한국 도자의 문화적 수준을 제고하여 도자의 대중화와 그 저변 확대에 앞장서고 있으며, 개최 지역인 경기도의 이천, 여주, 광주를 세계 도자의 중심지로 성장 및 발전시키는 원동력이 되고 있다.

이천의 세라피아를 살펴보면 약 13억 원에 달하는 폐도자 등을 활용한 도자 관광테마파크로서 문화시설, 놀이시설, 편의시설 등이 모두 도자 조형물로 꾸며져 있다. 세라믹과 유토피아ⓐ의 합성어로서 도자로 만든 유토피아를 의미하는 이곳은 관람객들과 도예인들에게 도자 체험의 기회(機會)와 창작활동의 장을 제공하는 복합 문화공간을 목표로 하고 있다. 여주의 도자세상은 반달미술관을 포함한 국내 최초의 도자 쇼핑문화관광지로 도자를 보고 사고 즐길 수 있다. 광주의 곤지암도자공원은 경기도자박물관, 스페인조각공원, 도자쇼핑몰, 한국정원 등 주변 단지를 통칭하는 새 이름이며 전통(傳統), 문화, 휴양 기능을 갖춘 복합 관광지이다.

각주

글꼴 : 궁서, 18pt, 하양
음영색 : 파랑

♥ 작품 제작 기법 배워 보기

　A. 오픈스튜디오

　　1. 기간 : 2022년 5월 20일 – 5월 29일(10일간)

　　2. 장소 : 경기생활도자미술관 1층

　B. 어린이 예술가 체험

　　1. 흙 반죽에 대해 배우고 발로 흙을 밟아보는 감각 체험

　　2. 원하는 접시 모양을 선택 후 다양한 장식 기법 도자기 완성

문단 번호 기능 사용
1수준 : 20pt, 오른쪽 정렬
2수준 : 30pt, 오른쪽 정렬
줄 간격 : 180%

♥ 도자비엔날레 국제공모전

글꼴 : 궁서, 18pt,
기울임, 강조점

표 전체 글꼴 : 돋움, 10pt, 가운데 정렬
셀 배경(그러데이션) : 유형(가로),
시작색(하양), 끝색(노랑)

구분	부문	수상자	작품명	상금	전시장소
대상	조형	보딜 만츠	건축적 부피	6,000만 원	이천
금상	생활	이윤아	초자연적인 01	2,000만 원	여주
금상	조형	클레어 린드너	거대한 바다짐승	2,000만 원	이천
은상	생활	안토넬라 치마티	크레스피나	1,000만 원	여주
은상	조형	미카엘 기어트센	푸른 사물	1,000만 원	이천

글꼴 : 굴림, 22pt, 진하게,
장평 105%, 오른쪽 정렬 → 한국도자재단

각주 구분선 : 5cm

ⓐ 인간이 생각할 수 있는 최선의 상태를 갖춘 완전한 사회

쪽 번호 매기기
6으로 시작 → vi

6회 기출문제

과목	코드	문제유형	시험시간	수험번호	성 명
아래 한글	1111	A	60분	20228016	

수 험 자 유 의 사 항

● 수험자는 문제지를 받는 즉시 문제지와 **수험표상의 시험과목(프로그램)이 동일한지 반드시 확인**하여야 합니다.

● 파일명은 본인의 "수험번호-성명"으로 입력하여 답안폴더(내 PC\문서\ITQ)에 하나의 파일로 저장해야 하며, 답안문서 파일명이 "수험번호-성명"과 일치하지 않거나, 답안파일을 전송하지 않아 미제출로 처리될 경우 실격 처리합니다 (예 : 12345678-홍길동.hwpx).

● 답안 작성을 마치면 파일을 저장하고, '답안 전송' 버튼을 선택하여 감독위원 PC로 답안을 전송하십시오. 수험생 정보와 저장한 파일명이 다를 경우 전송되지 않으므로 주의하시기 바랍니다.

● 답안 작성 중에도 **주기적으로 저장하고 '답안 전송'** 하여야 문제 발생을 줄일 수 있습니다. 작업한 내용을 저장하지 않고 전송할 경우 이전에 저장된 내용이 전송되오니 이점 유의하시기 바랍니다.

● 답안문서는 지정된 경로 외의 다른 보조기억장치에 저장하는 경우, 지정된 시험 시간 외에 작성된 파일을 활용할 경우, 기타 통신 수단(이메일, 메신저, 네트워크 등)을 이용하여 타인에게 전달 또는 외부 반출하는 경우는 부정 처리합니다.

● 시험 중 부주의 또는 고의로 시스템을 파손한 경우는 수험자가 변상해야 하며, 〈수험자 유의사항〉에 기재된 방법대로 이행하지 않아 생기는 불이익은 수험생 당사자의 책임임을 알려 드립니다.

● 문제의 조건은 한컴오피스 2022 버전으로 설정되어 있으니 유의하시기 바랍니다.

● 시험을 완료한 수험자는 답안파일이 전송되었는지 확인한 후 감독위원의 지시에 따라 문제지를 제출하고 퇴실합니다.

답 안 작 성 요 령

● **온라인 답안 작성 절차**
　수험자 등록 ⇒ 시험 시작 ⇒ 답안파일 저장 ⇒ 답안 전송 ⇒ 시험 종료

● **공통 부문**
· 글꼴에 대한 기본설정은 함초롬바탕, 10포인트, 검정, 줄간격 160%, 양쪽정렬로 합니다.
· 색상은 조건의 색을 적용하고 색의 구분이 안될 경우에는 RGB 값을 적용합니다(빨강 255,0,0 / 파랑 0,0,255 / 노랑 255,255,0).
· 각 문항에 주어진 ≪조건≫에 따라 작성하고 언급하지 않은 조건은 ≪출력형태≫와 같이 작성합니다.
· 용지여백은 왼쪽 · 오른쪽 11㎜, 위쪽 · 아래쪽 · 머리말 · 꼬리말 10㎜, 제본 0㎜로 합니다.
· 그림 삽입 문제의 경우 「내 PC\문서\ITQ\Picture」 폴더에서 지정된 파일을 선택하여 삽입하십시오.
· 삽입한 그림은 반드시 문서에 포함하여 저장해야 합니다(미포함 시 감점 처리).
· 각 항목은 지정된 페이지에 출력형태와 같이 정확히 작성하시기 바라며, 그렇지 않을 경우에 해당 항목은 0점 처리됩니다.
※ 페이지 구분 : 1페이지 – 기능평가 I (문제번호 표시 : 1. 2.),
　　　　　　　 2페이지 – 기능평가 II (문제번호 표시 : 3. 4.),
　　　　　　　 3페이지 – 문서작성 능력평가

● **기능평가**
· 문제와 ≪조건≫은 입력하지 않으며 문제번호와 답(≪출력형태≫)만 작성합니다.
· 4번 문제는 묶기를 했을 경우 0점 처리됩니다.

● **문서작성 능력평가**
· A4 용지(210㎜×297㎜) 1매 크기, 세로 서식 문서로 작성합니다.
· ┊┈┈┊ 표시는 문서작성에 대한 지시사항이므로 작성하지 않습니다.

The Insight KPC
한국생산성본부

1. 다음의 ≪조건≫에 따라 스타일 기능을 적용하여 ≪출력형태≫와 같이 작성하시오. (50점)

[조건] (1) 스타일 이름 – dementia
(2) 문단 모양 – 왼쪽 여백 : 15pt, 문단 아래 간격 : 10pt
(3) 글자 모양 – 글꼴 : 한글(궁서)/영문(돋움), 크기 : 10pt, 장평 : 95%, 자간 : 5%

[출력형태]

Dementia is not a natural consequence of aging. Memory loss due to aging is usually limited to trivial matters and does not seriously interfere with an individual's daily life.

나이가 들면서 생기는 기억력 저하는 대개 사소한 일들에 국한되어 있으며, 개인의 일상생활에 심각한 지장을 주지는 않는다. 그러나 치매는 나이가 들어서 생기는 자연스러운 결과가 아니다.

2. 다음의 ≪조건≫에 따라 ≪출력형태≫와 같이 표와 차트를 작성하시오. (100점)

[표조건] (1) 표 전체(표, 캡션) – 굴림, 10pt
(2) 정렬 – 문자 : 가운데 정렬, 숫자 : 오른쪽 정렬
(3) 셀 배경(면색) : 노랑
(4) 한글의 계산 기능을 이용하여 빈칸에 합계를 구하고, 캡션 기능 사용할 것
(5) 선 모양은 ≪출력형태≫와 동일하게 처리할 것

[출력형태]

재가 노인 복지 시설 서비스 현황(단위 : 10개소)

연도	2019년	2020년	2021년	2022년	합계
방문 요양	15	27	42	58	
주야간 보호	18	23	26	30	
단기 보호	8	7	6	7	
방문간호	6	10	1	2	

[차트조건] (1) 차트 데이터는 표 내용에서 연도별 방문 요양, 주야간 보호, 단기 보호 값만 이용할 것
(2) 종류 – <묶은 세로 막대형>으로 작업할 것
(3) 제목 – 글꼴 : 굴림, 진하게, 12pt
속성 : 채우기(밝은 색 : 하양), 테두리, 그림자(바깥쪽 : 대각선 오른쪽 아래)
(4) 제목 이외의 전체 글꼴 – 굴림, 보통, 10pt
(5) 축제목과 범례는 ≪출력형태≫와 동일하게 처리할 것

[출력형태]

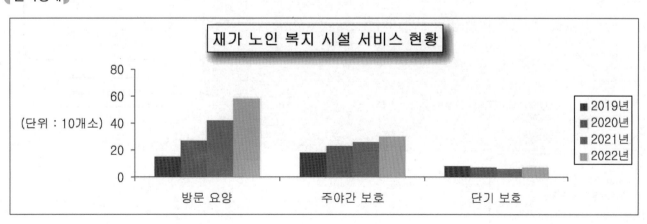

3. 다음 (1), (2)의 수식을 수식 편집기로 각각 입력하시오. (40점)

출력형태

(1) $U_a - U_b^{\cdot} = \dfrac{GmM}{a} - \dfrac{GmM}{b} = \dfrac{GmM}{2R}$

(2) $V = \dfrac{1}{R}\displaystyle\int_0^q qdq = \dfrac{1}{2}\dfrac{q^2}{R}$

4. 다음의 《조건》에 따라 《출력형태》와 같이 문서를 작성하시오. (110점)

조건 (1) 그리기 도구를 이용하여 작성하고, 모든 도형(글맵시, 지정된 그림 포함)을 《출력형태》와 같이 작성하시오.
(2) 도형의 면색은 지시사항이 없으면 색 없음을 제외하고 서로 다르게 임의로 지정하시오.

출력형태

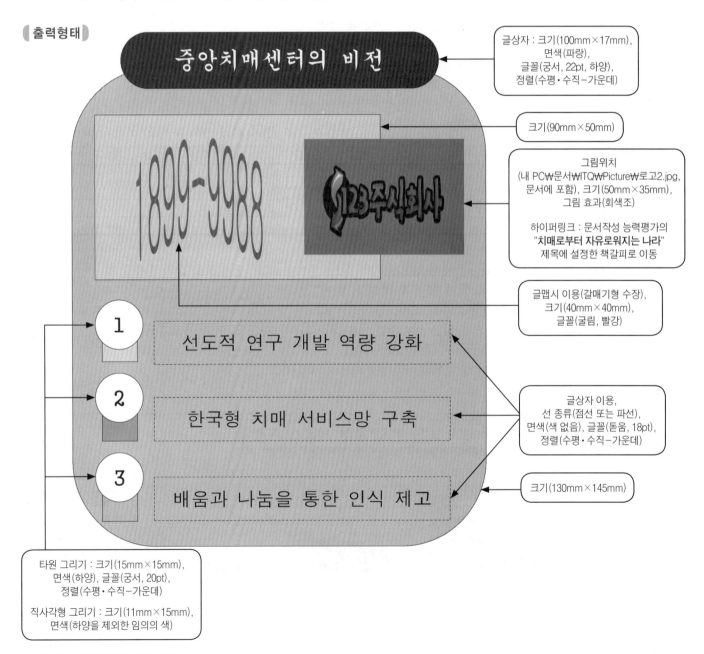

글상자 : 크기(100mm×17mm), 면색(파랑), 글꼴(궁서, 22pt, 하양), 정렬(수평·수직-가운데)

크기(90mm×50mm)

그림위치
(내 PC₩문서₩ITQ₩Picture₩로고2.jpg, 문서에 포함), 크기(50mm×35mm), 그림 효과(회색조)

하이퍼링크 : 문서작성 능력평가의 **"치매로부터 자유로워지는 나라"** 제목에 설정한 책갈피로 이동

글맵시 이용(갈매기형 수장), 크기(40mm×40mm), 글꼴(굴림, 빨강)

글상자 이용, 선 종류(점선 또는 파선), 면색(색 없음), 글꼴(돋움, 18pt), 정렬(수평·수직-가운데)

크기(130mm×145mm)

타원 그리기 : 크기(15mm×15mm), 면색(하양), 글꼴(궁서, 20pt), 정렬(수평·수직-가운데)

직사각형 그리기 : 크기(11mm×15mm), 면색(하양을 제외한 임의의 색)

글꼴 : 돋움, 18pt, 진하게, 가운데 정렬
책갈피 이름 : 치매센터, 덧말 넣기

머리말 기능
궁서, 10pt, 오른쪽 정렬 → **치매 전문 상담**

그림위치(내 PC₩문서₩ITQ₩Picture₩
그림5.jpg, 문서에 포함)
자르기 기능 이용, 크기(40mm×40mm),
바깥 여백 왼쪽 : 2mm

365일 상담서비스
치매로부터 자유로워지는 나라

문단 첫 글자 장식 기능
글꼴 : 굴림, 면색 : 노랑

급속한 고령화로 치매 규모는 더 커져 2024년에는 100만 명을 넘어설 것으로 추정된다. 1인 가구는 확대되고 노인은 더욱 가난해졌다. 돌봄의 위기에 치매는 더욱 혹독한 재난이 된다. 치매(癡呆)는 개인, 가족, 지역 공동체를 넘어 국가가 풀어야 하는 현대사회의 가장 치명적 문제의 하나이다. 치매는 정상적으로 생활해 오던 사람에게 후천적인 다양한 원인으로 기억력을 비롯한 여러 가지 인지기능의 장애가 나타나 일상생활을 혼자 하기 어려울 정도로 심한 영향을 주는 상태를 말한다. 어떤 하나의 질병이 아니라 특정한 조건에서 여러 증상이 함께 나타나는 증상들의 묶음이다. 이러한 치매 상태를 유발할 수 있는 질환 중 가장 대표적인 것이 알츠하이머ⓐ병과 혈관성 치매이며 그 외 루이체 치매, 전두측두엽 치매 등이 있다.

각주

　정부는 최근 전국에 걸쳐 256개 치매안심센터를 열고 예방부터 돌봄까지 환자 중심의 치매 관리 시스템을 구축하였다. 동시에 누구도 경험하지 못한 치매 환경의 변화(變化)에 대응하기 위해서 더 유연하면서도 일사불란하게 움직이는 국가 체계, 전국 치매 기관 간의 유기적 연계와 협력 체계도 강화되어야 한다.

◆ ━노인복지시설 종류━

글꼴 : 굴림, 18pt, 하양
음영색 : 빨강

　1. 여가 및 재가 노인 시설

　　① 여가시설 : 노인복지회관, 경로당, 노인 교실

　　② 재가시설 : 방문 요양, 방문 목욕, 방문 간호, 주야간 보호 등

　2. 노인 주거 및 의료 시설

　　① 주거시설 : 양로시설, 노인 공동생활 가정, 노인복지주택

　　② 의료시설 : 노인요양시설, 노인 요양 공동생활 가정

문단 번호 기능 사용
1수준 : 20pt, 오른쪽 정렬,
2수준 : 30pt, 오른쪽 정렬
줄 간격 : 180%

◆ 노인의 <u>사회 활동 기반 조성</u>

글꼴 : 굴림, 18pt,
밑줄, 강조점

표 전체 글꼴 : 돋움, 10pt, 가운데 정렬
셀 배경(그러데이션) : 유형(가로),
시작색(노랑), 끝색(하양)

구분	유형	주요 내용	예산지원	활동 성격
공공성	공익활동 / 재능 나눔	자기만족과 성취감 / 지역 재능봉사	지자체 / 민간	봉사
	사회 서비스형	지역사회 돌봄, 안전 관련 서비스 일자리	지자체	
민간형	고령자 친화 기업	고령자를 고용하는 기업 설립 지원	민간	근로
	시니어 인턴십	기업에 인건비를 지원 / 계속 고용을 유도		

각주 구분선 : 5cm

글꼴 : 돋움, 24pt, 진하게,
장평 105%, 오른쪽 정렬 → **중앙치매센터**

ⓐ 치매를 일으키는 가장 흔한 퇴행성 뇌질환으로 매우 서서히 발병하여 점진적으로 진행

쪽 번호 매기기
4로 시작 → D

7회 기출문제

과목	코드	문제유형	시험시간	수험번호	성 명
아래 한글	1111	A	60분	20228017	

수 험 자 유 의 사 항

- ◉ 수험자는 문제지를 받는 즉시 문제지와 **수험표상의 시험과목(프로그램)이 동일한지 반드시 확인**하여야 합니다.
- ◉ 파일명은 본인의 "수험번호-성명"으로 입력하여 답안폴더(내 PC₩문서₩ITQ)에 하나의 파일로 저장해야 하며, 답안문서 파일명이 "수험번호-성명"과 일치하지 않거나, 답안파일을 전송하지 않아 미제출로 처리될 경우 실격 처리합니다 (예 : 12345678-홍길동.hwpx).
- ◉ 답안 작성을 마치면 파일을 저장하고, '답안 전송' 버튼을 선택하여 감독위원 PC로 답안을 전송하십시오. 수험생 정보와 저장한 파일명이 다를 경우 전송되지 않으므로 주의하시기 바랍니다.
- ◉ 답안 작성 중에도 **주기적으로 저장하고 '답안 전송'**하여야 문제 발생을 줄일 수 있습니다. 작업한 내용을 저장하지 않고 전송할 경우 이전에 저장된 내용이 전송되오니 이점 유의하시기 바랍니다.
- ◉ 답안문서는 지정된 경로 외의 다른 보조기억장치에 저장하는 경우, 지정된 시험 시간 외에 작성된 파일을 활용할 경우, 기타 통신 수단(이메일, 메신저, 네트워크 등)을 이용하여 타인에게 전달 또는 외부 반출하는 경우는 부정 처리합니다.
- ◉ 시험 중 부주의 또는 고의로 시스템을 파손한 경우는 수험자가 변상해야 하며, <수험자 유의사항>에 기재된 방법대로 이행하지 않아 생기는 불이익은 수험생 당사자의 책임임을 알려 드립니다.
- ◉ 문제의 조건은 한컴오피스 2022 버전으로 설정되어 있으니 유의하시기 바랍니다.
- ◉ 시험을 완료한 수험자는 답안파일이 전송되었는지 확인한 후 감독위원의 지시에 따라 문제지를 제출하고 퇴실합니다.

답 안 작 성 요 령

- ◉ **온라인 답안 작성 절차**
  수험자 등록 ⇒ 시험 시작 ⇒ 답안파일 저장 ⇒ 답안 전송 ⇒ 시험 종료
- ◉ **공통 부문**
- · 글꼴에 대한 기본설정은 함초롬바탕, 10포인트, 검정, 줄간격 160%, 양쪽정렬로 합니다.
- · 색상은 조건의 색을 적용하고 색의 구분이 안될 경우에는 RGB 값을 적용합니다(빨강 255,0,0 / 파랑 0,0,255 / 노랑 255,255,0).
- · 각 문항에 주어진 ≪조건≫에 따라 작성하고 언급하지 않은 조건은 ≪출력형태≫와 같이 작성합니다.
- · 용지여백은 왼쪽 · 오른쪽 11mm, 위쪽 · 아래쪽 · 머리말 · 꼬리말 10mm, 제본 0mm로 합니다.
- · 그림 삽입 문제의 경우 「내 PC₩문서₩ITQ₩Picture」폴더에서 지정된 파일을 선택하여 삽입하십시오.
- · 삽입한 그림은 반드시 문서에 포함하여 저장해야 합니다(미포함 시 감점 처리).
- · 각 항목은 지정된 페이지에 출력형태와 같이 정확히 작성하시기 바라며, 그렇지 않을 경우에 해당 항목은 0점 처리됩니다.
- ※ 페이지 구분 : 1페이지 – 기능평가 I (문제번호 표시 : 1. 2.),
  2페이지 – 기능평가 II (문제번호 표시 : 3. 4.),
  3페이지 – 문서작성 능력평가
- **기능평가**
- · 문제와 ≪조건≫은 입력하지 않으며 문제번호와 답(≪출력형태≫)만 작성합니다.
- · 4번 문제는 묶기를 했을 경우 0점 처리됩니다.
- **문서작성 능력평가**
- · A4 용지(210mm×297mm) 1매 크기, 세로 서식 문서로 작성합니다.
- · [::::] 표시는 문서작성에 대한 지시사항이므로 작성하지 않습니다.

1. 다음의 ≪조건≫에 따라 스타일 기능을 적용하여 ≪출력형태≫와 같이 작성하시오. (50점)

[조건] (1) 스타일 이름 – education
 (2) 문단 모양 – 왼쪽 여백 : 15pt, 문단 아래 간격 : 10pt
 (3) 글자 모양 – 글꼴 : 한글(돋움)/영문(굴림), 크기 : 10pt, 장평 : 95%, 자간 : 5%

[출력형태]

Lifelong education is the "ongoing, voluntary, and self-motivated" pursuit of knowledge and this is being recognized by traditional schools.

평생교육은 개인 또는 직업적인 이유를 위해 "지속적, 자발적, 자기 동기부여"로 지식을 추구하는 것으로, 학교에서도 인정받고 있으며 국가는 평생교육을 진흥하고 있다.

2. 다음의 ≪조건≫에 따라 ≪출력형태≫와 같이 표와 차트를 작성하시오. (100점)

[표조건] (1) 표 전체(표, 캡션) – 굴림, 10pt
 (2) 정렬 – 문자 : 가운데 정렬, 숫자 : 오른쪽 정렬
 (3) 셀 배경(면색) : 노랑
 (4) 한글의 계산 기능을 이용하여 빈칸에 평균(소수점 두 자리)을 구하고, 캡션 기능 사용할 것
 (5) 선 모양은 ≪출력형태≫와 동일하게 처리할 것

[출력형태]

지역별 학급당 학생수(단위 : 명)

구분	유치원	초등학교	중학교	고등학교	평균
부산	17	21	24	20	
대구	19	21	23	22	
인천	17	21	25	22	
광주	17	20	23	23	╳

[차트조건] (1) 차트 데이터는 표 내용에서 구분별 부산, 대구, 인천의 값만 이용할 것
 (2) 종류 – <묶은 세로 막대형>으로 작업할 것
 (3) 제목 – 글꼴 : 돋움, 진하게, 12pt
           속성 : 채우기(밝은 색 : 하양), 테두리, 그림자(바깥쪽 : 대각선 오른쪽 아래)
 (4) 제목 이외의 전체 글꼴 – 돋움, 보통, 10pt
 (5) 축제목과 범례는 ≪출력형태≫와 동일하게 처리할 것

[출력형태]

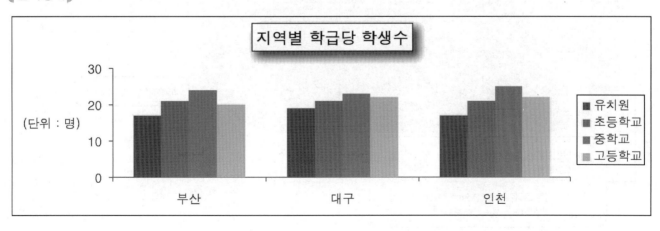

3. 다음 (1), (2)의 수식을 수식 편집기로 각각 입력하시오. (40점)

【출력형태】

(1) $\dfrac{h_1}{h_2} = (\sqrt{a})^{M_2 - M_1} \fallingdotseq 2.5^{M_2 - M_1}$　　　　(2) $h = \sqrt{k^2 - r^2}, M = \dfrac{1}{3}\pi r^2 h$

4. 다음의 ≪조건≫에 따라 ≪출력형태≫와 같이 문서를 작성하시오. (110점)

【조건】　(1) 그리기 도구를 이용하여 작성하고, 모든 도형(글맵시, 지정된 그림 포함)을 ≪출력형태≫와 같이
　　　　　작성하시오.
　　　　(2) 도형의 면색은 지시사항이 없으면 색 없음을 제외하고 서로 다르게 임의로 지정하시오.

【출력형태】

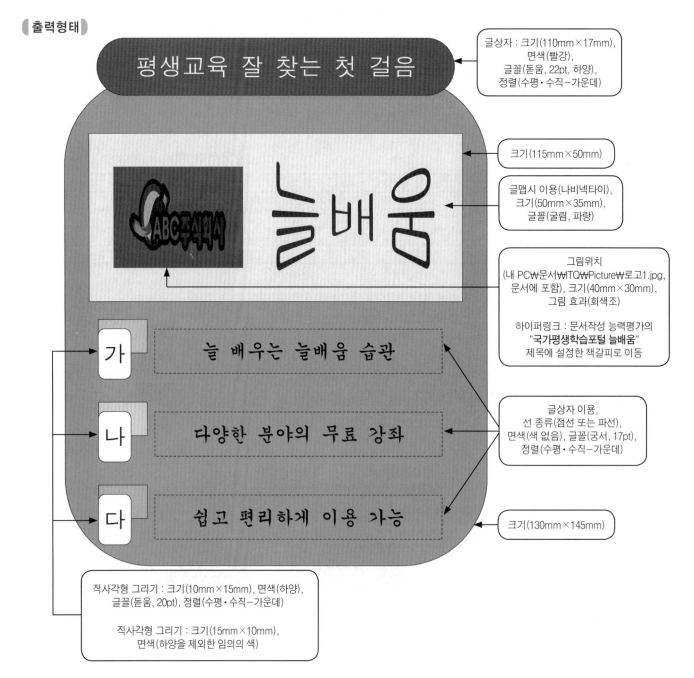

글꼴 : 굴림, 18pt, 진하게, 가운데 정렬
책갈피 이름 : 평생교육, 덧말 넣기

머리말 기능
돋움, 10pt, 오른쪽 정렬 → 배움의 기회

배움으로 여는 미래
국가평생학습포털 늘배움

문단 첫 글자 장식 기능
글꼴 : 궁서, 면색 : 노랑

그림위치(내 PC₩문서₩ITQ₩Picture₩
그림4.jpg, 문서에 포함)
자르기 기능 이용, 크기(40mm×35mm),
바깥 여백 왼쪽 : 2mm

미래 한국의 연령별 인구분포도는 절벽 형상이다. 절벽 형상의 인구분포는 이미 일부 군지역에서는 선명하게 드러난다. 지역적으로 학령인구 감소가 뚜렷했던 30여 년 전 대응책은 학교 통폐합이었다. 2018년 기준 면 소재 초등학교 수는 1,552개교로 면당 1.3개 초등학교가 있는 셈인데, 더 이상 학교를 줄일 수 없는 한계 상황에 직면(直面)하였다. 양질의 학습권 보장의 관점에서 필요한 학교 운영 체제의 변화 등 문제에 대한 관점과 접근 방식의 근본적인 검토가 필요하다. 인구감소로 거주지로서 의미를 상실하고 있는 지역은 농촌으로 분류되는 지역에 집중되어 있다는 점도 간과(看過)할 수 없다.

학생 수가 급감하는 시기에 지역을 기반으로 공공성을 강화한 유연하고 개방적인 평생학습체제를 수립하는 기회로 삼아야 할 것이다. 이제는 제4차 산업혁명, 초연결사회, 인구절벽의 시대 격변기를 맞아 교육 현실을 혁신적으로 바꿔나가는 시대적 과제를 해결해야 한다. 한국교육개발원ⓐ은 교육에 대한 국가적 책임을 다하고, 공유성장을 통해 미래 교육을 선도하는 교육 정책 연구의 핵심 기관이 되도록 차별적 연구 역량을 강화하도록 할 것이다.

각주

글꼴 : 돋움, 18pt, 하양
음영색 : 파랑

♣ 국가평생학습포털 개요

A. 추진배경

    1. 시간적 지리적 제약으로 참여하는 데 어려운 불편함 해소

    2. 평생학습 정보의 개방, 공유, 평생학습 원스톱 서비스 지원

B. 중점과제

    1. 포털, 모바일 등을 활용하여 평생학습 활성화 기반 마련

    2. 평생학습 빅데이터 데이터베이스(DB) 구축

문단 번호 기능 사용
1수준 : 20pt, 오른쪽 정렬,
2수준 : 30pt, 오른쪽 정렬
줄 간격 : 180%

표 전체 글꼴 : 굴림, 10pt, 가운데 정렬
셀 배경(그러데이션) : 유형(가로),
시작색(하양), 끝색(노랑)

글꼴 : 돋움, 18pt, 밑줄,
강조점

♣ 방송통신학교 입학설명회 일정

시간	2월 8일	2월 9일	2월 10일	장소
09:00-10:00	등록 및 일정 안내	평생교육론	방송통신 수업 연구	대강당
10:20-12:00	방송통신고 입학 안내	이러닝 교수학습 방법	협동 수업 워크숍	
12:00-13:00	중식			
13:00-16:00	방송통신대 입학 안내	방송통신 수업의 실제	내용 정리 및 폐회	종합강의동

각주 구분선 : 5cm

글꼴 : 궁서, 24pt, 진하게,
장평 105%, 오른쪽 정렬 → **한국교육개발원**

ⓐ 1972년 정부 출연금으로 설립한 교육 연구 기관으로 평생교육을 담당

쪽 번호 매기기
5로 시작 → E

8회 기출문제

과목	코드	문제유형	시험시간	수험번호	성 명
아래 한글	1111	A	60분	20228018	

수 험 자 유 의 사 항

● 수험자는 문제지를 받는 즉시 문제지와 **수험표상의 시험과목(프로그램)이 동일한지 반드시 확인**하여야 합니다.

● 파일명은 본인의 "수험번호-성명"으로 입력하여 답안폴더(내 PC₩문서₩ITQ)에 하나의 파일로 저장해야 하며, 답안문서 파일명이 "수험번호-성명"과 일치하지 않거나, 답안파일을 전송하지 않아 미제출로 처리될 경우 실격 처리합니다 (예 : 12345678-홍길동.hwpx).

● 답안 작성을 마치면 파일을 저장하고, '답안 전송' 버튼을 선택하여 감독위원 PC로 답안을 전송하십시오. 수험생 정보와 저장한 파일명이 다를 경우 전송되지 않으므로 주의하시기 바랍니다.

● 답안 작성 중에도 **주기적으로 저장하고 '답안 전송'**하여야 문제 발생을 줄일 수 있습니다. 작업한 내용을 저장하지 않고 전송할 경우 이전에 저장된 내용이 전송되오니 이점 유의하시기 바랍니다.

● 답안문서는 지정된 경로 외의 다른 보조기억장치에 저장하는 경우, 지정된 시험 시간 외에 작성된 파일을 활용할 경우, 기타 통신 수단(이메일, 메신저, 네트워크 등)을 이용하여 타인에게 전달 또는 외부 반출하는 경우는 부정 처리합니다.

● 시험 중 부주의 또는 고의로 시스템을 파손한 경우는 수험자가 변상해야 하며, 〈수험자 유의사항〉에 기재된 방법대로 이행하지 않아 생기는 불이익은 수험생 당사자의 책임임을 알려 드립니다.

● 문제의 조건은 한컴오피스 2022 버전으로 설정되어 있으니 유의하시기 바랍니다.

● 시험을 완료한 수험자는 답안파일이 전송되었는지 확인한 후 감독위원의 지시에 따라 문제지를 제출하고 퇴실합니다.

답 안 작 성 요 령

● 온라인 답안 작성 절차

수험자 등록 ⇒ 시험 시작 ⇒ 답안파일 저장 ⇒ 답안 전송 ⇒ 시험 종료

● 공통 부문

· 글꼴에 대한 기본설정은 함초롬바탕, 10포인트, 검정, 줄간격 160%, 양쪽정렬로 합니다.

· 색상은 조건의 색을 적용하고 색의 구분이 안될 경우에는 RGB 값을 적용합니다(빨강 255,0,0 / 파랑 0,0,255 / 노랑 255,255,0).

· 각 문항에 주어진 《조건》에 따라 작성하고 언급하지 않은 조건은 《출력형태》와 같이 작성합니다.

· 용지여백은 왼쪽 · 오른쪽 11mm, 위쪽 · 아래쪽 · 머리말 · 꼬리말 10mm, 제본 0mm로 합니다.

· 그림 삽입 문제의 경우 「내 PC₩문서₩ITQ₩Picture」 폴더에서 지정된 파일을 선택하여 삽입하십시오.

· 삽입한 그림은 반드시 문서에 포함하여 저장해야 합니다(미포함 시 감점 처리).

· 각 항목은 지정된 페이지에 출력형태와 같이 정확히 작성하시기 바라며, 그렇지 않을 경우에 해당 항목은 0점 처리됩니다.

※ 페이지 구분 : 1페이지 – 기능평가Ⅰ(문제번호 표시 : 1. 2.),

2페이지 – 기능평가Ⅱ(문제번호 표시 : 3. 4.),

3페이지 – 문서작성 능력평가

기능평가

· 문제와 《조건》은 입력하지 않으며 문제번호와 답(《출력형태》)만 작성합니다.

· 4번 문제는 묶기를 했을 경우 0점 처리됩니다.

문서작성 능력평가

· A4 용지(210mm×297mm) 1매 크기, 세로 서식 문서로 작성합니다.

· [┄] 표시는 문서작성에 대한 지시사항이므로 작성하지 않습니다.

1. 다음의 ≪조건≫에 따라 스타일 기능을 적용하여 ≪출력형태≫와 같이 작성하시오. (50점)

조건　(1) 스타일 이름 – ict
　　　　(2) 문단 모양 – 왼쪽 여백 : 10pt, 문단 아래 간격 : 10pt
　　　　(3) 글자 모양 – 글꼴 : 한글(궁서)/영문(돋움), 크기 : 10pt, 장평 : 95%, 자간 : –5%

출력형태

Companies are using ICT technology as a key tool for digital transformation, and the demand for SW manpower is rapidly increasing not only in ICT companies but also in general companies.

기업은 ICT 기술을 활용하는 수준을 넘어서 디지털 전환의 핵심 도구로 활용하고 있으며, 이에 따른 SW 인력의 수요는 ICT 기업뿐만 아니라 일반 기업에서도 급증하고 있다.

2. 다음의 ≪조건≫에 따라 ≪출력형태≫와 같이 표와 차트를 작성하시오. (100점)

표조건　(1) 표 전체(표, 캡션) – 돋움, 10pt
　　　　(2) 정렬 – 문자 : 가운데 정렬, 숫자 : 오른쪽 정렬
　　　　(3) 셀 배경(면색) : 노랑
　　　　(4) 한글의 계산 기능을 이용하여 빈칸에 합계를 구하고, 캡션 기능 사용할 것
　　　　(5) 선 모양은 ≪출력형태≫와 동일하게 처리할 것

출력형태

2020-2024 디지털 신기술 인력 수요 전망(단위 : 천 명)

구분	인공지능	빅데이터	5G	IoT	클라우드
고급	18.1	16.3	19.9	10.3	1.9
중급	20.6	28.8	22.5	7.5	13.2
초급	6.3	11.7	3.7	2.2	2.2
합계					

차트조건　(1) 차트 데이터는 표 내용에서 구분별 고급, 중급, 초급의 값만 이용할 것
　　　　(2) 종류 – <묶은 세로 막대형>으로 작업할 것
　　　　(3) 제목 – 글꼴 : 굴림, 진하게, 12pt
　　　　　　　　속성 : 채우기(밝은 색 : 하양), 테두리, 그림자(바깥쪽 : 아래쪽)
　　　　(4) 제목 이외의 전체 글꼴 – 굴림, 보통, 10pt
　　　　(5) 축제목과 범례는 ≪출력형태≫와 동일하게 처리할 것

출력형태

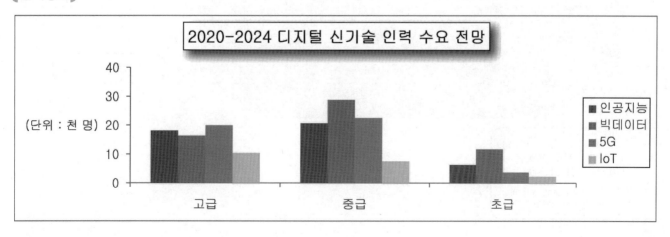

3. 다음 (1), (2)의 수식을 수식 편집기로 각각 입력하시오. (40점)

출력형태

(1) $Q = \lim_{\Delta t \to 0} \dfrac{\Delta s}{\Delta t} = \dfrac{d^2 s}{dt^2} + 1$

(2) $\displaystyle\int_a^b x f(x)dx = \dfrac{1}{b-a}\int_a^b xdx = \dfrac{a+b}{2}$

4. 다음의 ≪조건≫에 따라 ≪출력형태≫와 같이 문서를 작성하시오. (110점)

조건
(1) 그리기 도구를 이용하여 작성하고, 모든 도형(글맵시, 지정된 그림 포함)을 ≪출력형태≫와 같이 작성하시오.
(2) 도형의 면색은 지시사항이 없으면 색 없음을 제외하고 서로 다르게 임의로 지정하시오.

출력형태

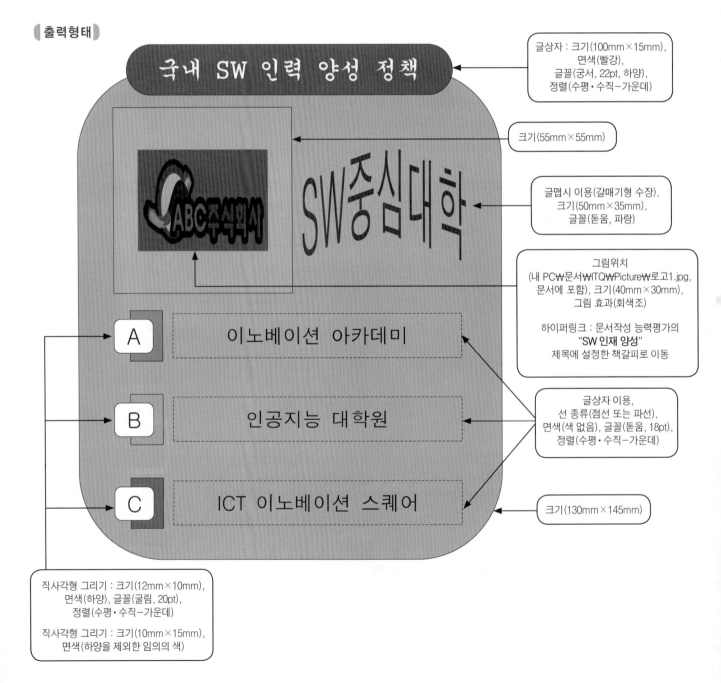

글상자 : 크기(100mm×15mm), 면색(빨강), 글꼴(궁서, 22pt, 하양), 정렬(수평·수직−가운데)

크기(55mm×55mm)

글맵시 이용(갈매기형 수장), 크기(50mm×35mm), 글꼴(돋움, 파랑)

그림위치
(내 PCW문서WITQWPictureW로고1.jpg, 문서에 포함), 크기(40mm×30mm), 그림 효과(회색조)

하이퍼링크 : 문서작성 능력평가의 "SW 인재 양성" 제목에 설정한 책갈피로 이동

글상자 이용, 선 종류(점선 또는 파선), 면색(색 없음), 글꼴(돋움, 18pt), 정렬(수평·수직−가운데)

크기(130mm×145mm)

직사각형 그리기 : 크기(12mm×10mm), 면색(하양), 글꼴(굴림, 20pt), 정렬(수평·수직−가운데)

직사각형 그리기 : 크기(10mm×15mm), 면색(하양을 제외한 임의의 색)

국내 SW 인력 양성 정책

SW중심대학

A 이노베이션 아카데미

B 인공지능 대학원

C ICT 이노베이션 스퀘어

글꼴 : 돋움, 18pt, 진하게, 가운데 정렬
책갈피 이름 : 클라우드, 덧말 넣기

머리말 기능
돋움, 10pt, 오른쪽 정렬
→ 디지털 신기술

문단 첫 글자 장식 기능
글꼴 : 궁서, 면색 : 노랑

디지털 역량 강화
SW 인재 양성

그림위치(내 PC₩문서₩ITQ₩Picture₩
그림4.jpg, 문서에 포함)
자르기 기능 이용, 크기(40mm×35mm),
바깥 여백 왼쪽 : 2mm

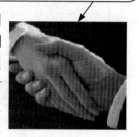

최근 디지털 대전환이 가속화되는 가운데 정부는 SW 인재 양성을 위해 국가 차원의 정책을 마련하고 있다. 2021년 3월에 발표된 빅3+인공지능 인재 양성 방안은 미래차, 바이오 헬스, 시스템 반도체 등 빅3와 인공지능 인재 양성을 위해 인재 양성 제도 개선을 주요 내용으로 담고 있다. 혁신공유대학 사업을 신설하여 정규 교육과정에서의 학과, 학교 간 진입 장벽을 낮추고 범부처 인재 양성을 통합 관리하는 사업 틀을 구축(構築)하여 인재 양성을 효과적으로 지원하고 있다. 또한 디지털 전환 가속화로 인해 늘고 있는 SW 인재 수요를 충족시키기 위한 단기 및 중장기 인재 양성 대책도 마련하였다.

각주

2021년 6월에 발표한 민관 협력 기반의 소프트웨어 인재 양성 대책에 따라 단기적으로는 기업 주도의 단기 훈련 과정을 확대하여 당장 필요한 인재 2만 1천 명을 2022년 상반기까지 양성하여 중소, 벤처기업ⓐ의 인재난 해소(解消)를 지원했다. 중장기적으로는 SW 전공자 양성을 위해 SW 중심 대학을 확대하고, 전문 인재 양성을 위한 기업과 대학 간 협력모델을 구축하여 4년간 6만 8천 명을 양성한다. 이를 통해 최근 폭증하고 있는 SW 인재 수급난을 해소하고 청년들에게 양질의 일자리 제공을 확대하고 있다.

■ 국내외 SW 인재 양성 정책

글꼴 : 굴림, 18pt, 하양
음영색 : 빨강

I. 국내 SW 인재 양성 정책

　a) 이노베이션 아카데미(비정규 교육과정) 개설 및 운영

　b) 이노베이션 스퀘어 전국 4개 권역에 확대 및 설치

II. 국외 SW 인재 양성 정책

문단 번호 기능 사용
1수준 : 20pt, 오른쪽정렬
2수준 : 30pt, 오른쪽정렬
줄 간격 : 180%

　a) 미국 : 5개년 교육 전략 계획 수립

　b) 유럽 : 2030 디지털 나침반 발표

표 전체 글꼴 : 돋움, 10pt, 가운데 정렬
셀 배경(그러데이션) : 유형(가로),
시작색(하양), 끝색(노랑)

■ SW 중심대학 트랙별 지원 내용

글꼴 : 굴림, 18pt,
밑줄, 강조점

지원유형	일반 트랙	특화형 트랙
선정규모	7개교 내외	2개교 내외
지원금액	대학당 연 20억 원 내외(1년 차 9.5억)	대학당 연 10억 원 내외(1년 차 4.75억)
지원기간	최장 8년(4+2+2년)	최장 6년(4+2년)
	기존 대학 선정 시 6년(4+2년)	
신청요건	SW학과 100명 이상 정원 유지	재학생 1만 명 미만 중, 소규모 대학
	SW학과 대학원 과정 설치 및 운영	

각주 구분선 : 5cm

글꼴 : 궁서, 24pt, 진하게,
장평 105%, 오른쪽 정렬

한국지능정보사회진흥원

ⓐ 고도의 전문 지식과 새로운 기술을 가지고 창조적, 모험적 경영을 전개하는 중소기업

쪽 번호 매기기
6으로 시작
→ vi

9회 기출문제

과목	코드	문제유형	시험시간	수험번호	성 명
아래 한글	1111	A	60분	20228019	

수 험 자 유 의 사 항

◉ 수험자는 문제지를 받는 즉시 문제지와 **수험표상의 시험과목(프로그램)이 동일한지 반드시 확인**하여야 합니다.

◉ 파일명은 본인의 "수험번호-성명"으로 입력하여 답안폴더(내 PC₩문서₩ITQ)에 하나의 파일로 저장해야 하며, 답안문서 파일명이 "수험번호-성명"과 일치하지 않거나, 답안파일을 전송하지 않아 미제출로 처리될 경우 실격 처리합니다 (예 : 12345678-홍길동.hwpx).

◉ 답안 작성을 마치면 파일을 저장하고, '답안 전송' 버튼을 선택하여 감독위원 PC로 답안을 전송하십시오. 수험생 정보와 저장한 파일명이 다를 경우 전송되지 않으므로 주의하시기 바랍니다.

◉ 답안 작성 중에도 **주기적으로 저장하고 '답안 전송'** 하여야 문제 발생을 줄일 수 있습니다. 작업한 내용을 저장하지 않고 전송할 경우 이전에 저장된 내용이 전송되오니 이점 유의하시기 바랍니다.

◉ 답안문서는 지정된 경로 외의 다른 보조기억장치에 저장하는 경우, 지정된 시험 시간 외에 작성된 파일을 활용할 경우, 기타 통신 수단(이메일, 메신저, 네트워크 등)을 이용하여 타인에게 전달 또는 외부 반출하는 경우는 부정 처리합니다.

◉ 시험 중 부주의 또는 고의로 시스템을 파손한 경우는 수험자가 변상해야 하며, <수험자 유의사항>에 기재된 방법대로 이행하지 않아 생기는 불이익은 수험생 당사자의 책임임을 알려 드립니다.

◉ 문제의 조건은 한컴오피스 2022 버전으로 설정되어 있으니 유의하시기 바랍니다.

◉ 시험을 완료한 수험자는 답안파일이 전송되었는지 확인한 후 감독위원의 지시에 따라 문제지를 제출하고 퇴실합니다.

답 안 작 성 요 령

◉ **온라인 답안 작성 절차**

　수험자 등록 ⇒ 시험 시작 ⇒ 답안파일 저장 ⇒ 답안 전송 ⇒ 시험 종료

◉ **공통 부문**

· 글꼴에 대한 기본설정은 함초롬바탕, 10포인트, 검정, 줄간격 160%, 양쪽정렬로 합니다.

· 색상은 조건의 색을 적용하고 색의 구분이 안될 경우에는 RGB 값을 적용합니다(빨강 255,0,0 / 파랑 0,0,255 / 노랑 255,255,0).

· 각 문항에 주어진 ≪조건≫에 따라 작성하고 언급하지 않은 조건은 ≪출력형태≫와 같이 작성합니다.

· 용지여백은 왼쪽 · 오른쪽 11㎜, 위쪽 · 아래쪽 · 머리말 · 꼬리말 10㎜, 제본 0㎜로 합니다.

· 그림 삽입 문제의 경우 「내 PC₩문서₩ITQ₩Picture」 폴더에서 지정된 파일을 선택하여 삽입하십시오.

· 삽입한 그림은 반드시 문서에 포함하여 저장해야 합니다(미포함 시 감점 처리).

· 각 항목은 지정된 페이지에 출력형태와 같이 정확히 작성하시기 바라며, 그렇지 않을 경우에 해당 항목은 0점 처리됩니다.

※ 페이지 구분 : 1페이지 – 기능평가 I (문제번호 표시 : 1. 2.),

　　　　　　　　2페이지 – 기능평가 II (문제번호 표시 : 3. 4.),

　　　　　　　　3페이지 – 문서작성 능력평가

기능평가

· 문제와 ≪조건≫은 입력하지 않으며 문제번호와 답(≪출력형태≫)만 작성합니다.

· 4번 문제는 묶기를 했을 경우 0점 처리됩니다.

문서작성 능력평가

· A4 용지(210㎜×297㎜) 1매 크기, 세로 서식 문서로 작성합니다.

· [┆┆┆] 표시는 문서작성에 대한 지시사항이므로 작성하지 않습니다.

The Insight KPC
kpc 한국생산성본부

1. 다음의 ≪조건≫에 따라 스타일 기능을 적용하여 ≪출력형태≫와 같이 작성하시오. (50점)

조건 (1) 스타일 이름 – credit
         (2) 문단 모양 – 왼쪽 여백 : 15pt, 문단 아래 간격 : 10pt
         (3) 글자 모양 – 글꼴 : 한글(돋움)/영문(굴림), 크기 : 10pt, 장평 : 95%, 자간 : 5%

출력형태

A high school credit system is a system in which students select courses, attend classes, and complete the necessary credits for graduation.

고교학점제란 대학처럼 학생들이 적성과 희망 진로에 따라 교과를 선택하고 강의실을 다니며 수업을 듣고 졸업에 필요한 학점을 이수하는 제도를 말한다.

2. 다음의 ≪조건≫에 따라 ≪출력형태≫와 같이 표와 차트를 작성하시오. (100점)

표조건 (1) 표 전체(표, 캡션) – 돋움, 10pt
         (2) 정렬 – 문자 : 가운데 정렬, 숫자 : 오른쪽 정렬
         (3) 셀 배경(면색) : 노랑
         (4) 한글의 계산 기능을 이용하여 빈칸에 평균(소수점 두 자리)을 구하고, 캡션 기능 사용할 것
         (5) 선 모양은 ≪출력형태≫와 동일하게 처리할 것

출력형태

제도 개선 사항 설문 응답(단위 : 명)

구분	교원연수	제도홍보	조직개편	업무경감	평균
학생	21,634	8,566	7,572	8,334	
학부모	1,589	1,587	1,127	2,942	
교사	2,967	2,235	2,181	4,825	
교수	694	829	967	894	

차트조건 (1) 차트 데이터는 표 내용에서 구분별 희망, 학부모, 교사의 값만 이용할 것
         (2) 종류 – <묶은 세로 막대형>으로 작업할 것
         (3) 제목 – 글꼴 : 굴림, 진하게, 12pt
                    속성 : 채우기(밝은 색 : 하양), 테두리, 그림자(바깥쪽 : 대각선 오른쪽 아래)
         (4) 제목 이외의 전체 글꼴 – 굴림, 보통, 10pt
         (5) 축제목과 범례는 ≪출력형태≫와 동일하게 처리할 것

출력형태

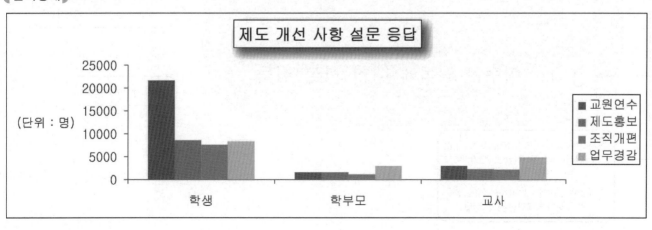

3. 다음 (1), (2)의 수식을 수식 편집기로 각각 입력하시오. (40점)

「출력형태」

(1) $H_n = \dfrac{a(r^n - 1)}{r - 1} = \dfrac{a(1 + r^n)}{1 - r}(r \neq 1)$
(2) $\displaystyle\sum_{k=1}^{n}(k^4 + 1) - \sum_{k=3}^{n}(k^4 + 1) = 19$

4. 다음의 ≪조건≫에 따라 ≪출력형태≫와 같이 문서를 작성하시오. (110점)

「조건」 (1) 그리기 도구를 이용하여 작성하고, 모든 도형(글맵시, 지정된 그림 포함)을 ≪출력형태≫와 같이
작성하시오.
(2) 도형의 면색은 지시사항이 없으면 색 없음을 제외하고 서로 다르게 임의로 지정하시오.

「출력형태」

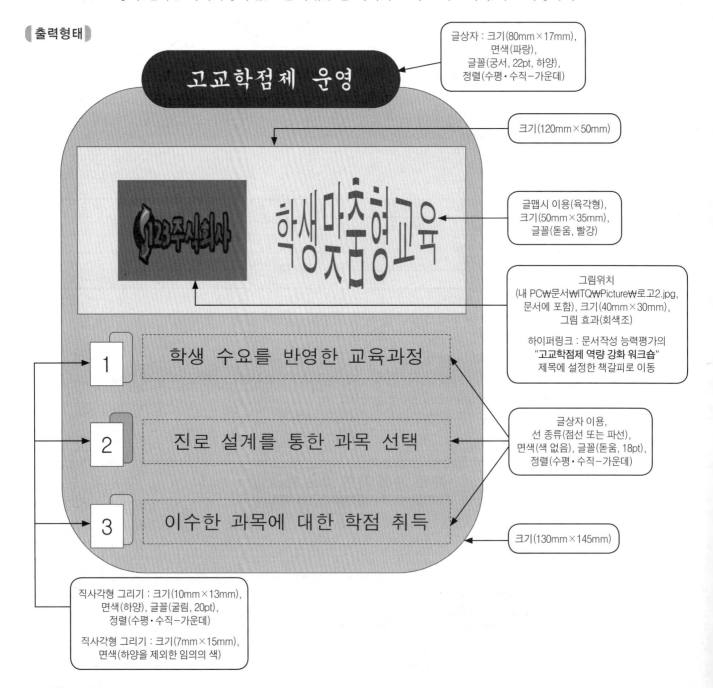

글상자 : 크기(80mm×17mm),
면색(파랑),
글꼴(궁서, 22pt, 하양),
정렬(수평·수직−가운데)

고교학점제 운영

크기(120mm×50mm)

학생맞춤형교육

글맵시 이용(육각형),
크기(50mm×35mm),
글꼴(돋움, 빨강)

그림위치
(내 PC\문서\ITQ\Picture\로고2.jpg,
문서에 포함), 크기(40mm×30mm),
그림 효과(회색조)

하이퍼링크 : 문서작성 능력평가의
"고교학점제 역량 강화 워크숍"
제목에 설정한 책갈피로 이동

1 학생 수요를 반영한 교육과정

2 진로 설계를 통한 과목 선택

글상자 이용,
선 종류(점선 또는 파선),
면색(색 없음), 글꼴(돋움, 18pt),
정렬(수평·수직−가운데)

3 이수한 과목에 대한 학점 취득

크기(130mm×145mm)

직사각형 그리기 : 크기(10mm×13mm),
면색(하양), 글꼴(굴림, 20pt),
정렬(수평·수직−가운데)
직사각형 그리기 : 크기(7mm×15mm),
면색(하양을 제외한 임의의 색)

글꼴 : 굴림, 18pt, 진하게, 가운데 정렬
책갈피 이름 : 학점, 덧말 넣기

머리말 기능
돋움, 10pt, 오른쪽 정렬
→미래를 여는 선택

문단 첫 글자 장식 기능
글꼴 : 굴림, 면색 : 노랑

그림위치(내 PC₩문서₩ITQ₩Picture₩
그림4.jpg, 문서에 포함)
자르기 기능 이용, 크기(40mm×35mm),
바깥 여백 왼쪽 : 2mm

학교가 나에게 맞추다
고교학점제 역량 강화 워크숍

각주

고 교학점제는 학교 교육과정의 유연성(柔軟性) 확보를 통해 학생들의 진로 역량을 강화함과 동시에 교원들에게 다양한 교육과정 운영 및 수업 역량⊙ 강화를 요구하고 있는 정책이다. 하지만 이를 지원하는 정책 및 법제 장치가 미흡하여 학점제 도입에 대한 기대감과 함께 현장 교사, 학부모, 학생 등 교육 관계자의 불안감이 커지고 있는 상황이다. 이에 교육부, 국가교육회의, 한국직업능력개발원에서는 고교학점제 교사 역량 강화 워크숍을 통해 현장 교사의 역량 개발을 지원하고 현재 고교학점제 정책에 대한 문제점과 요구사항 파악을 통해 정책 개선 방안을 도출(導出)하고자 준비하고 있다.

특히, 정부는 고교학점제 정책을 시행함에 있어 학생의 올바른 과목 선택을 가능하게 하는 것은 학생들의 진로 설정 역량과 '선택에 따른 책임' 인식이라는 사실을 바탕으로 워크숍을 기획하고 있다. 한편, 교육부는 고교학점제 도입을 위한 중장기 로드맵을 설정하고 2020년 마이스터고 전면 도입 이후 2022년 모든 직업계고등학교에 도입하고 2025년에는 종합고등학교를 포함한 일반계고등학교에 도입을 계획하고 있으며 학부모 진로지도 역량 강화를 위하여 '온라인 학부모 진로교육' 연수 과정과 '자녀공감 학부모교육' 대면연수 과정을 운영한다.

글꼴 : 굴림, 18pt, 하양
음영색 : 빨강

◆ 고교학점제 교사 연수 개요

I. 주제 및 기간

A. 주제 : 고교학점제의 이해, 선택과 책임

B. 기간 : 2024. 3. 15(금) 10:00-16:50

II. 주최 및 장소

A. 주최 : 교육부, 국가교육회의, 한국직업능력개발원

B. 장소 : 세종 컨벤션홀

문단 번호 기능 사용
1수준 : 20pt, 오른쪽정렬
2수준 : 30pt, 오른쪽정렬
줄 간격 : 180%

표 전체 글꼴 : 굴림, 10pt, 가운데 정렬
셀 배경(그러데이션) : 유형(가로),
시작색(하양), 끝색(노랑)

글꼴 : 굴림, 18pt,
기울임, 강조점

◆ 고교학점제 교사 연수 주제

시간	주제	강사	비고
10:00-10:50	학점제 정책 추진 방향	이은주 연구사	기타 자세한 사항은 센터 홈페이지를 참고하기 바랍니다.
11:00-11:50	학교 간 연계 및 협력을 통한 학교 간 공동교육과정	정현숙 박사	
13:00-14:50	고교학점제가 효율적으로 운영되기 위한 학교 공간의 변화	문지영 박사	
15:00-16:50	권역별 커뮤니티 구성 및 논의	전영희 연구원	

글꼴 : 궁서, 24pt, 진하게,
장평 105%, 오른쪽 정렬
→**고교학점제지원센터**

각주 구분선 : 5cm

⊙ 조직 구성원이 해당 업무를 수행할 수 있는 전반적인 능력을 의미함

쪽 번호 매기기
5로 시작
→E

기출문제

과목	코드	문제유형	시험시간	수험번호	성 명
아래 한글	1111	A	60분	20228020	

수 험 자 유 의 사 항

- 수험자는 문제지를 받는 즉시 문제지와 **수험표상의 시험과목(프로그램)이 동일한지 반드시 확인**하여야 합니다.
- 파일명은 본인의 "수험번호-성명"으로 입력하여 답안폴더(내 PC\문서\ITQ)에 하나의 파일로 저장해야 하며, 답안문서 파일명이 "수험번호-성명"과 일치하지 않거나, 답안파일을 전송하지 않아 미제출로 처리될 경우 실격 처리합니다 (예 : 12345678-홍길동.hwpx).
- 답안 작성을 마치면 파일을 저장하고, '답안 전송' 버튼을 선택하여 감독위원 PC로 답안을 전송하십시오. 수험생 정보와 저장한 파일명이 다를 경우 전송되지 않으므로 주의하시기 바랍니다.
- 답안 작성 중에도 **주기적으로 저장하고 '답안 전송'**하여야 문제 발생을 줄일 수 있습니다. 작업한 내용을 저장하지 않고 전송할 경우 이전에 저장된 내용이 전송되오니 이점 유의하시기 바랍니다.
- 답안문서는 지정된 경로 외의 다른 보조기억장치에 저장하는 경우, 지정된 시험 시간 외에 작성된 파일을 활용할 경우, 기타 통신 수단(이메일, 메신저, 네트워크 등)을 이용하여 타인에게 전달 또는 외부 반출하는 경우는 부정 처리합니다.
- 시험 중 부주의 또는 고의로 시스템을 파손한 경우는 수험자가 변상해야 하며, 〈수험자 유의사항〉에 기재된 방법대로 이행하지 않아 생기는 불이익은 수험생 당사자의 책임임을 알려 드립니다.
- 문제의 조건은 한컴오피스 2022 버전으로 설정되어 있으니 유의하시기 바랍니다.
- 시험을 완료한 수험자는 답안파일이 전송되었는지 확인한 후 감독위원의 지시에 따라 문제지를 제출하고 퇴실합니다.

답 안 작 성 요 령

- **온라인 답안 작성 절차**
  수험자 등록 ⇒ 시험 시작 ⇒ 답안파일 저장 ⇒ 답안 전송 ⇒ 시험 종료
- **공통 부문**
- · 글꼴에 대한 기본설정은 함초롬바탕, 10포인트, 검정, 줄간격 160%, 양쪽정렬로 합니다.
- · 색상은 조건의 색을 적용하고 색의 구분이 안될 경우에는 RGB 값을 적용합니다(빨강 255,0,0 / 파랑 0,0,255 / 노랑 255,255,0).
- · 각 문항에 주어진 《조건》에 따라 작성하고 언급하지 않은 조건은 《출력형태》와 같이 작성합니다.
- · 용지여백은 왼쪽 · 오른쪽 11㎜, 위쪽 · 아래쪽 · 머리말 · 꼬리말 10㎜, 제본 0㎜로 합니다.
- · 그림 삽입 문제의 경우 「내 PC\문서\ITQ\Picture」 폴더에서 지정된 파일을 선택하여 삽입하십시오.
- · 삽입한 그림은 반드시 문서에 포함하여 저장해야 합니다(미포함 시 감점 처리).
- · 각 항목은 지정된 페이지에 출력형태와 같이 정확히 작성하시기 바라며, 그렇지 않을 경우에 해당 항목은 0점 처리됩니다.
- ※ 페이지 구분 : 1페이지 – 기능평가 I (문제번호 표시 : 1. 2.),
               2페이지 – 기능평가 II (문제번호 표시 : 3. 4.),
               3페이지 – 문서작성 능력평가

- **기능평가**
- · 문제와 《조건》은 입력하지 않으며 문제번호와 답(《출력형태》)만 작성합니다.
- · 4번 문제는 묶기를 했을 경우 0점 처리됩니다.

- **문서작성 능력평가**
- · A4 용지(210㎜×297㎜) 1매 크기, 세로 서식 문서로 작성합니다.
- · (┌┈┐) 표시는 문서작성에 대한 지시사항이므로 작성하지 않습니다.

The Insight KPC
kpc 한국생산성본부

1. 다음의 ≪조건≫에 따라 스타일 기능을 적용하여 ≪출력형태≫와 같이 작성하시오. (50점)

【조건】 (1) 스타일 이름 – bicycle
　　　　(2) 문단 모양 – 왼쪽 여백 : 10pt, 문단 아래 간격 : 15pt
　　　　(3) 글자 모양 – 글꼴 : 한글(굴림)/영문(궁서), 크기 : 10pt, 장평 : 95%, 자간 : 5%

【출력형태】

Bicycles serve as not just a mode of transportation but also a tool for health promotion, sports, and recreational activities, embodying a blend of practicality and sustainability.

자전거는 단순히 이동 수단으로써의 역할을 넘어서 건강 증진, 스포츠, 그리고 여가 활동에도 활용되는 다목적 도구로 실용성과 지속 가능성을 동시에 충족시키고 있다.

2. 다음의 ≪조건≫에 따라 ≪출력형태≫와 같이 표와 차트를 작성하시오. (100점)

【표조건】 (1) 표 전체(표, 캡션) – 돋움, 10pt
　　　　　(2) 정렬 – 문자 : 가운데 정렬, 숫자 : 오른쪽 정렬
　　　　　(3) 셀 배경(면색) : 노랑
　　　　　(4) 한글의 계산 기능을 이용하여 빈칸에 평균(소수점 두 자리)을 구하고, 캡션 기능 사용할 것
　　　　　(5) 선 모양은 ≪출력형태≫와 동일하게 처리할 것

【출력형태】

자전거도로 노선 수 현황(단위 : 개소)

구분	2020년	2021년	2022년	2023년	평균
전용도로	1,640	1,772	1,720	1,889	
우선도로	599	699	717	826	
전용차로	414	527	479	559	
보행자 겸용도로	13,225	13,145	14,359	14,404	✕

【차트조건】 (1) 차트 데이터는 표 내용에서 연도별 전용도로, 우선도로, 전용차로의 값만 이용할 것
　　　　　　(2) 종류 – <묶은 세로 막대형>으로 작업할 것
　　　　　　(3) 제목 – 글꼴 : 굴림, 진하게, 12pt
　　　　　　　　　 속성 : 채우기(밝은 색 : 하양), 테두리, 그림자(바깥쪽 : 대각선 오른쪽 아래)
　　　　　　(4) 제목 이외의 전체 글꼴 – 굴림, 보통, 10pt
　　　　　　(5) 축제목과 범례는 ≪출력형태≫와 동일하게 처리할 것

【출력형태】

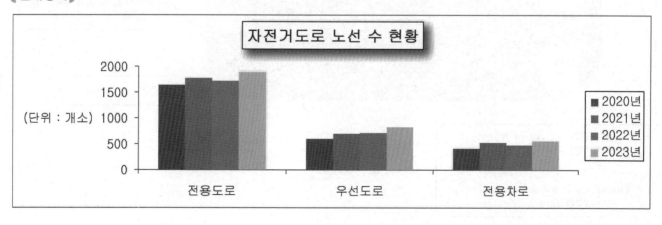

3. 다음 (1), (2)의 수식을 수식 편집기로 각각 입력하시오. (40점)

〔출력형태〕

(1) $\displaystyle \lim_{n \to \infty} P_n = 1 - \frac{9^3}{10^3} = \frac{271}{1000}$

(2) $\sqrt{a+b+2\sqrt{ab}} = \sqrt{a} + \sqrt{b}\,(a > 0, b > 0)$

4. 다음의 ≪조건≫에 따라 ≪출력형태≫와 같이 문서를 작성하시오. (110점)

〔조건〕 (1) 그리기 도구를 이용하여 작성하고, 모든 도형(글맵시, 지정된 그림 포함)을 ≪출력형태≫와 같이
작성하시오.
(2) 도형의 면색은 지시사항이 없으면 색 없음을 제외하고 서로 다르게 임의로 지정하시오.

〔출력형태〕

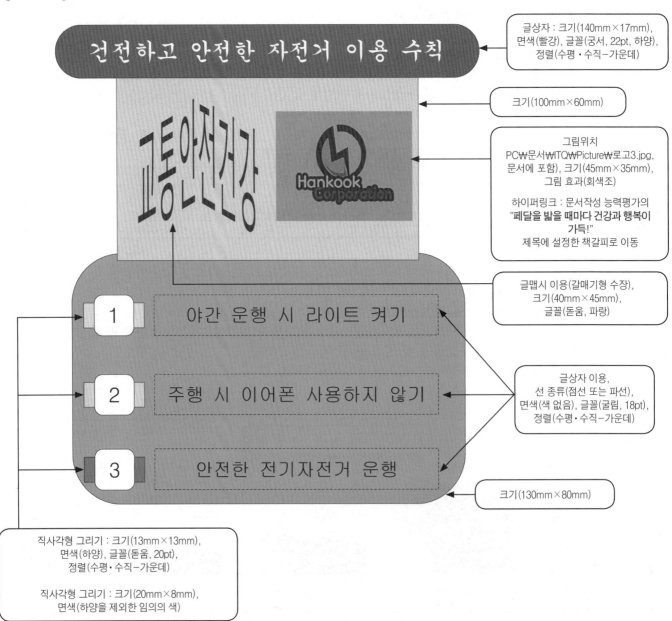

글꼴 : 궁서, 18pt, 진하게, 가운데 정렬
책갈피 이름 : 자전거, 덧말 넣기

머리말 기능
돋움, 10pt, 오른쪽 정렬

반포한강공원 달빛광장

그림위치(내 PC\문서\ITQ\
Picture\그림5.jpg, 문서에 포함)
자르기 기능 이용,
크기(45mm×40mm), 바깥 여백
왼쪽 : 2mm

문단 첫 글자 장식 기능
글꼴 : 궁서, 면색 : 노랑

모여라 자전거
페달을 밟을 때마다 건강과 행복이 가득!

자전거를 사랑하는 서울시민이라면 누구나 참여하고 즐길 수 있는 '서울 자전거 축제'가 5월 28일 반포한강공원에서 개최된다. 올해 운영되는 자전거 축제는 자전거에 대한 긍정적 경험(經驗)과 재미를 더 많은 시민이 함께할 수 있도록 강남 및 강북 주요 자전거 이용 거점인 '반포한강공원', '중랑천'에서 상반기와 하반기 2회로 확대 개최된다. 반포한강공원에서 운영되는 상반기 자전거 축제는 5월 28일, 오전 10시부터 오후 5시까지 '모여라 자전거!'라는 행사 슬로건 아래 진행되며, 자전거 관련 기업, 단체들과 협력해 무대공연 행사, 시민 체험 프로그램Ⓐ, 자전거 안전교육 및 자전거 전시 부스를 운영(運營)한다.

각주

　먼저 자전거의 색다른 묘미를 느낄 수 있도록 다양한 공연이 준비된다. 흥을 돋울 치어리딩 공연, 고난이도 기술과 묘미를 선보이는 BMX 자전거 묘기 공연을 선보인다. 3단 자전거 공연, 미니자전거 공연, 자전거 안무를 연출하는 스피닝 공연도 만날 수 있어 이색적인 자전거 공연의 매력을 한껏 느낄 수 있다. 시민들이 자전거를 타고 오면 주행 인증자 선착순 2,000명과 가장 많은 인원수가 참여한 자전거 동호회에게는 경품 이벤트가 준비되어 있다.

◆ 릴레이자전거 및 모여라동호회 행사 안내

글꼴 : 돋움, 18pt, 하양
음영색 : 파랑

　가. 릴레이자전거 행사 안내
　　㉮ 행사 장소는 세빛섬 앞 무대
　　㉯ 경기방식은 무대에 설치된 롤러자전거를 이용해 20초 동안 스프린트
　나. 모여라동호회 행사 안내
　　㉮ 참여 방법은 홈페이지 내 모여라동호회 참가신청서 제출
　　㉯ 가장 많은 인원이 모인 동호회는 스포츠 선글라스 20개 증정

문단 번호 기능 사용
1수준 : 20pt, 오른쪽 정렬,
2수준 : 30pt, 오른쪽 정렬
줄 간격 : 180%

◆ 서울 자전거 축제 일정

글꼴 : 돋움, 18pt,
기울임, 강조점

표 전체 글꼴 : 굴림, 10pt, 가운데 정렬
셀 배경(그러데이션) : 유형(가로),
시작색(노랑), 끝색(하양)

구분	시간	주요 내용	비고
홍보영상 상영	10:00 - 10:50	자전거 안전 수칙 영상, 자전거 음주운전 금지 영상	오전
개회식	11:00 - 11:50	치어리딩 및 준비체조, 모여라 자전거	
자전거 공연	14:00 - 14:20	미니 자전거, 3단 고공자전거 등 공연	오후
릴레이 자전거 게임	14:50 - 17:25	릴레이 자전거 시상 및 경품 추첨	
상설행사	VR자전거, 자전거 인력거, 아트따릉이 전시, HEART 페달 전시		

각주 구분선 : 5cm

글꼴 : 궁서, 24pt, 진하게
장평 105%, 오른쪽 정렬

서울 자전거 축제

Ⓐ 삐에로풍선, 자전거 발전기 체험존, 자전거 안전교육 및 인증제, 수리 정비 공방 교실

쪽 번호 매기기
4로 시작 ▶④

iTQ
한글 2022

2024. 8. 28. 초 판 1쇄 인쇄
2024. 9. 4. 초 판 1쇄 발행

지은이 | 한정수, IT연구회
펴낸이 | 이종춘
펴낸곳 | **BM** (주)도서출판 **성안당**
주소 | 04032 서울시 마포구 양화로 127 첨단빌딩 3층(출판기획 R&D 센터)
10881 경기도 파주시 문발로 112 파주 출판 문화도시(제작 및 물류)
전화 | 02) 3142-0036
031) 950-6300
팩스 | 031) 955-0510
등록 | 1973. 2. 1. 제406-2005-000046호
출판사 홈페이지 | **www.cyber.co.kr**
도서 내용 문의 | thismore@hanmail.net
ISBN | 978-89-315-8664-0 (13000)
정가 | 18,000원

저자와의
협의하에
검인생략

이 책을 만든 사람들
책임 | 최옥현
진행 | 최창동
본문 디자인 | 인투
표지 디자인 | 박원석
홍보 | 김계향, 임진성, 김주승, 최정민
국제부 | 이선민, 조혜란
마케팅 | 구본철, 차정욱, 오영일, 나진호, 강호묵
마케팅 지원 | 장상범
제작 | 김유석

www.cyber.co.kr
성안당 Web 사이트